GUNNA WENDT
Lena Christ
Die Glücks-sucherin

GUNNA WENDT

Lena Christ
Die Glücks-
sucherin

Biografie

Mit 42 Abbildungen

Langen*Müller*

Besuchen Sie uns im Internet unter:
www.langen-mueller-verlag.de

© 2012 Langen*Müller*
in der F. A. Herbig Verlagsbuchhandlung GmbH, München
Alle Rechte vorbehalten
Umschlaggestaltung: Wolfgang Heinzel
Umschlagfoto: Monacensia. Literaturarchiv und Bibliothek München
Herstellung und Satz: VerlagsService Dr. Helmut Neuberger
& Karl Schaumann GmbH, Heimstetten
Gesetzt aus der 11,5/14,5 Adobe Garamond Pro
Druck und Binden: GGP Media GmbH, Pößneck
Printed in Germany
ISBN 978-3-7844-3289-2

Inhalt

Kein Tag zum Sterben

Nichts ist, wie es je war.
War wahrscheinlich nicht mal so,
als es noch war, wie es war.

RICHARD POWERS

Zu Allerseelen 2011 machte ich mich in aller Frühe auf den Weg zum Waldfriedhof, um Lena Christs Grab zu besuchen. Es war nicht mein erster Besuch bei ihr. Ich war schon einmal dort gewesen – lange bevor ich den Plan fasste, ein Buch über sie zu schreiben. Damals allerdings eher zufällig. Der riesige Friedhof im Münchner Westen, der vor etwas mehr als hundert Jahren großzügig als Park im Hochwaldforst des Schlosses Fürstenried angelegt wurde, lockte zum Spaziergang. Ich ließ mich treiben und blieb dann und wann an einem bekannten Namen hängen: Heidi Brühl, Alexandra, Barbie Henneberger – Schauspielerin, Sängerin, Skiläuferin – Idole meiner Kindheit, alle jung gestorben. Genau wie der legendäre Opernsänger Fritz Wunderlich und die Schriftstellerin Lena Christ. Auch an Frank Wedekinds Grabstätte mit dem auf einer Kugel balancierenden Pegasus kam ich damals vorbei. Ein Zeitgenosse Lena Christs, den sie jedoch nicht kannte, denn die Schwabinger Boheme war kein Platz für sie gewesen.

Diesmal steuerte ich gezielt Lena Christs Grabstelle an. Ich wollte schon früh dort sein, um nicht zu vielen Menschen zu begegnen. Der Brauch, die Toten an einem bestimmten Tag im Jahr zu besuchen, ist für mich fremd und tröstlich zugleich –

wie viele andere Rituale auch, die den Überlebenden Halt und Orientierung geben. Ich vermutete viele Menschen in der Umgebung des Grabes und war dann überrascht, dort ganz allein zu sein. Während ich mich noch darüber wunderte und meinen Blick über die Tafel mit den Lebensdaten schweifen ließ, glaubte ich plötzlich meinen Augen nicht zu trauen: Das Todesdatum war falsch! 31.6.20 lautete die Inschrift auf dem Holzkreuz – ein Datum, das es gar nicht gab. Ein Tag, den es gar nicht gab. Denn der Juni hat bekanntlich nur dreißig Tage. Wie konnte das geschehen? Und vor allem: Seit wann stand die falsche Zahl dort?

Ich erinnerte mich, dass ich auch bei meinem letzten Besuch einige Jahre zuvor Fotos gemacht hatte und dass sich in einigen Büchern über Lena Christ Abbildungen ihres Grabes befanden. Auf einmal konnte ich es kaum erwarten, nach Hause zu kommen und nachzuschauen, brach also meinen Allerseelenbesuch abrupt ab und machte mich auf den Heimweg. Zuerst fand ich das Bild, das ich vor fünf Jahren fotografiert hatte: 31.6.20 war darauf zu lesen. Wieso war es mir nicht schon damals aufgefallen? Dann durchsuchte ich die Bücher verschiedener Autoren über Lena Christ, die 2011, 2004 und 1981 erschienen waren, und fand immer dieselbe Zahl: 31.6.20. Hatte das jahrzehntelang niemand gemerkt? Weder ihre Nachkommen noch Menschen, die über sie geschrieben und ihr Grab fotografiert hatten? Schließlich war der Waldfriedhof ein bedeutungsschwerer und symbolträchtiger Ort für Lena Christ: nicht nur ihre letzte Ruhestätte, sondern jener Platz, an dem sie ihrem Leben ein Ende setzte.

Während ich die Grabbilder aus unterschiedlichen Zeiten miteinander verglich, kam mir Lena Christs Ankündigung in den Sinn, die ihr Ehemann Peter Jerusalem (Pseudonym Peter Benedix) in seinem Buch *Der Weg der Lena Christ* erwähnt. Er berichtet, sie habe vor ihrem Tod versichert, von dort, wo sie

Grabstätte auf dem Münchner Waldfriedhof: Lena Christ, ihre jüngste Tochter, ihr Halbbruder und dessen Ehefrau

nun hingehe, Zeichen zu geben. Dieses Versprechen habe sie gehalten, wie auch ihre älteste Tochter bestätigt habe. Eine Begebenheit, der ich beim Lesen des Buches wenig Beachtung geschenkt hatte, die sich jedoch in diesem Augenblick deutlich in mein Bewusstsein drängte.

Was bedeutet es, wenn als Todesdatum an so exponierter Stelle ein Tag genannt wird, der nicht existierte, den es gar nicht gab? Eine erste Antwort fiel mir spontan ein: Hier gibt jemand keine Ruhe, fügt sich nicht, sondern begehrt auf. »Schau genau hin«, lautet die unmissverständliche Aufforderung. »Hinterfrage die vermeintlich präzisen Fakten. Sie könnten falsch sein.« Mit Fälschungen kannte sich Lena Christ aus. Es heißt, diese waren der Grund für ihren spektakulären Selbstmord mit Zyankali auf

9

dem Waldfriedhof. In verzweifelter finanzieller Not hatte sie Gemälde unbekannter Maler, die sie auf Trödelmärkten erworben hatte, mit den Signaturen bedeutender Künstler wie Franz von Defregger und Franz von Stuck versehen und entsprechend dem Marktwert dieser Urheber verkauft. Eine Aktion, die auffliegen musste – über kurz oder lang –, es war nur eine Frage der Zeit. Aber vielleicht war es ja gerade das, was sie wollte: Zeit gewinnen! Nachdem die Fälschungen entdeckt worden waren, setzte sich die Maschinerie der Anklage und moralischen Verurteilung unaufhaltsam in Gang. In den Zeitungsartikeln sprach man jetzt wieder von der »berühmten« bayerischen Schriftstellerin, als die man sie schon lange nicht mehr bezeichnet hatte. Die Fallhöhe wurde dadurch größer, die Straftat spektakulärer, die Meldung reißerischer.

In Lena Christs Nachlass im Münchner Literaturarchiv Monacensia befindet sich ein Text mit dem Titel *Trauerspiel des Alltags*, der die Tragödie einer Frau erzählt. Der Schluss lautet: »So trat sie denn an das Geländer, und nach wenigen Augenblicken sahen die Leute, die rasch zusammenliefen, drunten im Wasser etwas Dunkles auftauchen und dahintreiben, fast wie ein Stück Holz, das alsbald wieder in dem Strudel versank. Am nächsten Tag brachten die Morgenblätter über diesen Vorfall ein paar Zeilen, die einer flüchtig überliest, weil es nicht wichtig ist, was da geschah.« Dieses Schicksal teilte die Autorin nicht. »Ihre Verfehlungen wie ihr Freitod gingen damals durch sämtliche Blätter«, berichtet Peter Jerusalem, für ein paar Stunden sei »der Fall Lena Christ« in München Stadtgespräch gewesen.
Sie hatte es geschafft, ihr Tod wurde in den Medien wichtig genommen. Damit hatte sie eines ihrer zentralen Ziele erreicht und im Kampf gegen die Gleichgültigkeit einen Sieg errungen. Es war ein lebenslanger Kampf, den sie führte. Ihre Waffe war das Schreiben. Sie erzählte die Dinge so, dass man sie nicht

flüchtig überlesen konnte, sondern mit Herzklopfen in sich aufnahm und miterlebte. Manche Menschen warfen ihr daher vor, sie übertreibe, nehme es mit der Wahrheit nicht so genau. Ein Vorwurf, der auch gegen ihre Zeitgenossin Lou Andreas-Salomé erhoben wurde. Diese war noch ein Kind, als sie von ihrer Begleiterin nach der Schilderung eines gemeinsamen Erlebnisses »phantastischer Beigaben zu den Wirklichkeitsvorgängen« beschuldigt wurde: »Aber du lügst ja!« Auch Lena Christ wusste, dass sie ihre Erlebnisse so spannend gestalten musste, dass sie den Leser nicht unberührt ließen. In ihrer Suche nach Glück war Gleichgültigkeit der gefährlichste Gegner. Sie hatte früh erkannt, dass sie das Gegenteil von Glück war und zerstörerisch wirkte. »Das Schlimmste ist die Gleichgültigkeit«, heißt es in Stéphane Hessels Schrift *Empört euch!* Und im Gespräch mit Alexander Kluge bezeichnet der Komponist Helmut Lachenmann Gleichgültigkeit sogar als eine Form von Gewalt.

Lena Christs Aufbegehren dagegen beginnt mit ihrem ersten Buch, den *Erinnerungen einer Überflüssigen*. Ihre eigene Überflüssigkeit hat sie schonungslos benannt und konnte sie dadurch einer Verwandlung unterziehen. Das Stigma wurde zur Chance: Wer zu nichts nutze ist, der ist auch zu nichts verpflichtet. Damit entsteht ein Freiraum. Lena Christ hat ihn genutzt, um das Glück zu suchen: »Glei frisch drauf los und mitten eine ins Glück!«, heißt es in ihrem Roman *Die Rumplhanni*. Im Schreiben hat sie es gefunden. Es wurde zur Fluchtlinie, die es ihr ermöglichte, das Leben nicht passiv zu erdulden, sondern aktiv zu gestalten. Aus Ohnmacht war Macht geworden, die Macht einer Schöpferin. »Der große, der einzige Irrtum ist der, zu glauben, eine Fluchtlinie bedeute, dem Leben zu entfliehen, sei eine Flucht ins Reich der Einbildung oder der Kunst. Stattdessen heißt fliehen, Reales erschaffen, eine Waffe finden«, erklärt Gilles Deleuze. Als solche ist Lena Christs Literatur zu verste-

11

hen. Damit hat sie sich und ihr Leben verteidigt, selbstständig und souverän, unterstützt von einem Begleiter. Eine Geschichtenerzählerin braucht ein Gegenüber, das neugierig ist. Diese Rolle hat Peter Jerusalem lange Zeit erfüllt. Er sollte wissen, wer sie war, ihm offenbarte sie ihr Selbst oder das, was sie dafür hielt. Das fünfjährige Kind, mit dessen Erlebnissen sie ihre *Erinnerungen einer Überflüssigen* begann, erschien »leibhaftig« vor ihm, genau wie die anderen Figuren ihres Romans, sie »wurden sichtbar mit einer so unheimlichen Deutlichkeit, dass man sie greifen konnte«, staunte Jerusalem. Eine dieser Figuren war die Schriftstellerin Lena Christ. Sie hat sie selbst geschaffen, das Leben denselben Gesetzmäßigkeiten unterworfen wie die Literatur. Daher war es nur folgerichtig, dass sie ihre Schöpfung verschwinden ließ, als es für sie nichts mehr zu erzählen gab. Lena Christ hat sich selbst erfunden und wieder ausgelöscht, ihr Ende 1920 inszeniert als Freitod einer großen Tragödin auf dem Münchner Waldfriedhof. An einem Tag, den es nicht gibt.

1
Wo ist mein Vater?

In einer ihrer *Lausdirndlgeschichten* lässt Lena Christ die Ich-Erzählerin Leni, ihr Alter Ego, eine hoffnungsvolle Entdeckung machen: An einem Haus am Münchner Gärtnerplatz stößt sie auf den Namen ihres Vaters, der als verschwunden gilt. Sie beschließt, der Angelegenheit auf den Grund zu gehen. »Ich habe mich furchtbar fein angezogen, damit ich ihm gleich recht gefalle. Und im Gehen habe ich es mir ausgemalt, wie ich ihn begrüße und so. Aber wie ich angeläutet habe, ist mir auf einmal schlecht geworden. Und ich habe schnell geschaut, ob ich nicht noch geschwind abschieben kann. Es ist aber schon jemand dahergekommen und hat aufgemacht.« Leni erklärt der überraschten alten Frau an der Tür den Grund ihres Besuchs. Nun erscheint auch der Ehemann der Frau, und Leni erkennt, dass er nicht der Richtige sein kann. »Aber er hat mich gleich ausgefragt, wer ich bin und was ich denn von ihnen will. Da habe ich gesagt, meinen wirklichen Vater.«

Lena Christ kam am 30. Oktober 1881 im oberbayerischen Glonn, etwa 30 km östlich von München, zur Welt. Als Mutter wurde auf dem Standesamt die ledige Maurerstochter Magdalena Pichler aus Glonn angegeben, als Vater der aus Mönchsroth bei Dinkelsbühl stammende ledige Bedienstete Karl Christ, der bei dem Münchner Rittmeister Hornig angestellt

13

war. Am 7. Dezember 1881 erkannte er vor dem Ebersberger Amtsgericht die Vaterschaft und die damit verbundene Verpflichtung an, bis zum vierzehnten Lebensjahr des Kindes jährlich 120 Mark Alimente zu zahlen. Als Vormund wurde der verheiratete Maurer Mathias Pichler, Magdalena Pichlers Vater, eingesetzt. Im Protokoll heißt es:»Erstbenannte [Magdalena Pichler] bittet vor Allem, den sub 2 benannten Mathias Bichler als Vormund zu verpflichten über ihr am 30. Oktober 1881 außerehlich gebornes Kind Magdalena und bezeichnet dann auf Vorhalt als natürlichen Vater solchen Kindes den miterschienenen Charl Christ.« Das Protokoll wurde von den drei Anwesenden unterschrieben.

Später, nach dem Erscheinen der *Erinnerungen einer Überflüssigen*, kam es zu Zweifeln und Legendenbildungen. Obwohl im Amtsgericht Ebersberg aktenkundig, wurde die Vaterschaft Karl Christs infrage gestellt, da einige Ungereimtheiten aufgetaucht waren. Darunter auch die hohe Mitgift, das »Vatergut« von 8000 Mark, das Lena Christ bei ihrer ersten Eheschließung erhalten hatte. Doch vor allem war Karl Christs Verbleib ungewiss. Wohin war er damals gegangen? Wo hatte er sich niedergelassen? In den *Erinnerungen* lässt Lena Christ die Mutter erklären, er habe 1883 nach Amerika auswandern wollen und sei mit dem Schiff Cimbria untergegangen. Dem Wahrheitsgehalt widerspricht, dass er auf der Passagierliste der Hapag-Gesellschaft nicht aufgeführt ist. Der Glonner Geschichtsschreiber Hans Obermair berichtet in seiner Betrachtung zum 125. Geburtstag der Dichterin *Lena Christ und Glonn – Glonn und Lena Christ*, das Schiff sei am 17. Januar 1883 aus Hamburg Richtung New York ausgelaufen, vor der Insel Borkum im Nebel von einem englischen Dampfer gerammt worden und innerhalb kürzester Zeit gesunken. 32 Passagiere und 24 Besatzungsmitglieder wurden gerettet. An keiner Stelle wird ein Karl Christ erwähnt. Lena Christ über-

Nr. 43

Glonn , am 1. November 18 81

Laut Mitteilung des Amtsgerichtes Ebersberg vom 7. Dezember 1881 hat sich der ledige, großjährige Bediente Carl Christ von Mönchsrode, Bez.=Amt Dingels bühl z.Zt. bediensted bei Rittmeister Horin in München, als Vater des nebenbezeichneten von der Maurerstoch- ter Magdalena Pichler geborenen Kindes bekannt.

Vor dem unterzeichneten Standesbeamten erschien heute, der Persönlichkeit nach he-kannt,

Hebamme Barbara Eichner

wohnhaft zu Steinhausen, Hs.Nr.64

ledigen Magdalena Pichler, Maurerstochter

katholisch Religion,

Glonn den 11. August 1939.
Der Standesbeamte:
In Vertretung:
Decker
Die Übereinstimmung mit dem Hauptregister beglaubigt.
Glonn den 11. August 1939
Der Standesbeamte:
In Vertretung: Decker

und zeigte an, daß von der Religion, und zeigte an, daß von der

wohnhaft in Glonn bei den Eltern Mathias und Magdalena Pichler

zu Glonn Hs.Nr.48

am dreißigst ten Oktober des Jahres

tausendachthundert achtzig und eins nach= mittags

um halb drei Uhr ein Kind weib-lichen

Geschlechts geboren worden sei, welches den Vornamen

Magdalena

erhalten habe.

Vorgelesen, genehmigt und unterschrieben
Barbara Eichner

Der Standesbeamte

Niedermayr Nikolaus

Die Übereinstimmung mit den Eintragungen im Geburtsregister wird hiermit beglaubigt.

Glonn , den 11. August 19 39

Der Standesbeamte

In Vertretung: Decker

Vordr. A 29., Abschrift aus dem Geburtsregister vor 1900.
Verlag für Standesamtswesen G.m.b.H. in Berlin SW 61, Gitschiner Straße 109.

38

Abschrift aus dem Geburtsregister

15

nimmt zwar die Auswanderergeschichte in ihren *Lausdirndlge-schichten* – sie scheint von der Idee eines neuen Lebens in der Neuen Welt fasziniert gewesen zu sein –, doch nicht ohne Zweifel:»Meine Mutter sagt zwar, dass er damals, wie der Dampfer Cimbria untergegangen ist, auch dabei war. Aber ich glaube es nicht mehr.«

Nachdem lange Zeit nichts Näheres über Karl Christ bekannt war, publizierte Dr. Elisabeth Wolf, eine Verwandte mütterlicherseits, im Internet eine Chronik der Familie Christ. Danach kam Karl Christ am 25.12.1854 in Mönchsroth als siebtes von zwölf Kindern des Tagelöhners Christoph Christ und seiner Ehefrau Anna Karolina, geborene Altreuther, zur Welt. Günter Goepfert schreibt in seiner Biografie *Das Schicksal der Lena Christ*, die Eltern hätten ihren Sohn aufgefordert, Magdalena Pichler zu heiraten, doch dieser habe mit den Worten abgelehnt, dann könne er ebenso gut den »leibhaftigen Satan« ehelichen: eine frühe Charakteristik der Mutter Lena Christs, die immer wieder kolportiert wird. Elisabeth Wolf führt an, dass Karl Christ und seine Geschwister von ansprechendem Äußeren, schön und stattlich, musisch und künstlerisch begabt und vom Fernweh getrieben waren. Ihr Optimismus und ihre Fröhlichkeit seien manchmal als Leichtsinn diffamiert worden, doch gerade Karl, der eine Lehre als Schmied absolviert hatte, sparte sich ein kleines Vermögen zusammen. Sein Traum war es tatsächlich, nach Amerika auszuwandern. Mit diesem Plan hat Lena Christ auch eine ihrer Protagonistinnen ausgestattet. Immer bereit zu einem Neuanfang, war die Rumplhanni aus dem gleichnamigen Roman nicht auf einen speziellen Ort festgelegt:»Jetzt probier i's amal z'Münka, und is's z'Münka nix, nachha geh i auf Berlin«, kündigt sie an, doch auch Berlin bedeutet keine Endstation:»Wenns da aa nix is, nachher roas' i ganz furt. In's Amerika.«

Karl Christ verschwand wie aus heiterem Himmel, so Elisabeth Wolf. Für seine Eltern sei Magdalena Pichlers Erklärung, er sei mit der Cimbria untergegangen, niemals schlüssig gewesen. Er habe viel zu sehr an seiner Familie gehangen und hätte sich niemals ohne Begründung oder Abschied aus dem Staub gemacht. Dass seine Kleider und Habseligkeiten zu Hause zurückblieben, ließ seine Eltern sogar ein Verbrechen befürchten.

Auch die Umstände, unter denen sich Karl Christ und Magdalena Pichler kennengelernt hatten, sind ungeklärt. In einer Version der Geschichte haben sie sich auf Schloss Zinneberg in Glonn getroffen, wo Magdalena Pichler als Köchin arbeitete. Karl Christ habe seinen Herrn, den Rittmeister Ewald Hornig, dorthin begleitet. In diesem Zusammenhang tauchte sogar die Vermutung auf, ein Familienmitglied der auf Schloss Zinneberg ansässigen Scanzonis sei Lena Christs Vater. In ihrem Film *Lena Christ – Heimat und Sehnsucht* geht die Journalistin Evita Bauer dieser Frage nach und lässt Mignon von Scanzoni, eine Nachfahrin, zu Wort kommen. Die Psychologin kann zwar nichts Konkretes zur Aufklärung beitragen, weist aber auf die Funktion von Mythenbildung hin, die hier befriedigend erfüllt sei: Man bringe zwei exponierte Glonner zusammen, die Dichterin Lena Christ und Albert von Scanzoni, der als Vorsitzender des Verschönerungsvereins viel für das Dorf getan habe. Das werte die Geschichte Glonns auf. Doch Hans Obermair widerspricht dieser Einschätzung vehement, sie zeuge von »purer Unkenntnis über Glonn und seine Persönlichkeiten«.

Laut Obermair ist es überhaupt zweifelhaft, dass Magdalena Pichler jemals auf Schloss Zinneberg gearbeitet hat. Er hat ihre Arbeitsverhältnisse in München ab 1877 rekonstruiert. Danach konnte sie zur fraglichen Zeit gar nicht auf Schloss Zinneberg gewesen sein. 1877 trat sie eine Stelle als Dienstmagd, später als Köchin bei Polizeirat Franz Bauer an. Von Oktober 1877 bis April 1879 arbeitete sie bei der Professorentochter von Lindwurm, ab Juli 1879 bei der Hofratsgattin von Huther. Diese Tätigkeit wurde vom 1. September 1881 bis 6. Januar 1882 unterbrochen – vermutlich um die Schwangerschaft und Geburt vor ihrer Arbeitgeberin geheim zu halten. Da sie ab 1879 in der Münchner Hildegardstraße wohnte, in deren Nähe – Kanalstraße 33 – Rittmeister Hornig lebte, ist anzunehmen, dass sie und Karl Christ sich dort begegneten und nicht in Glonn. Nach Lenas Geburt setzte Magdalena Pichler ihre Arbeit im Haus von Huther bis April 1883 fort. Im selben Monat wurde sie als Köchin bei Bankdirektor Hugo Freud angestellt, blieb dort fünf Jahre und kündigte im Oktober 1888, um den Gastwirt Josef Isaak zu heiraten.

Magdalena Pichlers uneheliche Tochter wurde auf den Namen ihrer Mutter, Magdalena, getauft. Bei ihrem Vormund, dem Großvater Mathias Pichler, und seiner zweiten Ehefrau – die erste war früh verstorben – wuchs sie auf: unbeschwert, unbekümmert, glücklich. »Bei meinen Großeltern ist es furchtbar schön gewesen«, beginnt denn auch eine *Lausdirndlgeschichte*. Dass sie damals ihren Vater vermisst hat, ist unwahrscheinlich. Man vermisst nur das, was man einmal besessen oder erfahren hat. In ihren ersten sieben Lebensjahren waren das weder Vater noch Mutter. Beide waren für das Kind nur abstrakte Instanzen, mit dem Unterschied, dass die Mutter ab und zu im Glonner Hansschusterhaus erschien.

Im Alltagsleben war der Großvater die zentrale männliche Bezugsperson. Er erfüllte die Bedürfnisse der kleinen Lena in ausreichendem Maße – mehr noch, er sorgte liebevoll für sie. Sie empfand keinen Mangel. Wenn sie dennoch über ihren Vater nachdachte, war es wohl eher das Geheimnis, das sie reizte. Die Spekulationen um ihre Herkunft, die durch das Verschwinden ihres offiziell anerkannten Vaters entstanden waren, mussten bei dem fantasiebegabten Mädchen zu abenteuerlichen Mutmaßungen und Theorien führen. Diese waren Wunsch und Trost zugleich und später manches Mal Entschädigung für erlittenes Leid. Sie gaben ihr die Möglichkeit, sich als etwas ganz Besonderes zu begreifen.

Das Motiv des unbekannten Vaters, der standesmäßig höhergestellt ist als die Mutter, taucht auch in Lena Christs Roman *Mathias Bichler* auf. Erst nach dem Tod ihrer Ziehmutter, der als Hexe diffamierten »Irscherin«, erfährt Kathrein, die große Liebe des Protagonisten, dass sie die Tochter des »erlauchten Herren« Georg von Höhenrain und der Bauernmagd Katharina Elisabeth Paumgartner zu Stubenberg ist. Der »edle Herr« hatte die junge Frau gesehen, als er auf Hirschjagd war, und ein »groß Verlangen nach ihr verspürt«. Nachdem Kathrein geboren war, zahlte er heimlich für sein uneheliches Kind zwölf Gulden Zehrgeld pro Jahr und hinterlegte fünfhundert Gulden als Aussteuer. Nach dem Tod ihrer Ziehmutter ist aus der »Hexenjungfer« plötzlich ein Herrenkind geworden. Niemand hatte damit gerechnet. Das Leben bot also unerwartete Überraschungen.

Wenn ich an Lena Christs Kindheit denke, habe ich zuallererst ein Bild aus dem Sommer 1911 vor Augen. Da war sie längst kein Kind mehr, sondern saß in München auf einer Parkbank vor der Neuen Pinakothek und schrieb über ihre Kindheit. Um sie herum herrschte munteres Treiben, es war laut und lebendig, doch sie ließ sich nicht ablenken. Endlich hatte sie einen Weg gefunden, Armut, Krankheit und Perspektivlosigkeit, die in den letzten Jahren ihr Leben bestimmt hatten, hinter sich zu lassen. Sie war beinahe dreißig Jahre alt, geschieden, Mutter eines Sohnes und zweier Töchter. Den Sohn hatte sie nach der Trennung zu den Eltern ihres Mannes in Pflege gegeben. Mit Trockenwohnen und Gelegenheitsprostitution hatte sie vergeblich versucht, sich durchzuschlagen. Das Ergebnis: Sie war ins Krankenhaus gekommen, die Töchter ins Heim.

1912 wurde zum Schicksalsjahr und zu ihrer zweiten Geburt. Aus Magdalena Leix, geborene Pichler, wurde die Schriftstellerin Lena Christ. Ihr autobiografischer Roman *Erinnerungen einer Überflüssigen* erschien im Münchner Albert Langen Verlag. Er endet zu dem Zeitpunkt, an dem sie mit dem Schreiben begann: »Doch das Leben hielt mich fest und suchte mir zu zeigen, dass ich nicht das sei, wofür ich mich so oft gehalten, eine Überflüssige«, lautet der Schlusssatz.

Das, was wir heute über Lena Christs Kindheit wissen, geht zurück auf dieses Werk. Ihr Biograf Günter Goepfert nennt die *Erinnerungen* »subjektiv, mitunter dichterisch verfremdet«. Das Buch *Der Weg der Lena Christ*, das ihr zweiter Ehemann schrieb, bezeichnet er zu Recht als »ichbezogen«. Doch lässt sich nicht von der Hand weisen, dass es Peter Jerusalem war, der das große erzählerische Talent Lena Christs erkannt und gefördert hat. 1911 hatte sie begonnen, als Diktatschreiberin für ihn zu arbeiten. Den Künstlernamen Peter Benedix, unter dem er publizierte, nahm er in den 1930er-Jahren an.

Aus der anfangs beruflichen Verbindung wurde bald auch eine private. Sie zog zu ihm nach Fürstenfeldbruck. Weil sie zu dieser Zeit nur schwer allein sein konnte – sie litt besonders unter der Trennung von ihren Kindern –, begleitete sie ihn, wenn er in München zu tun hatte. Mehrmals in der Woche gab er einer amerikanischen Studentin Nachhilfestunden. Während er in der Türkenstraße Unterricht erteilte, richtete sich Lena ihren Schreibplatz auf einer Bank vor der nahegelegenen Neuen Pinakothek ein.

Wahrscheinlich waren die Erinnerungen, Assoziationen, Wachträume zu bedrohlich, wenn sie allein zu Hause war. Alleinsein war ebenso anstrengend wie das Zusammensein mit Menschen. Am entspannendsten war das Untertauchen in alltägliches Geschehen, ohne direkt daran beteiligt zu sein. Ein Mensch mit einem so extrem hohen Grad an Sensibilität wie Lena Christ –

heute ist das Phänomen der Hochsensibilität bekannt – musste versuchen, die Überflutung von Eindrücken abzuwehren. Sie fühlte sich permanenten Angriffen – äußeren wie inneren – ausgesetzt, über die sie mit niemandem reden konnte. Die Begegnung mit Jerusalem leitete eine Phase der Ruhe und Entspannung in ihrem Leben ein. Nach der Entlassung lernte sie den Mann kennen, der ihr Sicherheit gab und sie gleichzeitig zu Neuem inspirierte, ihr erzählerisches Talent entdeckte, förderte und ihr eine Fluchtlinie eröffnete, die für ihr Leben von existenzieller Bedeutung sein würde: das Schreiben.

Peter Jerusalem verkörperte eine Zeit lang das, was Lena Christ so dringend gesucht und mit dem Wort »Vater« auf den Begriff gebracht hatte: den Beschützer, den Retter, all das, was sie seit dem Tod ihres Großvaters schmerzlich vermisst hatte. Eine ihrer *Lausdirndlgeschichten* trägt sogar den Titel *Wo ist mein Vater?* Sie beginnt mit dem Ergebnis: »Es war alles umsonst. Ich habe ihn doch nicht gefunden.« Einer der meisterhaften Anfänge Lena Christs, von denen es viele beeindruckende Beispiele in ihrem Werk gibt. In dieser *Lausdirndlgeschichte* wird sie für ihre erfolglose Suche zumindest entschädigt. Sie bekommt eine Tasse mit der Aufschrift »Sei glücklich« geschenkt. In ihrem Nachlass befindet sich ein Glas mit derselben Aufschrift. Die Aufforderung zum Glück zieht sich durch ihr Leben und Werk. Auch in den *Erinnerungen einer Überflüssigen* taucht eine Variante dieser Glücksbeschwörung auf: »Auf dem sauber gedeckten Tisch standen zierliche Tassen und Kannen, deren eine jede in einem bunt gemalten Kranz die goldene Inschrift trug: Lebe glücklich!«

In der Geschichte *Die Familienfeier* ist die Suche nach dem Vater beinahe identisch mit der Suche nach dem Glück: Nachdem Leni seinen Namen im Münchner Adressbuch entdeckt hat, fasst sie einen Plan:

»Wenn ich am Sonntag in die Vesper oder in die Kapuzinerpre-
digt gehen muss, dann suche ich ihn.
Vielleicht ist er es.
Vielleicht ist er auch recht reich; dann wird es fein.«

Peter Jerusalem und der Kritiker Josef Hofmiller werteten die
Lausdirndlgeschichten als Fehltritt und »Entgleisung«. Hofmiller, der Lena Christs *Erinnerungen* überschwänglich gelobt
hatte, wandte sich sogar für eine Weile von ihrer schriftstellerischen Arbeit ab. Hans Obermair berichtet, aufgrund der *Lausdirndlgeschichten*, in denen sich viele Glonner wiedererkannten
und nicht von ihrer besten Seite dargestellt fühlten, sei Lena
Christ in ihrem Heimatort immer umstritten gewesen. Eine
Ausgabe des Buches von 1913, die er in einem Glonner Nachlass gefunden hatte, bewies, dass es im Ort bekannt war. Der
Text wurde als »Bleckerei« aufgefasst und konnte daher nicht
auf positive Resonanz hoffen. Man nahm der Autorin übel, dass
sie die Menschen, unter denen sie eine Zeit lang gelebt hatte,
karikierte und diffamierte. Doch auf diese Vorwürfe konnte
und wollte Lena Christ keine Rücksicht nehmen.
Sie sei durch eine Veranstaltung, bei der Ludwig Thomas 1905
erschienene *Lausbubengeschichten* vorgetragen wurden, angeregt worden, eine weibliche Variante dazu zu schreiben, berichtet Jerusalem. Die Umschlagzeichnung entwarf sie selbst: ein
Mädchen mit frechem Profil und widerspenstigem Zopf. Jerusalem hatte sie in diesem Projekt bestärkt, da er sich davon
einen wirtschaftlichen Erfolg versprach, den sie zu diesem Zeitpunkt dringend benötigten. Der Münchner Verleger Martin
Mörikes erklärte sich sofort dazu bereit, ein solches Buch zu
publizieren, und zahlte einen hohen Vorschuss, nachdem der
Langen Verlag das Buch abgelehnt hatte. Es habe unter einem
»Unstern« gestanden, so Günter Goepfert, und zu der falschen
Annahme geführt, Lena Christ sei von Anfang an stark von

Ludwig Thoma beeinflusst worden. Diese Auffassung ist auch in viele Publikationen zu ihrem Gesamtwerk übernommen worden.

Die in den Jahren 1912 und 1913 verfassten kurzen Geschichten aus Kindersicht zeigen jedoch nicht nur Anklänge an Thomas berühmte *Lausbubengeschichten*. Verblüffend ist die Nähe zu einer ungarischen Autorin, deren literarisches Werk siebzig Jahre später im Schweizer Exil entstand: Agota Kristof. Die Zwillinge Lukas und Klaus, die bei ihrer Großmutter aufwachsen, sind die Protagonisten ihres Romans *Das große Heft*. Mit lakonischer Ironie, die das Lachen im Hals stecken bleiben lässt, wird darin die Welt aus kindlicher Sicht geschildert und erscheint holzschnittartig, zweidimensional. Nur das, was auf der Bildfläche sichtbar ist, existiert. Die allmächtige Gegenwart lässt Vergangenheit und Zukunft in so weite Ferne rücken, dass deren Existenz unwichtig wird.

Aus den Fragen der Kinder nach ihrem Großvater entwickelt sich ein skurriler Dialog mit der Großmutter:
»Am Abend fragen wir Großmutter:
– Wie war unser Großvater?
Sie sagt:
– Wie? Was? Ihr habt keinen Großvater.
– Aber wir hatten früher einen.
– Nein, nie. Als ihr geboren wurdet, war er schon tot. Also habt ihr nie einen Großvater gehabt.«

Doch Lena Christ hat zum Glück – genau wie ihr Alter Ego in den *Lausdirndlgeschichten* und *Erinnerungen einer Überflüssigen* – einen Großvater. Die Jahre als »Großelternkind« in Glonn zählten zu den glücklichsten ihres Lebens, und nichts deutete darauf hin, dass dieser Zustand einmal enden könnte.

2
Ein Großvater, der alles kann

Lena Christs uneingeschränkte Liebe galt ihrem Großvater, dem sie mit dem Protagonisten ihres Romans *Mathias Bichler* ein ebenso eindrucks- wie liebevolles Denkmal gesetzt hat. In den *Erinnerungen einer Überflüssigen* heißt es: »Der Großvater nämlich verstand sich auf alles, und wo man im Dorf eine Hilfe brauchte, da wurde er geholt. Er war Schreiner, Maurer, Maler, Zimmermann und Kuhdoktor, und manchmal hat er auch dem Totengräber ausgeholfen.«

Mathias Pichler hatte 1851, vierundzwanzigjährig, die fünf Jahre ältere Anna Hauser aus Öd geheiratet und mit ihr fünf Kinder bekommen. Lenas Mutter Magdalena wurde am 1. Januar 1860 als zweitjüngstes Kind geboren. Noch vor der Hochzeit hatte Mathias Pichler von seinen Eltern das »Hansschusterhaus« übernommen. In Lena Christs Werken wird das Anwesen, in dem sie aufwuchs, stets das »Handschusterhaus« genannt. In der Charakteristik ihres Großvaters fährt sie fort: »Und weil er so überall zur Hand war, hieß man ihn den Handschuster, und der Name wurde der Hausname, und ich war die Handschusterleni.« Sie war fasziniert von seinen Händen, denn er »hatte trotz der mannigfachen schweren Arbeit schlanke schöne Hände. Die habe ich in späterer Zeit oft betrachtet, wenn er am Abend auf der Hausbank saß und über irgend etwas nachdachte.« Durch den Austausch eines Buchstabens wird die Bezeichnung eine Hommage an die schönen Hände des Großvaters.

Es müsse dort einmal einen Hans gegeben haben, der das Schusterhandwerk ausübte, meint Hans Obermair, denn die

In diesem Haufe ist's
als sie war jung.
Lena Christ
dies zur Erinnerung
MCMXXI

Geburtshaus in Glonn

Hausnamen der Anwesen seien normalerweise durch die Kombination von Beruf und Eigenname entstanden. Im Saalbuch der Pfarrei Glonn von 1662 wurde das Hansschusteranwesen zum ersten Mal erwähnt. 1821 hatte Lena Christs Urgroßvater das Haus gekauft, dreißig Jahre später ging es in den Besitz seines Sohnes über. Damals war es ein »1 /16 Gütl« mit Wohnhaus und Stall und der Herrschaft und Gerichtsbarkeit der Hofmark Zinneberg unterstellt. Später kaufte der Großvater noch zwei Grundstücke dazu.

Lena Christs Geburtshaus steht nicht mehr. Es wurde 1956 durch einen Neubau ersetzt, an dem eine Gedenktafel mit einem Relief angebracht ist, das Lena Christ im Profil zeigt mit der Inschrift »LENA CHRIST HEIMATSCHRIFTSTELLERIN GEBOREN HIER IM ALTEN HAUS« und den beiden Jahreszahlen 1881 und 1920. Sie wurde von Theodor Georgii, dem Schüler und Schwiegersohn des Münchner Bildhauers Adolf von Hildebrand, angefertigt. Auch die Straße, in der das Haus steht, trägt den Namen der Schriftstellerin.

Bereits am 27. April 1923 wurde eine Gedenktafel am Geburts-

haus angebracht, sie trug die Aufschrift: »In diesem Hause ist's
als sie war jung. Lena Christ dies zur Erinnerung 1921«. Demzufolge muss die Tafel sogar noch früher, also nur ein Jahr nach
ihrem Tod angefertigt worden sein. Warum man zwei Jahre mit
dem Aufhängen zögerte, ist nicht bekannt. Zweifellos gab es in
Glonn Widerstände gegen die Frau, die das bayerische Landidyll in ihren Werken einer kritischen Betrachtung unterzog,
bei der die Glonner nicht gut abschnitten. Doch nicht nur ihre
Bücher erzeugten Unwillen, sondern vor allem ihr Lebenswandel – und ihr Ende. Sie war auf die schiefe Bahn geraten, hatte
gefälscht, gelogen, betrogen und mit ihrem Selbstmord eine
Todsünde begangen. Dass sie eine große Schriftstellerin war,
geriet angesichts dieser Umstände in den Hintergrund. Die
ehemalige Hansschusterleni erschien den Einwohnern von
Glonn weder als vorbildlich noch als denkmalswürdig.

Als Lena Christ zur Welt kam, befand sich der Ort Glonn mitten in der Aufbruchstimmung der Gründerzeit. Er zählte knapp
500 Einwohner. Neue Häuser wurden gebaut, neue Gastwirtschaften gegründet. Während es bis 1862 nur eine Gastwirtschaft gegeben hatte, die das soziale Leben dominierte, wurden
innerhalb der nächsten fünfzehn Jahre sieben weitere eröffnet,
darunter auch der Gasthof »Neuwirt«, der dem Hansschusteranwesen gegenüberlag. Das Dorf erlebte einen vielfältigen
Aufschwung: 1864 wurde es Postort, ab 1883 kam die Personenbeförderung per Kutsche dazu. Schon als Kind erfuhr Lena
Christ also, dass es eine Welt außerhalb der Dorfgrenzen gab.
Glonn war keine End-, sondern eine Zwischenstation – davor
und dahinter taten sich Möglichkeiten auf. Diese Gewissheit
verstärkte sich noch, als 1894 der Anschluss an das Bahnnetz
erfolgte, das zuvor nur bis Grafing gereicht hatte. 1901 wurde
Glonn zum Markt erhoben.
Mathias Pichler betrieb nicht nur die zu seinem Haus gehö-

Glonn um 1900

rende Landwirtschaft; vor allem durch seine Arbeit als Maurer sicherte er den Lebensunterhalt für seine Familie. Das war üblich. Mitte des 19. Jahrhunderts gab es in Glonn nur einen einzigen Hof, der allein von der Landwirtschaft existieren konnte. Die anderen Bauern übten zusätzlich ein Handwerk oder ein Gewerbe aus. 1870 starb Mathias Pichlers Frau Anna im Alter von achtundvierzig Jahren, und der Witwer stand mit vier Kindern – ein Sohn war im Alter von vier Jahren gestorben – allein da. Bereits im nächsten Jahr heiratete er die Schwester seiner Frau, Magdalena, die schon seit einiger Zeit auf dem Hof gelebt hatte und als Näherin arbeitete.

Ein einziges Bild des Großvaters ist erhalten. Treffender als von Günter Goepfert lässt es sich wohl kaum beschreiben: »Betrachtet man sein Bild, das eine glückliche Fügung erhalten hat, könnte man glauben, die Fotografie eines englischen Lords vor sich zu haben.« Es handelt sich um eine Aufnahme, die etwa

Der Großvater
Mathias Pichler

1870 auf dem Münchner Oktoberfest entstanden ist. Sie ist die perfekte Illustration zu der ersten Kindheitsimpression, die Lena Christ in den *Erinnerungen einer Überflüssigen* schildert. Am Anfang ihres autobiografischen Romans erklärt sie, trotz intensiver Versuche, sich ihre frühesten Lebensjahre ins Gedächtnis zu rufen, könne sie sich nur bis zum Alter von fünf Jahren zurückerinnern. In der Szene, die dann vor ihr auftauche, liege sie an Scharlach erkrankt auf dem Kanapee in der warmen Wohnstube, dem einzigen beheizten Raum des Hauses. Es war Sonntagvormittag, und die Großeltern machten sich gerade auf den Weg zur Kirche: »Der Großvater war in seinem geblumten Samtgilet, dem braunen Rock mit den silbernen Knöpfen und dem blauen, faltigen Tuchmantel in die Kirche vorausgegangen, während die Großmutter in dem schönen Kleide, das bald bläulich, bald rötlich schillerte, noch vor mir stand und mich ansah, wobei sie immer wieder das schwarze seidene Kopftuch zurechtrückte.«

Zwar schloss sich der Großvater nicht von den Gepflogenheiten der Dorfgemeinschaft aus, doch war es unübersehbar, dass er eine Sonderrolle einnahm. Der groß gewachsene bartlose Mann ging stets aufrecht und sprach wenig. Er verbrachte die Abende nicht mit den anderen Männern des Ortes in einem der Wirtshäuser, hielt sich aus der Politik heraus und scheute die Öffentlichkeit. Dabei hatte er ein ausgeprägtes soziales Bewusstsein, das sich vielfach auch praktisch äußerte, doch sein tatkräftiges Engagement blieb meistens verborgen. Er half selbstverständlich, ohne Lob und Lohn zu erwarten. In dieser Haltung wurde er von seiner zweiten Frau ergänzt: Neben ihrer Arbeit in Haus, Hof und Garten zog sie »Kostkinder« auf, die ihr von der Gemeinde anvertraut worden waren. Dabei handelte es sich meistens um uneheliche Kinder aus dem Dorf, deren Mütter nicht für sie sorgen konnten oder wollten. Aber es waren auch der Sohn eines katholischen Priesters – die junge Mutter hatte sich ertränkt – und die Tochter einer reichen unglücklichen Dame aus Rosenheim unter den zwölf Kostkindern, die damals im Hansschusterhaus mit am Tisch saßen. Besondere Aufmerksamkeit schenkt Lena Christ einem siamesischen Zwillingspaar, das ihnen in der Weihnachtszeit vor die Tür gelegt wurde. Dem kleinen Bündel beigefügt waren die Taufpapiere und ein Brief mit der Erklärung, die Mutter der beiden Kinder, eine Seiltänzerin, sei bei der Geburt gestorben. Der Großvater fertigte für die Zwillinge ein eigenes Stühlchen und eine kleine Bank an, die es ihnen ermöglichten, bequem nebeneinander zu sitzen. Sieben Jahre lang blieben sie im Hansschusterhaus, dann wurden sie von der Gemeinde Schaustellern übergeben, die sie auf Jahrmärkten vorführten.

Im Rahmen seiner Heimatforschung stieß Hans Obermair nirgendwo auf einen Hinweis zur Existenz der siamesischen Zwillinge in Glonn und vermutet daher in ihnen eine Erfindung der Autorin. Im 19. Jahrhundert war diese Fehlbildung öffentlich bekannt geworden: Von 1811 bis 1874 lebten die aus Siam stammenden Zwillige Chang und Eng Bunker, nach denen der Begriff geprägt wurde. Sie galten damals als Jahrmarktsattraktion, über die man in der Zeitung berichtete. Ob das siamesische Zwillingspaar, das Lena Christ so liebevoll beschreibt, tatsächlich unter den Kostkindern gewesen ist, die im Hansschusterhaus betreut wurden, lässt sich heute nicht mehr ermitteln. Vielleicht hatte sie darüber in der Zeitung gelesen und war von diesem Phänomen so fasziniert, dass sie es in ihre Lebensgeschichte integrierte.

Lena Christ schildert genau, wie alle zwölf Kostkinder zusammen mit ihr und den Großeltern in einer Kammer schliefen, und zeichnet ein berührendes Bild der Geborgenheit. Das kleinste Kind lag in der Wiege direkt neben dem Bett der Großmutter, die sich ein Band um die Hand gewickelt hatte, das an der Wiege befestigt war. Sobald sie die Unruhe des Kindes spürte, zog sie daran und schaukelte es in den Schlaf. Wenn der Großvater spürte, dass seine Frau sehr müde war, übernahm er diese Aufgabe für sie.

Wie ihr Mann, so war auch die Großmutter vielfältig begabt. Als Näherin von Miedern war sie weithin berühmt und gefragt. Darüber hinaus verfügte sie über Heilkräfte, welche die übliche Krankenpflege bei Weitem übertrafen: Sie konnte abbeten. Eine dieser spirituellen Aktionen beschreibt Lena Christ so, dass ihr Staunen spürbar wird: Als eins der Kostkinder unter einem Nabelbruch litt, suchte die Großmutter bei zunehmendem Mond drei kleine Kieselsteine, drückte an drei aufeinanderfolgenden Tagen bei Mondaufgang jeweils einen Stein auf den Nabel des Kindes, drehte ihn und sagte, bevor sie ihn mit einer Binde befestigte:
»Bruch, ich drucke dich zu,
Geh du mit der Sonne zur Ruh;
Im Namen der Allerheiligsten Dreifaltigkeit,
Im Namen des Vaters und des Sohnes und
des Heiligen Geistes. Amen«
Nach wenigen Tagen war das Kind wieder gesund.

Altar der Wallfahrtskapelle
Birkenstein

Birkenstein. Inneres der Wallfahrtskapelle

Doch die Großmutter verstand sich nicht nur auf die medizinische Praxis, sondern studierte Bücher über Heilkunde. An Wintersonntagen las sie ihrer Enkelin daraus vor und lehrte sie »wundersame Gebete«. Diese Sonntagnachmittage gehörten zu den schönsten Kindheitserinnerungen der Autorin. Die Erzählungen der Großmutter über die Wundertätigkeit Unserer Lieben Frau von Frauenbründl und Birkenstein inspirierten sie viele Jahre später zur Schilderung einer Wallfahrt. Die Statue Unserer Lieben Frau von Birkenstein in der gleichnamigen Kapelle ist Auslöserin für ein Erweckungserlebnis: Der Protagonist des Romans *Mathias Bichler* weiß plötzlich, dass er Holzschnitzer werden will. Sein größtes Glück wäre es, einmal solche Kunstwerke wie diese Skulptur zu schaffen. Auch der Großmutter hat Lena Christ in diesem Roman ein literarisches

Denkmal gesetzt: Sie ist Vorbild für die Figur der heilkundigen Irscherin, die zu Unrecht als »Waldhex« verschrien ist. In ihren *Erinnerungen* bezeichnet es Lena Christ als großes Vergnügen, den Großvater bei der Feldarbeit zu begleiten. Sie fuhren mit dem Wagen, vor den ein Ochse gespannt war, hinaus. Während der Großvater pflügte und säte, versenkte sich Lena in Betrachtungen der nahen und der fernen Welt. Der Großvater lieferte ihr, wenn nötig, Erklärungen. Er zeigte ihr den höchsten Berg der Umgebung, den Wendelstein. Durch bunte Glasscherben, die sie vor dem Haus des Glasers gefunden hatte, sah sie sich die Blumen und Gräser auf der Wiese an und ließ sie wie in einem Kaleidoskop immer neue Farben annehmen. Manchmal war sie sehr still und in sich gekehrt und blieb lange an einer Stelle sitzen. Doch wenn es stürmte, lief sie mit dem Wind um die Wette und versuchte, ihn mit ihrem Geschrei noch zu übertönen. Auf dem Heimweg durfte sie auf dem Ochsen reiten, was ihr gut gefiel.

»Überhaupt ließ mir der Großvater zu jeder Zeit gern etwas Gutes oder Besonderes zukommen und brachte von jedem Holzkirchner Viehmarkt auch für mich etwas mit: ein lebzeltenes Herz, einen Rosenkranz von süßem Biskuit, ein Schächtelchen von Zwiefizeltl und dergleichen«, schwärmt sie in ihren *Erinnerungen*. Auf dem Jahrmarkt durfte sie sich bei einem »alten, wunderlichen Mann« ein geheimnisvolles buntes Päckchen kaufen, das eine Überraschung enthalten sollte. Zu Hause rief sie alle Bewohner zusammen und öffnete das »in hochrotes Glanzpapier« gewickelte Päckchen. Es enthielt eine Kette aus blauen Glasperlen, ein Bild und kleine Süßigkeiten. Lena war begeistert von der Wundertüte, lobte und umarmte den klugen Großvater, der den Inhalt des Päckchens erahnt haben musste.

Jede Erlebnisschilderung aus ihrer Kindheit im Hansschusterhaus kommt einer Liebeserklärung gleich. Es gelingt Lena

Christ, die ungeschützte Neugier und Offenheit, mit der das fünfjährige Kind in die Welt geblickt hat, darzustellen. Nur ganz selten kommentiert sie die Handlung, wie im Fall der Erziehung des Großvaters, die sie umsichtig und klug nennt. Er habe von ihr nie Wohlverhalten verlangt – weder nachträglich, weil sie ein Geschenk erhalten hatte, noch vorsorglich, um eins zu bekommen. Er gab es ihr einfach und damit noch sehr viel mehr: Er vermittelte ihr das Gefühl, geliebt zu werden – um ihrer selbst willen. Sie, die Hansschusterleni, war ein liebenswerter und wertvoller Mensch – wenn der Großvater das sagte, musste es stimmen, denn er war ein kluger und erfahrener Mann.

Peter Jerusalem schildert, wie er mit Lena, kurz nachdem sie von Fürstenfeldbruck nach München gezogen waren, einen Ausflug in ihre Heimat unternahm. Sie fuhren mit dem Zug nach Grafing und gingen zu Fuß über Moosach, Wildenholzen, Westerndorf nach Glonn. Es war der Weg, den Lena fünfundzwanzig Jahre zuvor als kleines Mädchen in umgekehrter Richtung gelaufen war, um ihre Mutter vom Grafinger Bahnhof abzuholen. Damals war es eine vergebliche Anstrengung gewesen, die auf einem Missverständnis beruhte, denn die Mutter reiste erst einige Tage später an. Auf ihrer Wanderung zeigte Lena ihrem Geliebten nun zentrale Orte ihrer Kindheit: das Wirtshaus, in dem sie, erschöpft von dem großen Fußmarsch, aufgenommen wurde; den Hof ihrer Tante in Westerndorf; Schloss Zinneberg, dessen Besitzer Freiherr von Scanzoni mit ihrer Herkunft in Verbindung gebracht wurde. Schließlich erreichten sie das Hansschusterhaus in Glonn. Lena war überwältigt von der Macht der Erinnerungen, die in ihr aufstiegen, und gleichzeitig enttäuscht vom Zustand des Hauses, an dem Umbauten vorgenommen worden waren. Nachdem sie sich als ehemalige Bewohnerin vorgestellt hatte, wurde sie von der

Hausbesitzerin hereingelassen und machte die Erfahrung, die für die Rückkehr an einen Ort der Kindheit typisch ist: Alles war viel kleiner als in ihrer Erinnerung. Vor allem das Schlafzimmer, in dem sie und die Großeltern zeitweise mit zwölf Kostkindern geschlafen hatten. Jerusalem war froh, dass sie diesen Ort nicht früher wiedergesehen hatte, denn er wusste: Von diesem Augenblick an würden zwei Bilder parallel in ihrem Bewusstsein präsent sein, das erinnerte aus der Vergangenheit und das gegenwärtige. »Es war wirklich ein Glück, dass sie erst jetzt hierherkam und all das wiedersah, nachdem diese Zeit ihrer Kindheit schon in der Handschrift fertig vorlag«, kommentiert er erleichtert.

Der nächste Weg führte sie zum Friedhof. Das Grab des Großvaters sah vernachlässigt aus. Vor dem schmiedeeisernen Grabkreuz, auf dem das Todesdatum 5. Dezember 1894 vermerkt war, stand noch ein kleines Holzkreuz, welches darauf hindeutete, dass die Grabstätte bereits anderweitig genutzt wurde. Nichtsdestotrotz versuchte Lena, das Beet etwas herzurichten, und stieß dabei auf Fußknochen. Da sie glaubte, es handle sich um die ihres Großvaters, grub sie die Gebeine wieder sorgfältig ein. Sie wollte ihm die Ruhe zurückgeben, in der er augenscheinlich gestört worden war. Ein bewegendes Bild voller Trauer und Zärtlichkeit, eine letzte Berührung mit dem geliebten Menschen, dem sie ihren Glauben an das Glück verdankte, weil er ihr dieses Lebensgefühl eine Zeit lang geschenkt hatte.

»Die Großväter sind die Lehrer, die eigentlichen Philosophen jedes Menschen, sie reißen immer den Vorhang auf, den die andern fortwährend zuziehen«, schreibt Thomas Bernhard im letzten Band seiner fünfteiligen Autobiografie, *Ein Kind*. Er war ein uneheliches Kind, das die Mutter mit dem Satz bedacht hatte: »Du hast mir noch gefehlt!« Weil sie sich nicht in der

Lage sah, ihn zu erziehen, überließ sie das dem Großvater. »Er machte mich, früh genug, aber tatsächlich als einziger, darauf aufmerksam, dass der Mensch einen Kopf hat und was das bedeutet«, erklärt Thomas Bernhard. Der Großvater glaubte an die Intelligenz seines Enkels, auch wenn dessen Schulnoten schlecht waren und die Mutter ihn »Versager« nannte. Aber die Verdienste seines Großvaters gingen noch weit über die Ermutigung zur Verstandestätigkeit hinaus: Er hielt felsenfest zu dem Kind, begegnete auch dessen Fehlverhalten mit Gleichmut, versuchte, ihm Freude zu bereiten, und verschaffte ihm so eine nachhaltige Glückserfahrung. Thomas Bernhard lässt immer wieder anklingen, dass es die frühen Jahre mit seinem Großvater Johannes Freumbichler waren, die ihm die emotionale Stabilität verliehen, die man zum Überleben braucht. Er hat in dieser Zeit Glücksmomente kennengelernt und für sich bewahrt.

In krassem Gegensatz dazu standen die Konfrontationen mit seiner Mutter, die bei jeder Gelegenheit zum Ochsenziemer griff, der stets auf dem Küchenschrank bereitlag. Wenn der Junge von seiner Mutter kam, ging er mit gesenktem, wenn er von den Großeltern kam, mit erhobenem Kopf durch die Welt. Er versuchte vor allem, seinen Kopf vor ihren Angriffen in Sicherheit zu bringen: »Ich kauerte, nach Hilfe schreiend, im Bewusstsein allerhöchster Theatralik in der Küchen- oder in der Zimmerecke, mit beiden Händen meinen Kopf schützend.« Da die körperlichen Züchtigungen für die Mutter nicht die gewünschte Wirkung zeitigten, änderte sie ihre Taktik und versuchte, ihr ungehorsames Kind mit verbalen Mitteln zu zähmen. Dazu benutzte sie die »fürchterlichsten Sätze«, die jedes Mal seine Seele zutiefst verletzten: »Du bist mein ganzes Unglück, Dich soll der Teufel holen! Du hast mein Leben zerstört! Du bist an allem schuld! Du bist mein Tod!«

Während Lena Christ ihre Kindheit beinahe ausschließlich aus dem kindlichen Blickwinkel heraus schildert und sich der nachträglichen Einordnung oder Beurteilung enthält, schwingen bei Thomas Bernhard Kommentar, Erklärung und Interpretation mit. Das ist manchmal tröstlich, zum Beispiel wenn er zu wissen glaubt, seiner Mutter sei die verheerende Wirkung ihrer Worte nicht bewusst gewesen, doch »sie wusste, dass sie ein außerordentliches Kind geboren hatte, aber eines mit entsetzlichen Folgen. Diese Folgen konnten nur das Verbrechertum sein.« Es war sein »höllischer Erfindungsreichtum«, den sie besonders fürchtete.

Mit einem Übermaß an Fantasie war auch Lena Christ ausgestattet. Im Zusammenleben mit den Großeltern fand diese Anerkennung und Nahrung. Das sollte sich im Zusammenleben mit der Mutter drastisch ändern. Und so folgt auf den ersten Satz einer *Lausdirndlgeschichte*, »Bei meinen Großeltern ist es furchtbar schön gewesen«, sogleich die schlimme Zukunftsperspektive: »Aber ich habe auf einmal nach München müssen zu der Mutter. Da ist es mir nicht mehr gut gegangen, und ich habe viele Prügel gekriegt. Und ich wäre bald tot gewesen. Aber sie haben das Lausdirndl doch nicht ganz totschlagen können.« Schon der Titel der Geschichte lässt Böses ahnen, denn er lautet *Das Verbrechen*.

Das Unheil, das von einem Tag auf den anderen über sie hereinbrach, traf Lena völlig unvorbereitet, denn bei ihren Großeltern hatte sie weder körperliche noch psychische Gewalt erfahren. Deren Zusammenleben war von Harmonie und Respekt geprägt. Dafür hat die Autorin eine Erklärung, die zunächst überrascht: Sie führt die gegenseitige Achtung auf die sogenannte Josefsehe zurück, welche die beiden als Schwager und Schwägerin angeblich miteinander eingegangen waren – eine der seltenen Passagen der *Erinnerungen einer Überflüssigen*, in denen ein nachträglicher Kommentar einfließt. Ob es sich bei der Verbindung tatsächlich um eine Ehe ohne Sexualität gehandelt hat, lässt sich nicht nachvollziehen.

Offensichtlich bildeten Sexualität und Respekt für Lena Christ einen Widerspruch – eine Folge ihrer eigenen Erfahrungen: Als sie das Buch schrieb, hatte sie ihre erste Ehe hinter sich, die für sie in sexueller Hinsicht alles andere als beglückend war. Es ist heute nicht mehr zu klären, ob ihr Ehemann sie tatsächlich vergewaltigt hat, wie sie es in den *Erinnerungen* schildert, entscheidend ist, dass sie den Liebesakt so empfunden hat: als Gewalttat und Übergriff. Eine zärtliche oder liebevolle erotische Umarmung des Ehepaars kommt an keiner Stelle vor. Nicht einmal in der Hochzeitsnacht, in der sie aus dem Schlaf gerissen wurde und etwas geschah, was aus dem »frischen, sorglosen Mädchen« eine Frau mit einem »müden, fremden Gesicht« werden ließ. Von den Flitterwochen war sie enttäuscht, »die Zärtlichkeiten meines Mannes verursachten mir körperlichen Schmerz«. Sie fühlte sich von ihm benutzt, besudelt und von diesem Moment an nie mehr respektiert. Die Achtung, die er ihr bei seiner Werbung noch entgegengebracht hatte, war verschwunden, nachdem er das erste Mal mit ihr geschlafen hatte. Er hatte sie in Besitz genommen. Damit war sie seiner Willkür ausgesetzt.

Ganz anders hatte sie das Verhältnis der Großeltern erlebt. Sie konnte sich nur an eine einzige Verstimmung erinnern, die sie in ihren *Erinnerungen* ausführlich schildert: Der Großvater entschloss sich, eine Kuh, die wenig Milch gab, auf dem Markt in Holzkirchen gegen eine andere einzutauschen. Die Großmutter war skeptisch und sollte damit recht behalten: Die neue Kuh gab genauso wenig Milch. Daraufhin machte die Großmutter ihrem Ärger Luft und schimpfte so sehr mit ihrem Mann, dass dieser ausfallend wurde, sich mit groben Worten verteidigte und sie »Rindvieh« nannte. Die Großmutter verstummte, begann aber beim Abendessen plötzlich ohne erkennbaren

Grund zu weinen und lief hinaus. Hier bewies die kleine Lena große Sensibilität, wies ihren Großvater zurecht, ging zur Großmutter in die Küche und tröstete sie. Schließlich war sie es auch, die die Großeltern wieder zusammenführte und dem Großvater das Versprechen abnahm, die Großmutter nie wieder mit so bösen Ausdrücken zu verletzen. »In der Nacht hab ich zwischen ihnen beiden geschlafen und hab ein jedes bei der Hand genommen und ihnen die Hände gedrückt und sie festgehalten«, berichtet sie. Doch der tiefe seelische Schmerz der Großmutter hielt länger vor. In derselben Nacht begann sie wieder zu schluchzen, worauf der hilflose Großvater unwirsch reagierte, was bei Lena einen Wutausbruch auslöste. Sie trat ihn mit den Füßen, zog ihn an den Haaren und schrie ihn an. Dann kletterte sie zur Kante des Bettes und überließ der Großmutter den Platz in der Mitte. Am nächsten Morgen war ihre erste Frage, ob sie sich wieder gut seien. Obwohl die Großmutter das bejahte, brach das Weinen immer wieder aus ihr hervor. Erst nach einigen Tagen war alles vergessen. Lena Christ schildert diese Szene detailliert und eindringlich mit vielen Zwischentönen, die das Besondere der Beziehung ihrer Großeltern deutlich werden lassen. Weil sie immer behutsam miteinander umgegangen waren, verunsicherte es die kleine Lena zutiefst, dass sie nun so heftig stritten. Sie fühlte sich durch die ungewohnte Unstimmigkeit in ihrer heilen Welt bedroht. Ihr Engagement war also nicht uneigennützig. Sie wollte das Glück wiederherstellen. Alles sollte so bleiben, wie es gewesen war.

Beim Streitschlichten wandte sie damals als Druckmittel die Drohung an, die Großeltern zu verlassen und zu ihrer Mutter nach München zu gehen. Das wäre allerdings weniger eine Strafe für die Großeltern gewesen als in erster Linie für sie selbst. Allerdings konnte sie das noch nicht wissen – sie war gerade fünf Jahre und hatte ihre Mutter noch nie gesehen. Kurz darauf meldete diese tatsächlich in einem Brief ihren Besuch an. Der Großvater ermahnte Lena, nun sehr brav zu sein, denn die Mutter würde ihr bestimmt etwas Schönes mitbringen, und sie dürfe sie von der Bahn abholen. Lena war aufgeregt und glaubte, die Mutter würde noch am selben Tag kommen. Und sie rannte los zum Bahnhof – ohne um Erlaubnis zu fragen, ohne jemandem Bescheid zu geben.

Sie lief barfuß und ohne schützende Kopfbedeckung in der Mittagssonne. Der Weg war weit, mehr als zehn Kilometer, und führte über Felder und Wiesen, vorbei an Schloss Zinneberg und Westerndorf durch einen dunklen Wald. An der Stelle, an der ein Bauer erschlagen worden war, wurde ihr unheimlich zumute. Sie bekam kaum noch Luft und war nahezu bewegungslos vor Angst. Erst zwei Radfahrer, die sie nach dem Weg fragten, erlösten sie von dem Bann, der sie festhielt. Sie rannte an ihnen vorbei in den nächstgelegenen Ort, Moosach. Eine Bäuerin gab ihr zu essen und zu trinken, dann lief sie weiter nach Grafing. Gegen sieben Uhr am Abend erreichte sie den Bahnhof und erfuhr, dass der letzte Zug aus München schon um fünf angekommen sei und der nächste gegen acht Uhr eintreffen würde. Als ein Zug hielt und eine elegante Frau ausstieg, stürmte Lena auf den Bahnsteig und fragte, ob sie ihre Münchner Mutter sei. Die Frau gab ihr keine Antwort, stattdessen erschallte eine Ansage, aus der sie schloss, dass es sich um den Zug in die Gegenrichtung handelte. Es blieb ihr also nichts anderes übrig, als zu warten. Doch sie wurde enttäuscht: Aus dem Münchner Acht-Uhr-Zug stiegen nur ein paar Männer.

Lena machte sich auf den Heimweg. Mittlerweile war es dunkel geworden, die Orientierung fiel ihr schwer, und irgendwann bemerkte sie, dass sie sich verlaufen hatte: Sie war in Wildenholzen gelandet. In einem Gasthaus erkundigte sie sich, wie weit es noch zum Haus ihres Großvaters sei. Doch man ließ das erschöpfte Kind nicht wieder fort, sondern bereitete ihm ein

Bett. Lena hatte schlimme Träume, am nächsten Morgen wurde sie von einem Bauern auf dem Wagen mitgenommen. In Westerndorf stieg sie aus und ging zu ihrer Tante Nanni, der Schwester ihrer Mutter, die dort einen großen Hof bewirtschaftete. Diese brachte sie ins Hansschusterhaus. Die Großeltern waren überglücklich, als sie das tot geglaubte und schon beweinte Kind wohlbehalten vor sich sahen. »Aber kein Wort des Vorwurfs kam aus ihrem Munde«, versichert Lena Christ. Danach wurde sie krank, bekam hohes Fieber und eine Lungenentzündung. Als sie fast wieder gesund war, sah sie ihre Mutter zum ersten Mal: »Da trat eine große Frau in die niedere Stube in einem schwarz und weiß karierten Kleide über einem ungeheuern Cul de Paris. Auf dem Kopf trug sie einen weißen Strohhut mit schwarzen Schleifen und einem hohen Strauß von Margeriten. Sie stand da, sah mich kaum an, gab mir auch keine Hand und sagte nur: ›Bist auch da!‹« Die Mutter demonstrierte mit ihrem Auftritt die Distanz, die sie zu ihren Angehörigen gewonnen hatte. Nicht die ledige Mutter aus Glonn, sondern die »Münkara Muatta«, eine erfolgreiche Gastwirtin, kam zu Besuch. Ihre Tochter erinnerte sich vor allem an ihr eindrucksvolles Äußeres. So etwas hatte sie bisher nicht gesehen. Es tat seine Wirkung und flößte ihr Bewunderung ein – Staunen, aber keine Zuneigung, und so antwortete Lena auf die Frage des Großvaters, ob sie nicht zu ihrer Mutter in die Stadt ziehen wollte, spontan mit »Naa, naa«. Mehr noch, sie umhalste den geliebten Großvater und hielt ihn fest.

3
Die Künikammer

Um in den geheimnisvollsten Raum des Hansschusterhauses zu gelangen, musste sich Lena über ein Verbot hinwegsetzen: In der Künikammer oder Königskammer, die sie gern heimlich aufsuchte, fand sie kostbare Gegenstände, die sie träumen ließen, von feiner Herkunft zu sein. In den *Erinnerungen* schwärmt sie: »Es war das die beste Stube des Hauses, angefüllt mit den Schätzen, die von den Ureltern auf uns gekommen waren; auch die Möbel darin stammten aus alter Zeit. Da standen zwei Truhen, an denen gar seltsame Figuren und Zierrate zu sehen waren und darinnen der Brautschatz der Urgroßmutter lag. Es war dies ein bald bläulich, bald wie Silber schimmerndes Seidenkleid, ein köstliches, bunt und goldgesticktes Mieder, dazu eine goldbrokatene Schürze, in die leuchtend rote Röslein gewirkt und die mit alten Blonden besetzt war. Dabei lag eine hohe Pelzhaube, wie sie vor hundert Jahren die Bräute als Kopfputz trugen, und zwei Riegelhauben, eine goldene und eine schwarze, mit Perlen besetzt. Daneben stand ein Kästlein aus schwarzem Holz und mit Perlmutter eingelegt; darin lag das schwere, silberne Geschnür mit uralten Talern und einer kostbaren silbernen, neunreihigen Halskette und Ohrgehänge und silberne Nadeln. Ganz versteckt in der untersten Ecke aber lag, sorglich in ein zerschlissenes, seidenes Tuch gewickelt, das Brautkrönlein der Ururgroßmutter.«

Die zweite Truhe enthielt erlesene Stoffe und Spitzen, der bunt bemalte Schrank handgewirktes Bauernleinen und ein großes gewebtes Tischtuch, das mit dem Motiv des heiligen Abendmahls geschmückt war. In der Kommode wurden Lenas Tauf-kleid und die Kleider der Kostkinder aufgehoben.

Das Glanzstück der Künikammer war eine Glasvitrine, die zwischen den mit dichten Vorhängen geschützten Fenstern stand. Ihre Rückwand war mit Spiegeln versehen, in denen sich Meißener Porzellanfiguren, Geschirr, bunte Gläser und Krüge spiegelten. Davor stand die alte Hausapotheke: »Sie war voller Geheimnisse und sah aus wie ein Bild, das die heilige Familie vor dem Haus zu Nazareth darstellte; nur waren die Figuren rund und in Silber getrieben.« Der heilige Joseph war als Zimmermann mit einer Axt dargestellt, Maria saß am Spinnrad und spann. Das Jesuskind lag nicht etwa in einer Krippe, sondern stand aufrecht, in der einen Hand eine Axt, in der anderen ein Kreuz haltend. Wenn man die Maria- und Joseph-Figuren von ihrem Untersatz abschraubte, wurde in ihrem Inneren jeweils ein Medikamentenfläschchen sichtbar. Das Jesuskind hingegen enthielt einen Schlüssel, mit dem man das Haus von Nazareth öffnen konnte, vor dem die kleine Gruppe stand. Im Inneren des Hauses befanden sich Pflaster, Salben und verschiedene medizinische Instrumente.

An den Wänden des Zimmers hingen düstere Porträts, die Lena erschaudern ließen, dazu ein Kruzifix, »dessen Christusfigur so erschreckend zerfleischt aussah«, dass sie immer ein geheimes Grauen packte, wenn sie ihr gegenüberstand.

Doch das kleine Museum war nur ein Teil der Künikammer, der andere wurde für Vorräte genutzt: Auf dem Ofen stand eine Schale mit Eiern, daneben ein Blechtopf mit Schmalz und einige Krüge mit Honig. Das »feine Eingekochte« war in der Bratröhre versteckt. Auf Lena übten beide Bereiche des Raums große Anziehungskraft aus: Ebenso gern, wie sie in den Schubladen und Truhen herumwühlte und sich mit schönen Dingen schmückte, naschte sie von den eingekochten Kirschen, Himbeeren und Zwetschgen. Dabei musste sie das Pergament, mit dem die Gläser verschlossen waren, aufschlitzen. Das konnte nicht unentdeckt bleiben, die Großmutter wunderte sich, dass das Papier so oft platzte. Der Großvater kannte den Grund, verriet ihn aber nicht, sondern meinte, das sei ein Hinweis darauf, dass das Obst bald gegessen werden müsse. Dabei schenkte er Lena einen vielsagenden Seitenblick.

Die Künikammer im Hansschusterhaus war für Lena eine Mischung aus Schlaraffenland und Ali Babas Schatzhöhle. Wie dieser verschaffte sie sich heimlich Eintritt in den verbotenen Raum. Dort konnte sie in Fantasien über ihre Herkunft schwelgen. All das, was sie darin fand, war Beweis dafür, dass ihre Vorfahren etwas Besonderes gewesen waren und in Wohlstand gelebt hatten. Und parallel dazu wurde das Rätsel um ihren Vater jedes Mal aufs Neue wieder aufgefrischt.

Nie gab Lena Christ die Hoffnung auf, dass dieses Dunkel einmal erhellt werden würde – wie jenes, das die Eltern der Jungfer Kathrein in *Mathias Bichler* umgibt. Auch hier taucht das Motiv der Truhe, die Geheimnisse und schöne Dinge birgt, auf. Das Testament der alten Irscherin verkündet: »In den blauen Truhen unter meiner Himmelbettstatt liegt zu finden das erste Gewändlein samt Schühlein und Beutel mit fünfhundert Gulden Besitztum genannter Jungfer Kathrein.«

Lena Christ sollte ihr Faible für schöne Dinge ihr Leben lang behalten, wie Peter Jerusalem berichtet, mehr noch, sie schaffte es, auch in ihm diese Freude an der Schönheit zu wecken. Wenn sie mit einem neuen Objekt – einem Bierkrug etwa aus Glas, der mit eingeschliffenen Figuren, Blumen und Ornamenten geschmückt war – vom Trödelmarkt nach Hause kam und diesen Schatz, der »bloß vier Markl« gekostet hatte, stolz präsentierte, zeigte er sich anfangs reserviert. All die Haushaltsgegenstände, die sie viel dringender benötigten, fielen ihm ein, doch es dauerte nicht lange, bis er sich von ihrer Begeisterung mitreißen ließ: »Es war wirklich entzückend, sie hatte recht, und ganz langsam fing ich an, mich daran zu erfreuen.«

Es blieb nicht bei sporadischen Käufen und »bloß ein paar Markln«: »Aus ein paar wurden aber mit der Zeit viele, und das Schlimmste war: ich wurde auch von dieser Leidenschaft angesteckt«, gesteht Jerusalem. Waren es anfangs die Schaufensterauslagen, die sie anzogen, betrat Lena bald schnurstracks die Läden und stöberte herum, spähte auch in die hintersten Ecken, sodass sie natürlich immer etwas Schönes fand. Ein einzelner Glaskrug wurde durch weitere ergänzt. Lena liebte altes Geschirr, Schmuck und vor allem Wachsstöcke, von denen sich ein halbes Dutzend aufwendig gestalteter Exemplare in ihrem Nachlass befinden. Sie konnte es kaum erwarten, dass die Auer Dult auf dem Mariahilfplatz eröffnet wurde.

Werbebriefmarke
Auer Dult, 1912

Noch heute ist der dreimal im Jahr stattfindende Münchner Jahrmarkt eine skurrile Attraktion: Einzigartig ist die Mischung aus Volksfest mit Bierzelt, Biergarten, Fahrgeschäften und Trödelmarkt mit Geschirr- und Antiquitätenständen. Lena war immer unter den ersten Besuchern. Innerhalb kurzer Zeit glich ihre Wohnung einem Museum, mit dem Unterschied, dass die Gegenstände nicht systematisch gesammelt und katalogisiert, sondern beinahe jeden Tag »liebevoll in die Hand« genommen wurden. Sie »freute sich täglich daran«, berichtet Jerusalem. »War der Wert auch nicht groß, so war die Liebe, mit der jedes dieser Dinge gemacht war, um so größer und ein steter Quell der Freude.« Jerusalem bewunderte ihre Sicherheit »in allen Dingen des Geschmacks, was insonderheit die Erzeugnisse der schönen Literatur und des Kunsthandwerks betraf«. Da sei sie von einer »angeborenen, geradezu nachtwandlerischen Sicherheit des Urteils« gewesen und habe ihm Nachhilfeunterricht in Sachen Ästhetik erteilt.

1912 beschloss das Paar zu heiraten. Es war Lenas Glücksjahr – sie hatte ihr erstes Buch fertiggestellt, die Lungenkrankheit auskuriert, der Albert Langen Verlag hatte das Manuskript der *Erinnerungen* angenommen und damit die nahe Zukunft gesichert. Natürlich mussten auch neue Möbel für die Wohnung in der Wilhelm-Düll-Straße, unweit des Nymphenburger Kanals, her: Jerusalem kaufte bei einem Trödler einen Bauernschrank und eine Kommode, die aus dem 18. Jahrhundert stammten und nicht teuer waren. Er ließ sie von einem befreundeten Schreiner herrichten, dann strich er sie dunkelblau an, und Lena bemalte sie mit Blumen. Doch dabei ließ sie es nicht bewenden, »sondern auch das Antlitz einer heiligen Agnes zauberte sie auf das Kopfteil meines alten, nun blau gestrichenen Bettes«. Ihr zeichnerisches und malerisches Talent war jederzeit abrufbar. »Die Heilige blickte, als alles fertig war, ganz holdselig auf ein Lämmlein hernieder, das vor ihr auf einem Gebetbuche lag«, berichtet Peter Jerusalem.

Er staunte nicht nur über Lenas Begabung und ihren Einfallsreichtum, sondern zugleich über deren praktische Umsetzung und die Fähigkeit zur Improvisation: Zu Beginn des Ersten Weltkriegs, als sie sehr eingeschränkt wirtschaften mussten, hatten sie einmal den Programmleiter des Albert Langen Verlags Korfiz Holm und seine Frau zum Abendessen bei sich zu Gast. Es gab Gänsebraten, gedünstete Äpfel und Erdbeerbowle. Zwar besaßen sie kein Bowlengefäß und hatten – weil die Gans teuer gewesen war – nicht mehr viel Geld zur Verfügung, doch Lena wusste sofort Rat, kaufte ein billiges Tongefäß und bemalte es mit Ölfarben. Sie waren noch übrig geblieben vom Anstrich der Bauernmöbel. Nach nur einer Stunde hatte sie ihr Werk vollendet: eine Fronleichnamsprozession mit Pfarrer, Ministranten, Bauern und Bäuerinnen. Ganz zum Schluss – unter dem Henkel des Gefäßes – folgte ein einzelner Bauer, der eine Sau vor sich her trieb. Viele Jahre lang erfreute dieses Objekt seine Schöpferin und ihre Gäste. Nahezu all ihre Kunstwerke, so Jerusalem, seien witzig und originell gewesen und hätten die Betrachter heiter gestimmt.

Lena Christ wusste, welche Macht schöne Dinge haben. Sie spürte deren Wirkung an sich selbst, fühlte sich aufgewertet und ausgezeichnet. Mehr noch: Schönheit verstand sie als Glücksversprechen. Schönheit war beständig und harmonisch, nicht launisch und unberechenbar wie die Menschen. Sie gab Ruhe. In ihrem Film *Heimat und Sehnsucht* nennt Evita Bauer die Künikammer einen emotionalen Raum. Den hat Lena Christ weitergegeben: über ihre Tochter an ihre Enkelin. In Erika Schneiders Wohnung befand sich bis zu ihrem Lebensende ein Glasschrank, dessen Inhalt von der Familie fast wie ein Heiligtum betrachtet wurde. Lena Christs Schätze wurden

Riegelhaube, Ohrringe, Haarnadeln, Glas aus Lena Christs Sammlung

darin nicht nur aufbewahrt, sondern ausgestellt, arrangiert, inszeniert: Ketten, Ohrringe, Haarnadeln, Geschirr, Gläser, Porzellanfiguren, der Rosenkranz, die Riegelhaube, die Wachsmodeln und die selbst gefertigten Puppen aus Wolle.

Die Sammlung zeigt eine eigenwillige Handschrift. Lena Christ hat Gegenstände und Preziosen zusammengetragen, die jede für sich eine Geschichte erzählen könnten. Es ging der Sammlerin nicht um den materiellen Wert, sondern um das, was die Dinge für sie bedeuteten. Sie holte sich damit ein Stück weit die Künikammer aus dem Hansschusterhaus zurück in ihr jeweiliges Münchner Heim. Einige Gegenstände aus der Glasvitrine findet man in ihren Werken wieder, wie die Gläser mit der Aufschrift »Lebe glücklich!« in den *Lausdirndlgeschichten* und den

Erinnerungen einer Überflüssigen. Darin schildert sie auch, wie ihre Mutter und die Nachbarin den Stoff für ihr Hochzeitskleid aussuchten. »Also machten sie sich auf den Weg, eine jede starrend in Seide und blitzend im Schmuck der Nadeln, Ringe und Spangen, die an Glanz wetteiferten mit den langen Perlenfransen der Mantillen und Kapotthütchen.«

In allen Büchern schenkt Lena Christ der Kleidung ihrer Figuren große Aufmerksamkeit. Detailliert beschreibt sie in den *Erinnerungen*, wie die kleine Lena von der Großmutter für die Stadt ausstaffiert wird. In München lernt die Heranwachsende schnell, was ihr gut steht, wie sie sich ins rechte Licht setzen und einen bestimmten Effekt erzielen kann. In ihrem Roman *Die Rumplhanni* lässt die Autorin die Protagonistin diese Kenntnisse zur Selbstinszenierung nutzen: »Also steht sie gleich nach der Mittagszeit droben in ihrer Kammer, wäscht und schrubbt an sich herum, kleidet sich vom Fuß bis zum Kopf nagelneu und betrachtet endlich befriedigt ihr Spiegelbild. In dem einfachen schwarzen Lüstergewand mit dem feinen weißen Spitzenkragen, dem soliden Hut und dem sauberen Schuhwerk sieht sie besser aus als manche Bürgerstochter, die in Modefähnchen und auf überspannten Stöckelschuhen einhertrippelt.«

Je größer die Freude an etwas Schönem ist, umso schmerzlicher wird der Verlust. In diesem Zusammenhang waren zwei Kindheitserlebnisse für Lena Christ besonders einschneidend. Sie folgen dem gleichen Muster: Zuerst bekam sie etwas, das sie beglückte, dann wurde es ihr wieder weggenommen – aus für sie nicht nachvollziehbaren Gründen. Ob das tatsächlich aus praktischen oder erzieherischen Erwägungen geschah oder ein gezieltes Zufügen von Verletzungen war, ist nicht klar zu erkennen.

Unter Lenas Weihnachtsgeschenken befand sich eine Puppe, »die so groß wie ein zweijähriges Kind war und einen wunderschönen wächsernen Kopf mit echtem Haar hatte«. Doch gerade ihre Begeisterung für das außergewöhnliche Geschenk wurde Lena zum Verhängnis: Weil sie so viel damit spielte, nahm ihr die Mutter die Puppe zu Ostern wieder weg und überließ sie der Großmutter für ihre Kostkinder. Die Begründung lautete, Lena müsse lernen, ihre Zeit nicht zu vertrödeln. Es gäbe Sinnvolleres für ein Mädchen ihres Alters zu tun. Natürlich hob die Großmutter die Puppe für Lena in der Künikammer auf.

Noch größer war eine zweite Kränkung: Ihr weißes Firmkleid, das sie am Morgen in der Kirche voller Stolz getragen hatte, wurde noch am selben Tag an einen Verwandten weitergegeben, der es für seine Tochter haben wollte. Und so blieb Lena nichts anderes übrig, als in ihrem alten Sonntagskleid in den Methgarten an der Schwanthalerstraße zu gehen, »wo die andern Firmlinge in ihren weißen Kleidern und mit der offiziellen Firmuhr prangten und mich verächtlich von der Seite ansahen und von mir wegrückten«. Diese Enttäuschung als »die bitterste, die ein Mädchen in diesem Alter erleben kann« zu bezeichnen, ist keine Übertreibung. Die Firmung bedeutete für Lena ein wichtiges Ereignis, dessen strahlende Hauptperson sie selbst in ihrem schönen weißen Kleid war. Doch mitten im Moment größter Freude wurde das helle Scheinwerferlicht, das auf sie gerichtet war, wieder ausgeknipst. Das Fest hatte ein vorzeitiges Ende gefunden, nun musste die gewohnte Alltagsbeleuchtung genügen. Sie war gewaltsam aus dem Licht in den Schatten gedrängt worden.

4
Das wilde Kind

Im Sommer 1913 fuhr Lena mit ihren beiden Töchtern nach Glonn, um ihnen den Ort und die Umgebung zu zeigen, wo sie aufgewachsen war. Nach ihrer Heirat mit Peter Jerusalem hatte sie die zehn und sieben Jahre alten Mädchen aus dem Heim in ihr neues Zuhause geholt. Als sie nach einigen Wochen wieder zurück nach München kam, erschien sie ihrem Ehemann verjüngt und gestärkt. Sie berichtete ihm freudestrahlend: »Du, die Leut mögen mich gern!« Jerusalem antwortete, das überrasche ihn nicht, man müsse sie doch einfach gern haben, worauf sie erklärte: »Ja, weißt, die Alten wissen noch genau, was für ein Lausdirndl ich war.« Daraus schloss er, dass sie wirklich einiges angestellt haben musste, wenn man sich nach über zwanzig Jahren noch an sie erinnern konnte. Das bestätigt Hans Obermair, der mit einigen Glonnerinnen und Glonnern gesprochen hat. Die Buchbindertochter Julia Gruber berichtete, Lena Christ habe bei diesem Sommeraufenthalt häufig ihren Vater besucht und ihm viele Fragen gestellt. Damals recherchierte sie für ihren Roman *Mathias Bichler*. Sie sei »ein lustiges Ding« gewesen und habe eine »Gretlfrisur« getragen, doch ihr Vater habe gesagt, dass sie lüge, »wie halt Schriftsteller sind«. Als kurz darauf die *Lausdirndlgeschichten* erschienen, schlossen sich viele Glonner Bürger dem Vorwurf der Lüge an. Es sollte noch schlimmer kommen: Einige nannten die Autorin sogar abfällig eine »Matz«. Der Ausdruck bezeichnet im Bairischen eine unverschämte Frau, die sich über Konventionen und Verhaltensnormen hinwegsetzt – eine, die tut, was sie will. Auch einige Stimmen, die bis in Lena Christs Kindheit reichen, hat Obermair gesammelt: Eine Frau erzählte, wenn sie einmal nicht ordentlich gekleidet gewesen sei, habe ihre Mutter geschimpft: »Kimmst ja daher wia's Hansschusterlenei.« Derb und frech sei sie gewesen, »a rechter Rauschauf, a Lausdeandl, a Lugenbeutel!«

Das emotionale Spektrum, das sich in den *Lausdirndlgeschichten* auftut, reicht von Astrid Lindgrens *Pippi Langstrumpf* bis zu Agota Kristofs *Großem Heft*: Sowohl kindliche Allmachtsfantasien haben darin ihren Platz als auch Hilflosigkeit, Wut und Einsamkeit. Lenas Alter Ego ist schlau und listig – gerade bei scheinbar harmlosen Anlässen. Zu Ostern beim traditionellen »Oarscheiben« sammelte sie die Eier, mit denen aufeinander gezielt wurde, in ihrer Schürze ein, während die anderen Kinder noch mit ihren Raufereien beschäftigt waren. Zu Hause angekommen ließ sie »dem Großvater die Beute vor die Füße kugeln«. Dieser lobte sie und ließ es sich nicht nehmen, daraus selbst ein Festmahl, seinen »Oarsülot«, zu bereiten.

Im Sommer war das Fischen die große Attraktion für die Kinder: An einen Stock wurde eine Gabel gebunden – und fertig war der Speer. Zuerst wurden die Steine im klaren Wasser beiseitegeschoben; sobald ein Fisch zu sehen war, stieß man zu. Lena bewies besonderes Geschick: Sie fing die Fische sogar mit der bloßen Hand, worauf sie sehr stolz war: »Da nahm ich den Rock auf, stieg in den Bach hinein, bückte mich, tauchte vorsichtig den rechten Arm ins Wasser und näherte mich mit der Hand dem Fisch, bis er zwischen meinen Fingern stand; dann griff ich rasch zu.« Sie nutzte die Zeit, in der die Großmutter im Stall zu tun hatte, um die Fische zu töten und zuzubereiten. Das Töten war ein vollkommen selbstverständlicher Akt: Sie nahm einen Stein, schlug den Fischen damit auf den Kopf, holte heimlich Schmalz aus der Speisekammer, briet die Beute, die sie vorher gesalzen und paniert hatte, und verspeiste sie anschließend mit den anderen Kindern.

Die Großeltern waren großzügig und nachsichtig – alles andere als streng. Wenn sie Lena etwas verboten, dann hatte das immer einen triftigen Grund, doch Lena nahm es nicht ernst und folgte nicht. Die *Erinnerungen einer Überflüssigen* beginnen mit der Übertretung eines Verbots: Lena war an Scharlach erkrankt und sollte laut Anweisung der Großmutter im Bett bleiben. Der »alte Hausl«, der seinen Lebensabend im Hansschusterhaus verbrachte, wurde beauftragt, das Haus zu hüten und auf das Kind aufzupassen, während die Großeltern die Sonntagsmesse besuchten. Schon seine erste Abwesenheit – er ging in sein Zimmer, um sich zu rasieren – nutzte Lena, um zu entwischen. Sie lief durch den Schnee zum Haus der Nachbarin und fand die Tür verschlossen: »Und da ich nun lange im Hemd und dem roten Flanellunterröckl barfuß im Schnee gestanden war und vergebens gewartet hatte, schlich ich wieder heim; denn es war bitterkalt.« Der alte Hausl war entsetzt; das Unheil nahm seinen Lauf: Lena, ohnehin schon vom Scharlach geschwächt, bekam hohes Fieber und wurde so krank, dass man um ihr Leben fürchtete. »Aber der Großvater hat mich gepflegt, und so bin ich wieder gesund geworden«, lautet der Schluss der Episode. Einerseits wird das große Vertrauen des Kindes zum Großvater deutlich, andererseits schwingt ein extremer Eigensinn mit, der den Respekt für andere Menschen verhinderte.

Die Erziehungsversuche der Großmutter wurden von der Enkelin nicht ernst genommen. Lena ignorierte etwa auch die Anweisung, am Waschtag zu Hause zu bleiben: »Ich aber nahm, dem Verbot zum Trotz, meinen Stecken mit der Gabel und schlich leise hinterdrein.« Sie benutzte die Waschbank, die in den Bach hineinragte, als Ausgangspunkt fürs Fischen, von der Großmutter unbemerkt, verlor dabei das Gleichgewicht und geriet in eine gefährliche Lage: Ihre Füße hingen auf der Bank fest, doch der Kopf war schon unter Wasser getaucht. Endlich gelang es ihr, die Füße zu befreien. »Derweilen hatte mir aber das Wasser schon alle Kraft genommen und trieb mich nun unter der Waschbrücke hindurch grad unter die Hände meiner Großmutter.« Wieder einmal überwog die Erleichterung darüber, dass alles gut gegangen war – Strafe gab es natürlich keine.

Im Frühjahr 1887 kam Lena in die Schule. Die Großeltern unterstützten sie auf ihre Weise, indem sie ihr demonstrierten, dass sie von dieser Institution nicht viel hielten. Der Großvater konnte nämlich weder schreiben noch lesen. Das erfuhr Lena erst, als sie ihn einmal aufforderte, ihr beim Schreiben zu helfen, und ihm ihre Tafel zuschob. Er verwies sie entschuldigend an seine Frau: »I ko net lsn und net schreibn; dös ham mir net g'lernt!« Diese Erklärung hält Hans Obermair jedoch für unwahrscheinlich, da seit 1802 Schulpflicht bestand und es einige Dokumente gibt, die die Unterschrift Mathias Pichlers aufweisen.

Wenn Lena aus der Schule heimkam, hatte die Großmutter immer etwas Besonderes für sie zubereitet: »Gugelhopf, Rohrnudeln oder einen fetten Schmarrn mit einem Zwetschgentauch.« Das arme Kind, das so viele Stunden die Schulbank drücken musste, sollte unbedingt zu Hause eine Stärkung erhalten. »Wenn nur dö verflixte Schul glei der Teifi holn tat«, schimpfte die Großmutter. Doch Lena ging gern in die Schule. Ein »recht gescheites und schlagfertiges Dirndl« sei sie im Unterricht gewesen, berichtete eine Zeitgenossin ihrem Sohn. Und Lenas Lehrer Alexius Strauß äußerte: »Aufsätze wie die ihren hat es in der Glonner Volksschule noch nie gegeben.«

Es sind meistens harmlose Streiche, die Lena Christ in ihren *Erinnerungen* zum Besten gibt. So konnte sie den verlockenden Äpfeln im Obstgarten des Pfarrers nicht widerstehen. Ein besonders großer und leuchtender lag auf dem Boden, Lena fand eine Lücke im Zaun, durch die sie hindurchschlüpfte, nahm den Apfel und noch einen zweiten kleineren, den sie gleich verspeiste. Den schönen großen brachte sie der Großmutter und ließ sie in dem Glauben, der Pfarrer habe ihn ihr geschenkt. Damit machte sie ihr zwar eine große Freude, doch diese sollte nicht lange anhalten. Der Pfarrer hatte die kleine Apfeldiebin beobachtet und berichtete der Großmutter von dem Diebstahl. Sein Erziehungsziel bestand darin, den Kindern Selbstbeherrschung beizubringen. Lena müsse lernen, ihre Begierden zu bezähmen, verlangte er. Anders wäre es gewesen, wenn sie ihn um die Äpfel gebeten hätte. Mit Freuden hätte er sie ihr geschenkt. Bisher hatte Lena nur den Pfarrer und den Lehrer als Autoritäten kennengelernt, die Strafen für Fehlverhalten oder Ungehorsam verhängten. Zu Hause war das noch nie geschehen. Und nun dauerte die erste Zurechtweisung der Großmutter auch nicht lange – der Großvater unterbrach sie: »Nix sagst ma übers Kind; hat's dir'n vielleicht net bracht? I sags allweil, 's Leni hat a guats Herz!« Auf ihren Großvater konnte sie sich eben voll und ganz verlassen.

Doch ihr gutes Herz schloss nicht aus, dass sie »das schlimmste Lausdirndl vom Dorf« wurde und vor keiner Rauferei und keinem Lausbuben- oder Lausdirndlstreich zurückschreckte. Als die Kirschen reif waren und ein Junge aus dem Nachbardorf morgens vor dem Unterricht fragte, wer mit zum Kirschenstehlen käme, meldete sie sich als Erste. Dann überredete sie auch noch einige andere Kinder, sodass am Nachmittag nach Schulschluss eine kleine Gruppe in den Garten der Schmiedin eindrang. Sie hatten beobachtet, wie die Schmiedin und der Knecht weggefahren waren, um Heu zu holen, und glaubten sich daher sicher. Sie irrten sich, die beiden kehrten bald zurück und entdeckten die ungebetenen Gäste. Lena und ein Junge saßen noch oben im Kirschbaum, die anderen hatten rechtzeitig weglaufen können. Der Knecht war nicht überrascht über die kleinen Diebe: »Ja, natürli, d'Handschuastalena halt!« Mittlerweile war sie als Rädelsführerin der Kinder bekannt. Die Schmiedin wollte sie nicht so davonkommen lassen und forderte sie auf, ihr sofort die Kirschen zu geben, die sie in ihrer Schürze trug. Lena weigerte sich und rannte mit den Worten »I mog net« schnell davon.

In der gleichnamigen Lausdirndlgeschichte stiftet Leni ihre Klassenkameraden an, das »Femgericht«, von dem der Lehrer ihnen vorgelesen hatte, nachzuspielen. Sie wählten die Eichenallee mit ihren »heiligen Bäumen« als Schauplatz. Dort versammelte sich eine skurril ausgerüstete Gruppe von Kindern. »Der Gschwandlerfranzl hat die große Heiligenlegende mitgeschleppt, und ich einen langen Strick. Und wir haben unsere Sacktücheln an die Geißelstecken gebunden, und Hafendeckel und Gießkannen mitgenommen zum Trommeln und Blasen.« Der Sohn vom Neuwirt hatte mit einem Trinkhorn, das er aus der Gaststube entwendet hatte, für ein angemessenes Blasinstrument gesorgt. Singend zogen sie die Eichenallee hinauf. An ihrem Ziel angekommen, entschieden sie, wer der Verbrecher und wer die Richter sein sollten. Weil es für die Rolle des Verbrechers mehrere lautstarke Bewerber gab, wäre es beinahe zu einer Rauferei gekommen. Gerade noch rechtzeitig wurde der Ropfergirgl ausgewählt. Leni wollte unbedingt der Henker sein und drapierte ihr Seil am Ast eines Baumes. Der Gschwandlerfranzl führte mithilfe des Legendenbuchs die Gerichtsverhandlung. Der Verbrecher wurde unter lautem Getrommel und Gebrüll zum Tode verurteilt. Allmählich wurde es dem Ropfergirgl zu viel und er wollte aussteigen, doch es war zu spät. Sie banden ihm das Seil um den Bauch, zogen ihn mit vereinten Kräften in die Höhe und befestigten das Ende des Stricks. Bevor sie mit ihrem Ritual fortfahren konnten, erblickte einer von ihnen den herannahenden Pfarrer. Das war das Signal, unverzüglich zu verschwinden. Es war keine Zeit mehr, den

Ropfergirgl aus seiner misslichen Lage zu befreien. Ein kindliches Spiel, das katastrophal hätte enden können, wenn nicht das Auftauchen eines Erwachsenen dem Spektakel ein Ende bereitet hätte.

Makabre Spiele, mit denen sich die Kinder neben den Erwachsenen behaupten wollen, schildert auch Lena Christs Zeitgenossin Franziska zu Reventlow in ihrem autobiografischen Roman *Ellen Olestjerne*. Die Kinder gründeten ihr eigenes Königreich – als Gegenentwurf zum Nachbarreich, in dem Franziskas Mutter ein autoritäres Regiment führte. Die »grimme Fürstin«, ihre Feindin, wollten sie entmachten. An einem ausgewählten Platz im Schlosspark errichteten sie Hütten aus Pfählen, Zweigen und Moos und legten Straßen an. Den Mittelpunkt bildete eine Kultstätte, auf der ein Tempel aus Brettern und Backsteinen thronte. Er wurde bewacht von einem Götzen aus Holz, den sie selbst geschnitzt hatten und dem sie mit Opfern, wilden Gesängen und Tänzen huldigten. Wenn fremde Kinder aus dem Dorf in die Koppel einbrachen, wurden sie eingefangen und streng bestraft: mit verbundenen Augen einen Hügel hinuntergerollt oder in einen Brennnesselbusch geworfen. Doch das Königreich im Schlosspark, in dem Fantasie und Eigensinn regierten, war dem Untergang geweiht. Die Rädelsführerin, Franziska zu Reventlows Alter Ego, sollte eine standesgemäße Mädchenerziehung erhalten. »Die Kinder gingen nur noch engumschlungen und waren traurig – ihnen war zumute, als ob eines von ihnen sterben sollte«, heißt es im Roman.

Als die nicht immer harmlos-fröhliche Lausdirndlzeit Lenis zu enden drohte, waren ihre Spielkameraden traurig und bedrückt: »Meine Freunde haben gesagt, dass es schad ist, wenn ich wieder in die Stadt komme, weil es dann gar nichts mehr gibt. Und sie tun alles, was ich sage; und damals, im Winter, wo wir vom Schlossberg heruntergerodelt sind, haben sie gesagt:

›Handschusterleni!
Fahr du voraus!‹
Dann bin ich vorausgefahren, über den Berg hinunter und
hinein in den zugefrorenen Moorbach.
Und sie sind alle nachgesaust.
Aber auf einmal hat es gekracht, und drei sind im Wasser gelegen; und sie sind ganz voll Schlamm gewesen, und der Ropfergirgl hätte bald ersaufen müssen; aber wir haben ihn schon
noch herausgezogen.
Und dann hätten sie mich verprügeln wollen; aber ich bin nicht
so dumm und bleibe stehn.«

Leni hatte nicht nur keine Angst von Prügeln, sondern provo-
zierte sie sogar. In *Die Frau Bas*, einer weiteren Lausdirndlgeschichte, heißt es:
»Die Frau Bas hat gesagt, dass ich eine Malefizkarbatschen bin,
und sie hat mir ein paar hineingehaut wegen dem Honig.
Aber das macht nichts.
Sie hat es nicht umsonst getan.«
Lenis Repertoire an Streichen war unerschöpflich. Das hatte
Folgen:
»Aber die Frau Bas hat doch furchtbar geschimpft und hat
gesagt, dass ich ein gottloser Lausfratz bin, und dass es jetzt
nicht mehr wunderbar ist. Und wie der Großvater nicht mehr
in der Stube war, hat sie mich bei den Haaren geschüppelt.
Aber es hat nicht weh getan.
Und ich weiß schon wieder was, wenn sie mich noch einmal
schüppelt.«

Die Protagonistin der *Lausdirndlgeschichten* hat gelernt, sich
mit List und Galgenhumor gegen die Lieblosigkeit und Gewalttätigkeit der Erwachsenen zu wehren. Sie hat deren Schwächen
früh erkannt: Auch die Erwachsenen sagten nicht immer die

Wahrheit und verhielten sich nicht so, wie sie es von den Kindern verlangten. Als Vorbild waren die meisten ungeeignet. Auf eine Konfrontation sollte man es dennoch besser nicht ankommen lassen, denn sie waren mächtiger und stärker. Also galt es, Strategien zu entwickeln, um die eigenen Interessen durchzusetzen. Wie Leni zu dieser Haltung gekommen ist, wird nicht erzählt, doch in manchen Episoden gleicht sie Agota Kristofs Zwillingspaar, das sich selbst körperlich und seelisch abgehärtet hat: Auf die Frage der Großmutter, wer sie geschlagen habe, antworten die Zwillinge:

»Wir selber, Großmutter.

– Ihr habt euch geprügelt? Weswegen?

– Wegen nichts, Großmutter. Machen Sie sich keine Sorgen, es ist nur eine Übung.«

Sie steigern ihre gegenseitigen Schläge und fordern sogar die Großmutter zu Züchtigungen auf. Irgendwann haben sie den Status erreicht, den sie angestrebt hatten:

»Nach einiger Zeit spüren wir tatsächlich nichts mehr. Es ist jemand anderes, der Schmerzen hat, es ist jemand anderes, der sich verbrennt, sich schneidet, leidet. Wir weinen nicht mehr.«

Die Lebensphase, in der eine ähnlich konsequente Desensibilisierung notwendig sein würde, stand Lena noch bevor. Sie war damals nicht nur das muntere, stets zu Streichen aufgelegte, laute und freche Mädchen. So gern sie mit den anderen Kindern des Dorfes herumtollte, manchmal war sie auch lieber allein, lag im Gras und träumte, stöberte in der Künikammer herum oder erfand Spiele. Die fehlenden Spielkameraden ersetzte sie dann durch selbst gebastelte: Sie füllte Säcke mit Lumpen und Stoffresten, formte einen Kopf und steckte die Puppe auf einen Holzscheit. Dann gab sie ihren »Flecklpuppen« Namen, erfand eine eigene Familie mit Kostkindern und dachte sich Geschichten aus. Langeweile kannte sie nicht.

Sie liebte feierliche Veranstaltungen und große Inszenierungen. Die kirchlichen Rituale beeindruckten sie sehr, besonders das Memento, das Hochamt, die Predigten, die Gebete, die Prozessionen. Am Sonntag ging der Pfarrer nach seiner Predigt und den Gebeten auf den Friedhof, den Gottesacker hinaus, gefolgt von den Gemeindemitgliedern. Nachdem sie die Gräber ihrer Angehörigen mit Weihwasser besprengt hatten, beteten sie am Grab. »Während der feierlichen Handlung stand ich zwischen den Großeltern und fürchtete mich vor dem Tod«, heißt es in den *Erinnerungen*. Doch während man dem beeindruckenden Bild des sechsjährigen Kindes nachspürt, das sich, beschützt von den geliebten Großeltern, ganz seiner Angst vor dem Tod hingibt, wird man von der Autorin im nächsten Satz schon wieder in die Lausdirndl-Realität zurückgeholt. Nur an den Sonntagen habe sie sich dieser Furcht hingegeben, lässt sie ihr Alter Ego sagen, die ganze Woche über habe sie nichts dergleichen verspürt. Im Gegenteil, sie musste auf dem Friedhof Aufgaben erfüllen, die sie sich selbst gestellt hatte: Sie richtete »die Gräber der armen Leute wieder her«, indem sie »die Blumen von den Gräbern der Reichen nahm«. Danach ging sie in die Kirche, wusch sich im Weihwasser die Hände, räumte die Gebetbücher zusammen, nahm die Heiligenbilder, die sie fand, an sich und verteilte sie an ihre Klassenkameraden.

Das Ende der glücklichen unbändigen Lausdirndlzeit kam sehr plötzlich, so wie sie es in ihrer Lausdirndlgeschichte *Das Femgericht* erzählt:
»Jetzt ist es aus und vorbei.
Am Sonntag muss ich wieder nach München.«
Der erste Satz gleicht einer Kapitulation. Doch noch konnte Lena gar nicht wissen, was ihr bevorstand, als ihr die Groß-

eltern eröffneten, ihre Mutter habe in München geheiratet. Sie spürte nur, dass irgendetwas nicht in Ordnung war, denn beim Abendessen mit den Großeltern und der Tante herrschte eine gedrückte Stimmung. Plötzlich schlug der Großvater mit der Faust auf den Tisch und rief. »S'Lenei soll i eahna eini bringa; sie verlangts!« Lena weigerte sich auf der Stelle, sie wollte nicht in die Stadt zu ihrer Mutter, vor allem wollte sie nicht weg von ihren Großeltern. Während ihr die Tante gut zuredete und in Aussicht stellte, sie könne in der Stadt »was Feins werdn«, befürchtete die Großmutter, dass das Kind dort verdorben werden könnte. Für sie war die Stadt unübersichtlich, unergründlich und gefährlich. Nur der Großvater schwieg, bis er schließlich sagte. »In Gott's Nam', müaß' ma's halt hergebn.« Damit war das letzte Wort gesprochen, und Lenas Proteste – Toben, Bitten, Schmeicheln – blieben allesamt erfolglos.

Nun begann die Phase der Vorbereitungen: Lena erhielt eine städtische Garderobe. Das, was sie später einmal genießen würde, von der Schneiderin neu eingekleidet zu werden, empfand sie als Belastung: »Ich wurde mit Stoffen behängt und mit Nadeln besteckt und musste den ganzen Tag stillstehen.« Am Tag der Abreise überwog bei Lena die Spannung. Sie wurde gebadet, fein angezogen und frisiert. Die Großmutter »steckte in das in zwei Zöpfen aufgemachte Haar einen silbernen Pfeil« und weinte, als sie ihrer Enkelin den großen schwarzen »Strohhut mit den roten Blumen und den karierten Bändern« aufsetzte. Lena ging mit dem Großvater zur Haltestelle des Postwagens und verabschiedete sich von allen Leuten, die ihr begegneten. Während der Fahrt nach München erklärte ihr der Großvater, wie sie sich in der Großstadt zu benehmen habe. Er appellierte an ihre Klugheit und hielt sie an, ihrer Mutter zu gehorchen und den Vater – ihren Stiefvater – gern zu haben. Außerdem werde sie den Eltern bestimmt im Haushalt helfen müssen. Wahrscheinlich ahnte er, der seine Tochter gut kannte, dass diese ihr Kind nicht aus reiner Mutterliebe zu sich nehmen wollte, sondern vor allem, weil sie eine Hilfskraft brauchte – in der Gastwirtschaft, die sie sich zusammen mit ihrem Ehemann gekauft hatte, und zu Hause. Der Großvater erteilte seiner Enkelin auf der Reise in die Stadt auch einen Schnellkurs in Hochdeutsch. »Jatz derf ma nimma Kuchei sagn, jatz hoaßts Küch, und statt der Stubn sagt ma Zimmer und statt'n Flöz sagt ma Hausgang. Und Kihrwisch sagt ma aa nimma, sondern Kehrbesen.« Lena versuchte, sich alles zu merken.

Der Empfang der Mutter am Ostbahnhof war freundlich. Als Lena sie – wie sie es gerade vom Großvater gelernt hatte – mit den Worten »Grüß Gott, Mutter!« begrüßte, war jene beeindruckt: »Schau, schau, wie gebildet die Leni schon wordn ist. Da wird aber der Vater viel Freud haben, wenn er so ein g'scheits und vornehmes Töchterl kriegt.« Damals wusste Lena noch nicht, dass so freundliche Worte aus dem Munde der Mutter eine Rarität waren. Die Mutter nahm sie bei der Hand, der Großvater ging hinterher und versuchte, seine Traurigkeit zu verbergen. Mit der Pferdebahn fuhren sie durch die Stadt zum Marienplatz, und Lena kam aus dem Staunen nicht mehr heraus: Die Häuser und Kirchen waren hoch, ragten in den Himmel, die Röcke und Hosen der Kinder waren kurz und sahen ganz anders aus als die Kleider, die sie aus Glonn kannte. Vom Fischbrunnen vor dem Rathaus war Lena so fasziniert, dass sie vergaß, ihre Begeisterung ins Hochdeutsche zu übersetzen: »Großvatta, do schaug hera, wie dö Fisch's Mäu aufreißn!« Die Mutter war entsetzt, der Großvater versuchte, Schlimmeres zu verhindern, und forderte Lena zum Schweigen auf. Außerdem belehrte er sie: »Mäu derf ma jatz nimma sagn, Mund hoaßt's do jatz!« Es ging eine Weile gut, doch als Lena vor der Residenz die Soldaten sah, die gerade im Stechschritt aufmarschierten, konnte sie sich nicht zurückhalten und rief. »Dö gengan ja grad wia meine hülzern' Mandln, dö wo …« Nun wurde sie von der Mutter gestoppt, sie möge doch um Gottes willen bloß still sein, denn das sei ja Majestätsbeleidigung. Genau so schnell, wie sie die Anerkennung ihrer Mutter gewonnen hatte, war diese wieder verloren, mehr noch, die Mutter schämte sich für ihr Kind, dem man ansah und vor allem anhörte, dass es vom Land kam.

Nach einem längeren Fußmarsch nach Schwabing standen die drei »vor einem hohen Hause, auf dessen rötlicher Fassade mit großen Buchstaben das Wort ›Restaurant‹ geschrieben stand«. Dort wurden sie von Josef Isaak »mit herzlichen und guten Worten« empfangen. Dieser Tag im November 1888 war für das kleine Mädchen in vielfacher Hinsicht aufregend und irritierend: die große Stadt mit den ihr fremden Bauwerken, ein fremder Mann, der nun die Rolle ihres Vaters einnehmen würde, eine letztlich ebenso fremde Frau, die ihre Mutter war und ihr sogleich vorführte, wie der Alltag aussehen würde. Es war Mittag und die Gaststätte gut besucht, sodass die Köchin nach Hilfe verlangte. Die Mutter zog sich rasch um und nahm ihre Arbeit auf. Lena war eingeschüchtert angesichts der demonstrativen Geschäftigkeit. Als die Mittagszeit vorbei war, bekamen auch Lena und der Großvater etwas zu essen. Der neue Vater setzte sich zu ihnen und begann mit dem Großvater ein angeregtes Gespräch über das Leben in Glonn. Besonders interessierte ihn allerdings alles, was Lena betraf.

Josef Isaak war Lena von Anfang an wohlgesonnen. Am 30. Oktober 1888 hatten er und Lenas Mutter geheiratet – zufällig an Lenas siebtem Geburtstag. Der Metzgergeselle, Sohn eines Viehhändlers, stammte aus dem niederbayerischen Pocking. Magdalena Pichler hatte zuletzt als Köchin bei Bankdirektor Hugo Freud in München gearbeitet. Fünf Jahre war sie dort tätig gewesen, bis sie 1888 kündigte, um zu heiraten und sich selbstständig zu machen. Schon vor der Hochzeit kaufte sich das Paar von seinen Ersparnissen die Gastwirtschaft in der Adalbertstraße und etablierte sich schnell. Die Küche genoss einen guten Ruf und zog viele Studenten an. Doch Lena betrat eine vollkommen fremde Welt. Allein das Tempo war ein ganz anderes als das, was sie von Glonn gewöhnt war.

Am Abend dauerte es eine Weile, bis sie schlafen konnte. Man hatte sie nach dem ereignisreichen Tag früh ins Bett gebracht. Es stand in einem kleinen Zimmer, und sie teilte es mit dem Großvater. Auch er wird eine Zeit schlaflos dagelegen haben. Zunächst gab er seiner Enkelin noch weitere Ratschläge – so lange, bis sie in seinen Armen eingeschlafen war. Seine Gefühlslage muss eine Mischung aus Traurigkeit und Angst gewesen sein. Angst um das geliebte Kind, das er, zusammen mit seiner Frau, aufgezogen hatte und so gut kannte, dass ihm bei dem Gedanken an seine Zukunft in der neuen Familie nicht wohl war. Am nächsten Tag fuhr er allein zurück nach Glonn.

5
Die überflüssige Wirtsleni

Nun begann für die siebenjährige Lena die Umerziehung von einem wilden, freiheitsliebenden Landkind zu einem Stadtkind, das sich an ein reglementiertes Leben gewöhnen musste. »Kinderarbeit und Schläge statt Träumereien im Gras«, lautet Evita Bauers bitteres Fazit. Es begann mit der Kleidung: Die langen Kleider, die ihr die Großeltern hatten anfertigen lassen, konnte sie nicht brauchen. In der Stadt trug man kurze Röcke. Auch Lenas schöne lange Haare wurden abgeschnitten, angeblich, weil sie Läuse hatte. Die Prognose des Großvaters bewahrheitete sich: Sie wurde im Haushalt und in der Gastwirtschaft eingespannt. »Auch lernte ich jetzt arbeiten«, berichtet sie in den *Erinnerungen*. Zunächst waren es kleine Hilfsdienste: »Brot und Semmeln für die Gäste in kleine Körbchen zählen, den Schanktisch in Ordnung halten, Sachen einholen und manchmal auch den Kegelbuben ersetzen.«
Die Mutter war von Anfang an bestrebt, ihr die bäuerliche Sprache auszutreiben. Sie selbst hatte alles, was auf ihre Herkunft schließen ließ, abgelegt. Da sie fast ausschließlich in vornehmen Häusern als Köchin tätig gewesen war, hatte sie sich eine gewählte Sprechweise erarbeitet. Durch die Anwesenheit ihres Kindes wurde sie nun permanent an ihre Heimat erinnert, schlimmer noch, auch die anderen Menschen wurden darauf hingewiesen. Die kleine Lena stellte also von Anfang an einen Störfaktor für sie dar. Aus dem aufgeweckten Lausdirndl wurde beinahe über Nacht ein schüchternes, verstocktes und trotziges Mädchen, das nicht so recht wusste, wo es hingehörte. In der

gemacht, so gab sie mir mit einem spanischen Rohr sechs und manchmal zehn Hiebe auf die Arme und die Innenfläche der Hände, dass das Blut hervorquoll.« Dann musste sie mit ihren verletzten Händen an einem Strumpf stricken.

Es mutet zynisch an, dass im Fin de Siècle spezifisch weibliche Fertigkeiten, deren Erlernen zur Mädchenerziehung gehörte, als Strafen eingesetzt wurden. Franziska zu Reventlow erzählt von dem Hausunterricht, den die Mutter ihr erteilte: Das eigentlich Quälende war nicht der Stoff – Lesen, Schreiben, Rechnen –, sondern die Strickarbeit: jener »Strumpf, der nie ein Ende nahm und auf den viele, viele Tränen hinunterliefen«, wenn die ungehorsame Schülerin zur Strafe das Strickzeug in die Hand nehmen musste.

Körperliche Züchtigungen waren Ende des 19. Jahrhunderts in allen Gesellschaftsschichten üblich. In *Ellen Olestjerne* heißt es: »Mama und Prügel kriegen waren so ziemlich die ersten Begriffe, die ihr Bewusstsein zu fassen vermochte und die für sie in eins zusammenfielen.« Die Strafen, die sich Lena Christs Mutter für ihre Tochter ausdachte, zeugen allerdings von einem ausgeprägten Sadismus. Von schweren Gewaltausbrüchen, Schlägen mit dem Ochsenfiesel ist die Rede, weiters davon, dass sie nichts zu essen bekam und die ganze Nacht auf einem Holzscheit kniend draußen auf dem Flur zubringen musste. Wenn ihr jemand zu Hilfe kam – ihre Lehrerin, die die Verletzungen bemerkte, oder die Nachbarin, der das Kind leidtat – und die Mutter zur Rede stellte, so zog das nur noch weitere Strafen nach sich. An manchen Tagen habe sie sich vor Schmerzen kaum bewegen können, berichtet die Autorin, Liebe und Zärtlichkeit habe sie nie erfahren.

Doch Lena fand einen Ausgleich für das freudlose Leben zu Hause in der Schule. Sie machte »gute Fortschritte und war bald die Erste«. Während ihre Halbbrüder später auf höhere Schulen geschickt wurden, hielt die Mutter das bei ihrer Tochter nicht für angebracht. Nach der Grundschule besuchte Lena die Mittwochsschule, an der die Anforderungen nicht hoch waren. Ihre Mitschülerinnen waren Dienstmädchen und Kinder aus armen Familien. Lena wurde innerhalb kürzester Zeit Klassenbeste und galt als wissbegieriges »Gscheiterl«. Sie setzte ihre Intelligenz jetzt gezielt dazu ein, den mütterlichen Strafen zu entgehen und sich heimlich das zu verschaffen, was ihr vorenthalten wurde. Das war vor allem etwas zu essen. Von den Trinkgeldern, die sie beim Fleischaustragen erhielt, kaufte sie sich Brot. Natürlich wurde sie schwer bestraft, als die Mutter dahinterkam.

An einem Samstagnachmittag geriet sie in große Not: Sie lieferte Fleisch an die Familie des Kommerzienrats, bei der die Mutter einige Jahre als Köchin gearbeitet hatte. Wie immer war es eine große Bestellung, diesmal im Wert von ungefähr zwanzig Mark. Das entsprach damals etwa dem Monatslohn eines Hausmädchens. Auf dem Rückweg kam Lena an der Feldherrnhalle vorbei und schaute anderen Kindern beim Taubenfüttern zu. Als es vier Uhr schlug, fiel ihr ein, dass sie um diese Zeit längst zu Hause sein sollte. Also lief sie los. Am Viktualienmarkt verschnaufte sie und machte eine furchtbare Entdeckung: Das Geld war weg. Verzweifelt lief sie zurück, fragte zuerst bei der Köchin des Kommerzienrats nach und dann bei den Leuten, die an der Feldherrnhalle standen: vergebens. Mittlerweile hatte sich die Angst zu Panik gesteigert. Sie wusste nur eins: Sie konnte ihrer Mutter nicht ohne das Geld unter die Augen treten. Sie lief immer weiter, bis zum Ostbahnhof. Da fiel ihr der Mensch ein, der für sie gleichbedeutend mit Liebe, Trost und Verständnis war: der Großvater! Damit stand für sie fest, was zu tun war: »Jatz laafst zum Großvater, der hilft dir schon.«

Sie lief zu dem Bahngleis, von dem er damals abgereist war, und auf dem Bahndamm die Schienen entlang immer weiter. Wenn

Züge kamen, sprang sie zur Seite. Sie rannte um ihr Leben. In Zorneding war sie so erschöpft, dass sie ausruhen musste. Ihr Herz klopfte, und sie verspürte schmerzhaftes Seitenstechen. Als sie an einem Brunnen Wasser trinken wollte, wurde sie von einer Dorfbewohnerin zurückgehalten. Diese fürchtete, das erhitzte und überanstrengte Kind würde das kalte Wasser nicht vertragen. Erst als sich die Kleine etwas abgekühlt hatte, erlaubte sie ihr zu trinken. Laut Lena Christs Schilderung war das jedoch das Einzige, was diese Frau für sie tat. Obwohl es mittlerweile dunkel geworden war, bot sie ihr keinen Schlafplatz an, sondern ließ sie gehen.

Die Autorin berichtet, sie habe auf einer Bank übernachtet und den Korb, den sie bei sich trug, als Kopfkissen benutzt. In der Nacht wurde sie von bösen Träumen heimgesucht. Am nächsten Morgen, nachdem sie zerschlagen aufgewacht war, wurde sie von der Frau, vor deren Haus die Bank stand, angesprochen. Diese fühlte sich sofort verantwortlich für die Kleine, tröstete sie und riet ihr, wieder nach Haus zu ihren Eltern zu fahren. Dann holte sie ihren Mann, und er begleitete Lena im Zug zurück nach München. Nach diesem Fluchtversuch wurde sie von ihrer Mutter nicht geschlagen, sondern einfach ignoriert: Sie redete »mich mit keinem Worte an und tat, als sei ich gar nicht da«.

Eine subtile Strafe, die eine Wirkung erzielte: Lena bekam noch am selben Abend so hohes Fieber, dass der Stiefvater einen Arzt holte. Er war es auch, der sie in den kommenden Wochen pflegte. Als der Großvater von ihrer schweren Lungenentzündung erfuhr, besuchte er sie. Es tat ihr gut, dass endlich der Mensch wieder bei ihr war, den sie am meisten herbeigesehnt hatte. Sie vertraute sich ihm an und klagte ihm ihr ganzes Leid. Er konnte es kaum fassen, als er erfuhr, wie sich seine Tochter ihrem Kind gegenüber verhielt. Beinahe geriet er in Rage und wollte sie zur Rede stellen, doch Lena hinderte ihn daran. Sie wusste, was dann geschehen würde. Die Mutter würde zornig werden und die Wut an ihr auslassen. Stattdessen verabredete sie mit dem Großvater etwas anderes: Er versprach ihr, sie dürfe wieder nach Glonn kommen, wenn sie erneut misshandelt würde. Ein Versprechen, das ihr Sicherheit gab. Zwei Jahre später wurde es eingelöst.

Diesmal waren auch andere Kinder an dem »Vergehen« beteiligt, das ihr zum Verhängnis wurde. Die mittlerweile elfjährige Lena hatte mit zwei Mädchen Freundschaft geschlossen, die im selben Haus wohnten. Sie trafen sich an Sonntagnachmittagen, wenn die Eltern fort waren, und nutzten diese Gelegenheit, um »Heimliches« zu treiben. In ihren *Erinnerungen* führt die Autorin das nicht weiter aus, doch sie nennt ihren Beichtvater und Religionslehrer als den eigentlichen Initiator. Erst durch seine Fragen sei sie überhaupt auf manche Dinge gekommen. Er habe sie dazu verführt. Zu seinen Fragen zählten die nach »unkeuschen Gedanken«. Er wollte es ganz genau wissen: »Wie oft, wann, wo, über was hast du nachgedacht? Hast du da an unzüchtige Bilder oder an Unreines am Menschen oder an Tieren, an gewisse Körperteile gedacht?« Seine Ausführungen verstörten sie: »Ist dir niemals die Lust angekommen, einen unreinen Körperteil an dir zu berühren? Hast du das mit dem Finger, mit der Hand oder mit einem fremden Gegenstand getan? Hast du Tieren zugesehen, wenn sie Unreines taten? Hast du Knaben angesehen oder berührt an einem Körperteil?« Die inquisitorischen Suggestivfragen machten Lena Angst. Sie schämte sich nicht nur, sondern war über die Fantasien des Religionslehrers erschrocken – es waren Dinge, von denen sie bisher noch nie gehört hatte. Gerade ihre Naivität schien ihm zu gefallen, denn er suchte ihre Nähe, lud sie immer häufiger ein, ihn zu besuchen. Als Vorwand dienten ihm gewisse Botendienste. Wenn sie bei ihm war, fragte er immer mehr und direkter nach dem, was er unter dem Oberbegriff »Unkeusches« zusammenfasste. Es blieb nicht aus, dass sie sich mit ihren Mitschülerinnen darüber unterhielt. Doch war sie vollkommen überrascht, als ein Lehrer ihr eines Tages vorwarf, sie habe »in Gemeinschaft mit andern Mädchen unsittliche Handlungen vollführt« und werde daher – genau wie die anderen – mit Karzer bestraft.

Weit mehr als den Karzer fürchtete Lena, was sie zu Hause erwartete. Sie lief eine Weile ziellos durch die Stadt und machte auf einer Bank an der Isar Rast. Sie überlegte ernsthaft, ob sie sich nicht durch einen Sprung ins Wasser ein für allemal vor den sadistischen Übergriffen der Mutter retten sollte. »Am End aber siegte doch die Schneid«, resümierte sie, »und ich stand auf und ging ins Haus.« Bevor sie an der Wohnungstür läutete, betete sie darum, nicht umgebracht, nicht erschlagen zu werden. Beinahe vergebens. Diesmal übertraf die Grausamkeit der Bestrafung alles bisher Erlebte. Es war nicht nur die Gewalt, die Wucht, mit der die Mutter auf sie einschlug. Auch Lenas Schamgefühl wurde zutiefst verletzt: Sie musste sich nackt ausziehen, damit »der Körperteil, mit dem sie gesündigt hatte«, ins Zentrum der Tortur gerückt werden konnte. Um ihre Schreie zu ersticken, stopfte ihr die Mutter ein Tuch in den Mund. In Rage habe die Mutter nicht mehr aufhören können zu schlagen und zu treten. Schaum sei ihr vor dem Mund gestanden, während sie schrie: »Hin muaßt sein! Verrecka mußt ma! Wart, dir hilf i!« Danach habe sie den Stiefvater geholt und dazu getrieben, die Züchtigung fortzusetzen. Anschließend gingen beide Eltern fort.

Der brutale Akt war im Haus nicht unbemerkt geblieben. Die über ihnen wohnende Nachbarin kümmerte sich um das verletzte, allein gelassene Kind. Weil es eingesperrt war und nicht selbst öffnen konnte, ließ sie die Wohnungstür vom Schlosser aufsperren. Sie fand Lena in erbarmungswürdigem Zustand:

blau geschlagen und blutend. Es war für sie unfassbar, wie man ein Kind so quälen konnte, deshalb nahm sie sich seiner an und fuhr noch am selben Abend mit Lena nach Glonn.

Als sie am Hansschusterhaus ankamen, war es bereits Nacht. Die Großeltern schliefen schon, sodass Lena lange und laut rufen musste, damit sie die Tür öffneten. Der Großvater war erstaunt über den späten Besuch, und die Nachbarin erklärte, was geschehen war. Erst als die Großmutter das Kind ausgezogen hatte, wurde das Ausmaß ihrer Verletzungen sichtbar. Während sie die Wunden versorgte, stieg im Großvater eine unbändige Wut hoch. Für ihn gab es keinen Grund, ein Kind auf diese Weise zuzurichten, egal was es getan haben mochte. Am nächsten Morgen zog er »sein Feiertagsgewand« an und machte sich reisefertig. Als Lena ihm den Grund für ihre Bestrafung nannte, steigerte das seinen Zorn nur noch: »Dös is gleich! So was redn alle Kinder amal; dös tuat a jeds Kind amal«, lautete sein lapidarer Kommentar, bevor er zum Zug ging.
Lena erfuhr nie, wie der Großvater die Mutter zur Rede gestellt, wie sie sich verteidigt hatte und was überhaupt bei seinem Besuch geschehen war. Er kam zurück und sprach, »wie das so seine Art war, mit keinem Wort mehr von der Sache«. Doch das Ergebnis war ein Erfolg: Sie musste nicht mehr zurück nach München, sondern durfte bei den Großeltern bleiben. Es wurde ein ganzes Jahr daraus.
Vermutlich hatte der Großvater seiner Tochter mit Anzeige gedroht. Da die Nachbarin Zeugin des Vorfalls war, konnte Magdalena Isaak ihre Tat nicht bagatellisieren. Sie hatte auf ihren guten Ruf zu achten, davon hing der Erfolg der Gaststätte und damit die Zukunft der ganzen Familie ab. Dafür nahm sie in Kauf, dass sie für die Arbeit, die ihre Tochter geleistet hatte, jemanden einstellen musste.

Nun brach eine Zeit an, in der Lena unbeschwert an ihre frühe Kindheit anknüpfen konnte: Sie war dort, wo sie sich am wohlsten fühlte, weil sie geliebt wurde, Geborgenheit und Freiheit verspürte. Das Glück hatte sie also nicht verlassen. Dieses Jahr war eines der wichtigsten in ihrem Leben, denn sie lernte, dass nichts endgültig war, weder die Zeit des Glücks noch die Zeit des Leids. In München hatte sie zum Schluss die Hoffnung aufgegeben, jemals wieder aus der erniedrigenden Zwangsgemeinschaft herauszukommen. Das Versprechen, das ihr der Großvater gegeben hatte, sie könne wieder zu ihm kommen, wenn es ihr sehr schlecht ginge, war immer mehr verblasst. Doch nun war es eingelöst worden. Lena lebte in diesen Monaten regelrecht auf.

Der Titel der davon inspirierten Lausdirndlgeschichte klingt wie ein fröhlicher Triumph: *Ich bin wieder da.*

Mit kurzen, sicheren Strichen skizziert sie das, was ihr im Jahr 1892 widerfahren ist:

»Meine Mutter hat mir oft gesagt, dass sie für das beste hält:
Dreimal im Tag Prügel und einmal was zu Essen.
Aber ich habe oft gleich fünfmal Prügel gekriegt und gar nichts zu Essen.
Aber das macht nichts.
Dafür hat mich Frau Baumeister wieder zu meinen Großeltern.
Da gibt es fünfmal was zu Essen und gar keine Prügel.
Das ist fein.
Da ist es mir furchtbar gut gegangen.«

Die Rückverwandlung vom verstockten, mürrischen Stadtkind zum ausgelassenen Lausdirndl ging blitzschnell. Lena tauchte wieder tief in das Landleben ein, besuchte die Nachbarn, hatte ihre Augen und Ohren überall. Damals spielten die Nachbarschaften und der Austausch zwischen den Generationen eine weit wichtigere Rolle im gesellschaftlichen Leben eines Dorfes als heute. Man saß nebeneinander auf der Bank vorm Haus und erzählte sich Neuigkeiten. Lena zog es oft zur alten Sailerin, von der es in den *Lausdirndlgeschichten* heißt, sie könne wahrsagen. Sie ist als literarische Figur mehrfach im Werk zu finden, genau wie die fantastischen Geschichten, die sie erzählt hat oder zu denen die Schriftstellerin von ihr angeregt wurde. Auf dem Land lebte man eng mit dem Übernatürlichen und den sogenannten Unter- oder Zwischenwelten zusammen, deren Wesen – zum Beispiel der Teufel »in Gestalt eines fürnehm gekleideten Herren« – sich manchmal in den Alltag der Menschen einmischten. Meistens in der Rolle des Verführers, des Unglücksboten oder Unheilsverkünders. In Gestalt eines Beschützers erschienen sie niemals. Diese Funktion war der Kirche vorbehalten. Lena war in ihrem geschenkten Jahr in Glonn die treueste Zuhörerin der alten weisen Frau: »Atemlos lauschte ich stets diesen Erzählungen und bekam nach und nach eine große Hochachtung vor der alten Sailerin«, berichtet sie. Die Mischung aus Spannung, Grusel und Geborgenheit zog sie an. »Da konnte ich denn, als das warme Frühjahr wiedergekommen, oft stundenlang bei ihr auf der Hausbank sitzen, wo sie den ganzen Tag über die Vorübergehenden prüfend betrachtete und mit sich selber lange Gespräche führte, während ihre Hände unablässig an einem ungeheuern Strumpfe strickten.« Die Geschichten der alten Sailerin, die Heilkunst der Großmutter, kombiniert mit Lenas Fantasie, ihrem feinem Gespür und ihrer Hochsensibilität, bildeten eine Grundlage für ihr späteres literarisches Schaffen. Zugleich bewirkten sie eine große Empfänglichkeit für Prophezeiungen aller Art.

Betrachtet man parallel zu Lenas Glück, das ihr nach der Zeit der mütterlichen Torturen unerwartet zuteilwurde, die Entwicklung innerhalb ihrer Münchner Familie, so nahm dort eine Pechsträhne ihren Lauf: Ihr Stiefvater war einem Schwindler

76

auf den Leim gegangen und hatte das gesamte Geld verloren, das für den Neubau des Hauses in der Buttermelcherstraße vorgesehen war. Es handelte sich um eine Summe von etwa 30 000 Mark. Um für den Unterhalt der Familie zu sorgen, arbeitete er in der Flaschenabfüllung einer Münchner Brauerei. Als diese ihm die Pacht einer Kantine im Lechfeld bei Augsburg anbot, sagte er zu. Während dieser schweren Phase bekam die Mutter einen zweiten Sohn. Weil sie ihren Mann tatkräftig unterstützen musste, nahm sie nur ihren ältesten Sohn mit an den neuen Arbeitsplatz und gab den kleinen Friedrich nach Glonn in Pflege. Der erlittene finanzielle Verlust scheint den Ehrgeiz des ohnehin fleißigen Ehepaars Isaak noch angestachelt zu haben. Sie ließen sich einfach nicht unterkriegen, die Sicherung ihrer materiellen Existenz hatte stets die Priorität in ihrem Leben. So gelang es ihnen, nach erstaunlich kurzer Zeit, wieder auf die Beine zu kommen und in München eine neue Gastwirtschaft zu übernehmen. Sie war in der Sandstraße 34 (heute Nr. 45) gelegen. 1970 wurde das Haus, anlässlich des 50. Todestags von Lena Christ, mit einer Gedenktafel versehen: IN DIESEM HAUSE VERBRACHTE DIE BAYERISCHE DICHTERIN LENA CHRIST (1881–1920) ALS WIRTSLENI DIE JAHRE IHRER JUGEND 1893–1901.

Nach der glücklichen Zeit in Glonn, in der sie Liebe, Verständnis und Bildung auftanken konnte, musste sie im Sommer 1893 zurück nach München – zusammen mit ihrem Halbbruder. Nun, mit dem beruflichen Neustart der Eltern, sollte die Familie wieder beisammen sein. Lena konnte man vor allem wieder als Hilfskraft und beim Kinderhüten brauchen. Der Großvater war skeptisch, fügte sich aber dem Willen seiner Tochter, allerdings »nicht ohne Kummer und Besorgnis«. Ob er irgendwann einmal in Erwägung gezogen hat, Lena ganz zu sich zu nehmen, ist unbekannt. Als Vormund wäre ihm das möglich gewesen, doch wahrscheinlich vertrat der mittlerweile Sechsundsechzigjährige die Auffassung, ein Kind gehöre zu seiner Mutter.

Zunächst gestaltete sich das Zusammenleben in München friedlich. Es scheint, als habe die Mutter aus den vergangenen Monaten, die für sie zweifellos belastend waren, gelernt, ein wenig mehr auf andere Menschen einzugehen. Lena Christ erwähnt erstmals, sie sei von ihrer Mutter gelobt worden. Doch die Harmonie war nur ein Glücksschimmer. Denn all das, was Lenas Persönlichkeit ausmachte – Fantasie, musisches Talent, Lust am Spiel –, war ihrer Mutter gänzlich fremd.

Lenas Hauptaufgaben bestanden darin, in der Gastwirtschaft zu helfen und ihre Brüder zu beaufsichtigen. Um die beiden zum Einschlafen zu bringen, dachte sie sich etwas Besonderes aus: »Aus einem Betttuch machte ich mir ein weißes Gewand, aus gelben Bierplakaten zwei Flügel und aus einem Lampenreif die Krone.« So verkleidet betrat sie das Schlafzimmer – die Brüder erkannten sie nicht – und sang ihnen vor. Am nächsten Tag wurde sie Zeugin eines Gesprächs der Kleinen: Der Schutzengel sei im weißen Kleid mit goldenen Flügeln am Abend zu ihnen gekommen und habe wunderschön gesungen. Nichts Gutes ahnend verbot sie ihnen, davon zu erzählen, und spielte jeden Abend den Schutzengel zur Freude der Kinder – bis sie von der Mutter entdeckt wurde. Ohne jedes Einfühlungsvermögen brach diese brutal in die zauberhafte idyllische Szene ein, entlarvte den Schutzengel als Schwindel, blamierte und beschimpfte ihre Tochter und riss die Söhne aus ihrer friedlichen Traumwelt. Sie hatte ihr Ziel erreicht: Die Brüder straften Lena mit Verachtung und gehorchten ihr nicht mehr. Die Autorität der großen Schwester hatte sie für eine Weile verloren und – was viel schlimmer war – Vertrauen und Zuneigung.

6
Mütter und Töchter

Schenkt man Lena Christs *Erinnerungen* Glauben, so war ihr Leben im Haushalt ihrer Mutter ein regelrechtes Martyrium. In einigen Publikationen ist der Wahrheitsgehalt der Schilderungen angezweifelt worden – mit dem Argument, es handle sich bei den *Erinnerungen einer Überflüssigen* schließlich um einen autobiografischen Roman, also um ein literarisches Werk, und nicht um einen Tatsachenbericht. Doch Lena Christ verstand ihre *Erinnerungen* sehr wohl als Selbsterzählung mit dem Ziel der Bewältigung ihrer Erlebnisse durch Bewusstmachung und Gestaltung.

»Schriftsteller sind Übertreibungskünstler«, behauptet Thomas Bernhard. Lena Christ hat sowohl das Schöne und Gute als auch das Hässliche und Böse überhöht, um es ins Scheinwerferlicht zu setzen. Mit gedämpfter Beleuchtung gab sie sich nicht zufrieden, weil sie nicht übersehen werden wollte. Sie wollte keine Zeilen schreiben, »die einer flüchtig überliest, weil es nicht wichtig ist, was da geschah«, wie sie es in ihrem *Trauerspiel des Alltags* kommentiert. Darin unterscheidet sich die literarische Erzählung ihres Lebens jedoch nicht wesentlich von jeder anderen autobiografischen Darstellung. Erinnerungen sind immer gestaltet und streng genommen »erfunden«. Der Soziologe Pierre Bourdieu prägte dafür den Begriff »biografische Illusion«. Jede Tagebuchnotiz ist mitbestimmt durch die aktuelle Situation des Schreibenden. Jede Erinnerung wird im Moment des Erinnerns neu gestaltet, wie der Neurowissenschaftler David Eagleman fasziniert konstatiert: »Unsere

Gehirne sind meisterhafte Erzähler, sie verstehen es ausgezeichnet, sogar aus eklatanten Widersprüchen eine stimmige Geschichte zu spinnen.«

Lena Christs *Erinnerungen einer Überflüssigen* bilden ein überraschendes Pendant zu Franziska zu Reventlows autobiografischem Roman *Ellen Olestjerne*, der neun Jahre zuvor erschienen war. Beide Frauen wollten sich vom Ballast ihrer Kindheit und Jugend befreien. In beiden Werken spielt die schreckliche, monströse Mutter eine Hauptrolle. Sie greift nicht nur zu drastischen Erziehungsmethoden, wenn ihre Tochter ungehorsam ist, sondern scheint beständig auf der Suche nach Anlässen zu sein, ihre Aggressionen an ihr auszulassen. Die Mütter im Fin de Siècle – egal, welcher Gesellschaftsschicht sie angehörten – hatten mit ihren begabten, aufbegehrenden Töchtern große Probleme, denen sie nicht gewachsen waren.

»Geliebt hat mich meine Mutter nie; denn sie hat mich weder je geküsst noch mir irgendeine Zärtlichkeit erwiesen; jetzt aber, seit der Geburt ihres ersten ehelichen Kindes, behandelte sie mich mit offenbarem Hass. Jede, auch die geringste Verfehlung wurde mit Prügeln und Hungerkuren bestraft, und es gab Tage, wo ich vor Schmerzen mich kaum rühren konnte«, berichtet Lena Christ in den *Erinnerungen*. Ein körperlich zärtlicher Umgang – Küsse, Liebkosungen – zwischen Erwachsenen und Kindern war damals weder auf dem Land noch in der Stadt üblich. Auch die Großeltern scheuten sich, ihr Enkelkind zu liebkosen. Der Großvater nahm Lena zwar manchmal bei der Hand, setzte sie auf seinen Schoß, strich ihr übers Haar, klopfte ihr aufmunternd auf den Bauch – aber das war auch schon alles. Seine Zuneigung und die der Großmutter äußerte sich subtil: in kleinen Geschenken, einer besonders leckeren Speise oder einem liebevollen Wort. Nicht einmal dazu scheint Lenas Mutter fähig gewesen zu sein. Als sie ihre kleine Tochter zum

Die Mutter
Magdalena
Isaak, geb.
Pichler, 1895

ersten Mal nach langer Zeit in Glonn wiedersah, fand sie dafür
nur die Bemerkung: »Bist auch da!«

»Ich habe Ihnen unser Verhältnis durchaus nicht übertrieben,
was Mutterliebe ist, weiß ich kaum; ich habe sie fast nie gefühlt,
nur Kälte. Im höchsten Fall ist es eine gleichgültige Freundlichkeit, die Uneingeweihte vielleicht täuschen kann«, vertraute die
heranwachsende Franziska zu Reventlow ihrem Jugendfreund
an. Sie fühlte sich verfolgt von mütterlichen »Feuerblicken«, die
Strafen verhießen, oder von »Abscheu-Blicken«, die sie zu vernichten drohten. Es graute ihr vor der eisigen Stimmung, die
herrschte, sobald sie mit der Mutter allein im Zimmer war. In
Ellen Olestjerne heißt es: »Das Kind fühlte sich wie geborgen,
wenn es nur dem Bereich der Mutter entfliehen konnte – mit

Mama war es beständig, als ob man auf Eiern tanzte, jeden Augenblick ging eins kaputt.«

»Das Drama eines begabten Kindes« könnte der Untertitel beider autobiografischen Werke lauten: Im Vordergrund stehen die seelische Notlage eines eigenwilligen Mädchens und die Fluchtlinien, die sie zu ihrer Befreiung kreiert. Beide Autorinnen erleben die Konfrontation mit der Mutter als Umerziehungs- oder sogar Vernichtungsprozess, bei dem alles, was sie an Talenten, Fähigkeiten und Sehnsüchten mitbringen, erstickt werden soll. Da ging es der jungen Komtess zu Reventlow aus dem Schloss vor Husum nicht besser als der unehelich geborenen Leni aus dem Hansschusterhaus in Glonn.

In beiden Fällen prallten zwei unterschiedliche Lebenseinstellungen aufeinander: Während die Töchter etwas Besonderes sein wollten, war dieser Begriff für ihre Mütter negativ besetzt. Das Besondere war die Ausnahme und konnte daher leicht zum Makel werden. Lena Christs Mutter hatte das früh erfahren, als sie schwanger wurde und ein uneheliches Kind bekam. Es stand ihrem Ziel einer gutbürgerlichen Existenz im Weg. Magdalena Pichler war das vierte Kind von Mathias und Anna Pichler. Sie kam entweder am 30. Dezember 1859 oder am 1. Januar 1860 zur Welt. Die Angaben im Taufbuch und im Familienstandsbogen der Gemeinde weichen voneinander ab. Sie wuchs auf in einer Atmosphäre des Aufbruchs. In ihrem Heimatort wurden neue Gewerbebetriebe gegründet, darunter neun Gastwirtschaften. Das muss sie stark beeindruckt und den Wunsch hervorgerufen haben, selbst einmal Wirtin zu werden. Als Häuslerkind standen ihre Chancen in Glonn nicht gut, also fasste sie früh den Entschluss, nach München zu gehen. Üblich war es, dass ein Kind aus ihrer sozialen Schicht nach der Schulzeit bei einem Bauern »diente«, also niedrige Tätigkeiten verrichtete und mit freier Kost entlohnt wurde. Doch dabei konnte ein Mädchen nicht mehr als Haus- und Landwirtschaft erlernen.

Magdalena Pichler wollte nach oben. In ihrer Zielstrebigkeit und in ihrem Mut – im Alter von siebzehn Jahren ging sie ganz allein nach München – ähnelt sie der Rumplhanni, die ihre Tochter vierzig Jahre später schuf. Innerhalb kurzer Zeit avancierte Magdalena Pichler von der Dienstmagd zur Köchin. Von Anfang an gehörten ihre Arbeitgeber zu den »besseren Leuten«. Für sie bedeutete das einen Aufstieg, den sie sich durch Fleiß, Ehrgeiz und gute Manieren erkämpft hatte. Dafür musste sie ihre Glonner Kindheit in ärmlichen Verhältnissen verdrängen. Sentimentalitäten konnte sie sich nicht leisten. Doch es gab jemanden, den sie nicht einfach aus ihrem Leben streichen konnte: Ihre uneheliche Tochter war ein unüberwindbarer Makel, die Personifizierung ihrer Herkunft und ihres folgenschweren Fehltritts. Sie wird lange überlegt haben, ob sie das Kind nach ihrer Eheschließung mit Josef Isaak zu sich nach München nehmen oder besser bei den Großeltern lassen sollte.

In der Figur der Rumplhanni hat Lena Christ sowohl ihre Mutter als auch sich selbst porträtiert. Sie lässt Hanni, die Tochter eines Regenschirmflickers, ihre ländliche Heimat verlassen, um sich in der Stadt eine Existenz aufzubauen. Wie Lenas Mutter ist sie mutig, energisch und selbstbewusst. Ihre Fluchtlinie hat dasselbe Ziel: nach oben. Orte und Menschen sind für sie nicht mehr als Mittel zum Zweck. Doch die »Karriere« erfährt Einbrüche, und diese erinnern an Lenas schmerzliche Erfahrungen in der Anonymität der Großstadt. In einigen Passagen des Romans verschmelzen Mutter und Tochter miteinander. Vielleicht hat die Autorin versucht, auf diese Weise eine Nähe herzustellen, die es im Leben nicht gegeben hat. Als sie erkannte, dass die Literatur diese Möglichkeit bietet, hat sie sie ausgeschöpft. So begann sie, ihre Mutter ein Stück weit zu verstehen. Ihrem Ehrgeiz und Aufstiegswillen, der sich zur Rücksichtslosigkeit und Brutalität steigerte und alles bekämpfte, was sich in den Weg stellte, stand Lena, die Schriftstellerin, nicht mehr hilflos gegenüber. Dieses Verständnis ließ sie gleichberechtigt werden. Sie war der Mutter nicht mehr unterlegen, sie war auf dem Weg, sich mit ihr zu versöhnen – in der Literatur, nicht im Leben.

7
Der Tod im Leben

Als Lena 1894 zur Belohnung für ihre herausragenden schulischen Leistungen zusammen mit ihrer gleichaltrigen Freundin aus dem Nachbarhaus die Ferien in Glonn verbringen durfte, war der Großvater schwer erkrankt. Weil er Ruhe brauchte, wurden die beiden Mädchen nach Haslach zu Lenas Tante geschickt. Lena wäre zwar lieber in der Nähe des Großvaters geblieben, fügte sich aber dem Gebot der Großmutter. Dabei meinte sie, eine gewisse Rivalität zu spüren, denn »die Großmutter litt meine Anwesenheit nie lange und schien förmlich eifersüchtig darauf zu sein, ihn allein zu pflegen«. Die beiden Mädchen verlebten eine glückliche Zeit auf dem Land, in der das ehemalige Lausdirndl seiner Freundin zeigte, in welcher Freiheit es aufgewachsen war. Sie erkundeten die Gegend, fingen Fische, kuschelten sich nachts eng aneinander und zelebrierten ihre Freundschaft, die sie noch mit Treueschwüren besiegelten.

Im Dezember desselben Jahres bekam Lena mitten im Unterricht ein Telegramm von ihrer Großmutter aus Glonn, auf dem zu lesen war: »Lenei, komm, Vater stirbt!« Schon in den Wochen davor hatte sie unter den schlimmsten Befürchtungen gelitten und gerade in der letzten Nacht einen Albtraum gehabt. Sie rannte sofort nach Hause und kannte nur ein Ziel: Zum Großvater! Doch die Mutter hielt sie zurück, verbot ihr die Fahrt aufs Land. Am nächsten Tag wurde ein zweites Telegramm übermittelt. Darin hieß es: »Vater tot, wird Samstag früh eingegraben.«

Lena war vor Schmerz wie von Sinnen. Der von ihr am meisten geliebte Mensch hatte sie verlassen, und mit ihm verlor sie Schutz, Hilfe und Glück. Was sollte sie noch auf dieser Welt? Sie rannte die Treppe hinauf, immer höher, bis in den vierten Stock. Man hielt sie davon zurück, sich in den Hof zu stürzen. Am nächsten Tag fuhr sie in aller Früh mit der Mutter nach Glonn. Sie fühlte sich abgetrennt von allem Geschehen um sie herum. Der Schmerz bohrte sich so tief in sie, dass er jegliche andere Regung zerstörte. Sie konnte nicht einmal mehr weinen. Vor dem Zugfenster glitt die Landschaft vorbei, doch überall erblickte sie »das gütige Antlitz des Toten«.

Im Trauerhaus angekommen fand sie die Großmutter »ganz schneeweiß und fast erblindet«. Als die Sargträger den Sarg abholen wollten, bat Lena, den Großvater noch einmal sehen zu dürfen. Zunächst vergeblich, denn man wollte ihr den Anblick ersparen; erst als ihr Bitten immer flehender und drängender wurde, gab man nach. Was sie zu sehen bekam, hatte sie nicht erwartet: »Der Tote hatte Augen und Mund weit offen und war furchtbar entstellt, teils von dem entsetzlichen Leiden der letzten Tage, teils von der vorgeschrittenen Verwesung.«

Der Großvater war nicht der erste Tote, den sie gesehen hatte, doch bisher hatte sie dem unfassbaren Geschehen nie allein gegenübergestanden, sondern immer an der starken Hand des Großvaters. Jetzt war nur noch die Großmutter da. Als der Pfarrer mit den Ministranten eintrat und die Begräbniszeremonie begann, schloss Lena sich eng mit ihr zusammen. Schweigend schritten die beiden hinter dem Sarg her – ganz anders die Mutter, die unaufhörlich laut schrie und jammerte. Lena kümmerte sich nicht darum. Zu groß war ihr eigener Schmerz und beinahe noch größer die Wut auf diejenige, die verhindert hatte, dass sie sich von ihrem Großvater verabschieden konnte. Er war sehr beliebt gewesen, unzählige Menschen gaben ihm

das letzte Geleit, der Trauerzug schien nicht enden zu wollen.
An der Grabstelle angelangt, verlor Lena die bis zu diesem Zeitpunkt tapfer bewahrte Beherrschung und brach zusammen.
Obwohl beinahe bewusstlos, vernahm sie noch die Worte einer
alten Bäuerin, die Ohnmacht sei ein Zeichen dafür, dass der
Hansschuster sein Enkelkind bald zu sich holen werde. Doch
diese Prophezeiung hatte keine erschreckende, sondern eine
beruhigende Wirkung auf Lena. Sie hoffte inständig, dass sie
sich bewahrheiten würde. Sie wollte in diesem Augenblick
nichts lieber als auch dort sein, wo der Großvater war.

Verantwortlich fühlte sie sich für ihre Großmutter, deren stille
Trauer ihr naheging. Die alte Frau weigerte sich, am Leichen-
schmaus beim Huberwirt teilzunehmen. Als Lena es geschafft
hatte, sie zu überreden, und sie gemeinsam im Gasthaus eintrafen, war der Streit um das Erbe schon in vollem Gang. Der
Großvater hatte bereits während seiner Krankheit das Haus verkauft und veranlasst, dass der Erlös unter seinen Kindern verteilt werden sollte. Tausend Mark waren für seine Frau zur
Sicherung ihres Lebensabends bestimmt. Sie übergab das Geld
ihrer Stieftochter Nanni in Haslach, als sie bei ihr einzog.
Die Begräbnisfeier beim Huberwirt endete mit einem Eklat.
Den ganzen Tag über hatte Lena zwischen hemmungsloser
Trauer und mühsamer Beherrschung geschwankt. Mehr als ein-
mal war sie einem weiteren heftigen Zusammenbruch nahe
gewesen, doch immer wieder zog sie sich so weit aus dem
Geschehen heraus, dass sie beinahe zu erstarren drohte. Sie
fühlte sich leblos, in einer anderen, fernen Welt – einzig die
Großmutter bildete die Verbindung zu dem, was vor ihren
Augen geschah. Wie durch einen Schleier sah sie den Huber-
wirt die Großmutter am Arm nehmen. Vor allen Leuten warf er
Lenas Mutter vor, ihre Tochter nicht zum sterbenden Großvater gelassen zu haben. »Kimmt's Lenei no net?«, habe dieser

immer wieder gefragt. Magdalena Isaak geriet in Verlegenheit und entschuldigte sich damit, dass das Telegramm aus Glonn so spät in München angekommen sei. In diesem Moment formierten sich die widersprüchlichen Emotionen, die in Lenas Innerem tobten, zu einem einzigen heftigen Zornesausbruch. Öffentlich bezichtigte sie ihre Mutter der Lüge. Die Anklage gipfelte in dem Satz: »Dös vergiss i dir net, Muatter, dass d'so hart und ohne Herz g'wen bist!« Magdalena Isaak hielt sich zurück und wehrte sich nicht. Sie spürte, dass sie in diesem Augenblick keine Macht über ihre Tochter hatte. Lena war eins mit ihrer Wut und schien zu allem fähig.

Da wurde sie von der Großmutter beiseitegenommen, die erst jetzt realisiert hatte, dass sie nicht nach Hause gehen konnte, weil es dieses Zuhause nicht mehr gab. Die Verlorenheit der alten Frau ließ Lena ihre Fassung wiedergewinnen. Noch einmal ging sie mit ihr zum Friedhof. Dort sprach die Großmutter so mit dem Großvater, als säßen sie gemeinsam auf der Bank vor dem Hansschusterhaus. Er solle sie nicht vergessen und bald zu sich rufen, lautete ihre Bitte, »i mag s' nimma, dö Welt, jatz wo i di nimma hab«. Ihr zweiter Gedanke galt der Enkelin. Er möge auf sie schauen und ihr beistehen, damit sie nicht von ihrer bösen Mutter zugrunde gerichtet würde. Dann setzten sich die beiden Trauernden auf den frischen Grabhügel und weinten miteinander. Die Großmutter schilderte ihrer Enkelin die letzten Tage des Sterbenden und versicherte, seine größte Sorge habe Lena gegolten und was aus ihr nach seinem Tod werden würde. Vor Erschöpfung schlief Lena, an die Großmutter gelehnt, ein. Erst von der Stimme des Pfarrers, der auch noch einmal auf den Friedhof gekommen war, wurde sie geweckt.

Anschließend gingen die beiden wieder zum Hansschusterhaus, in das schon der neue Besitzer, Josef Gröbmayr, mit seiner Familie eingezogen war. Seine Frau fragte, ob die Großmutter etwas vergessen habe, doch diese verneinte. Sie hatte einfach nicht gewusst, wohin. Früher musste sie nie überlegen, zu wem sie sich flüchtete, wenn es ihr schlecht ging. Jetzt war das Hansschusterhaus für sie verloren. Ihr Mann war gestorben und der Ort, an dem sie mit ihm glücklich gewesen war, versperrt. Doch der Abschied sollte nicht endgültig sein: Die Großmutter fand dort in den nächsten Jahren immer wieder für einige Zeit Unterschlupf, wenn sie vor der »rohen Behandlung« ihrer Stieftochter aus Haslach geflohen war. Der älteste Sohn der Familie Gröbmayr, der damals fünf Jahre alt war, erinnerte sich als Erwachsener noch schwach an die alte Frau, die »still und bescheiden in der Ofenecke das Mus für die Kinder rührte und sich auch sonst nützlich zu machen verstand, wo es das Hauswesen verlangte.«

Mit Bitterkeit hat Lena Christ das traurige Ende ihrer Großmutter geschildert. Ihre Stieftochter, Lenas Tante Nanni, die anscheinend gehofft hatte, die alte Frau würde den Tod ihres Mannes nicht lange überleben, behandelte sie schlecht. Als die anderen Stiefkinder davon erfuhren, witterten sie ihre Chance: Lenas Mutter und einer ihrer Brüder boten an, die Großmutter zu beherbergen, doch diese erkannte schnell den eigentlichen Grund: Es ging ihnen um die tausend Mark, die der Großvater für ihren Unterhalt bereitgestellt hatte. Immer wieder flüchtete sich die Großmutter in ihr ehemaliges Zuhause, wo sie vorübergehend bei Familie Gröbmayr bleiben konnte. Doch nach einem Schlaganfall war es nicht mehr möglich und sie ganz auf ihre Stieftochter in Haslach angewiesen.
Damit brach die für sie härteste Zeit ihres Lebens an, denn niemand kümmerte sich um sie. Sie bekam kaum zu essen und wurde nur unzureichend versorgt. Beim Umzug ins rund 10 km entfernte Sindlhausen fand die schlechte Behandlung ihren Höhepunkt. Wie Lena Christ in ihren *Erinnerungen* berichtet,

»wurde die kranke Frau, obwohl es Winter war, mit ihrem Bett zu oberst auf den mit Möbeln beladenen Leiterwagen gebunden und so den weiten Weg auf der holprigen Landstraße nach dem neuen Wohnort gefahren«. Bald danach sei sie gestorben, niemand wollte das Begräbnis bezahlen, und so wurde sie auf Gemeindekosten beerdigt. Eine Frau, die so vielen heimatlosen Kindern ein Zuhause gegeben hatte, stand am Ende allein und ohne Heimat da. Lena konnte das nicht begreifen. Warum gab es keine Gerechtigkeit im Leben? Warum wurde es nicht belohnt, wenn man Gutes tat, so wie die Großmutter? Der einzige Mensch, der ihr eine Erklärung hätte geben können, fehlte: der Großvater. Mit seinem Tod schienen Glück, Verständnis und Wärme für immer verschwunden zu sein. Lena hatte ihren einzigen Haltepunkt verloren. Die Welt war für sie aus den Fugen geraten.

8
Der Singvogel

Nach dem Tod ihres Großvaters war Lena alles egal. Der Schmerz und die Trauer um den geliebten Menschen waren größer als die Angst vor den Gewalttätigkeiten ihrer Mutter. Sie beobachtete, dass sich deren Verhalten, das eine Zeit lang gemäßigter und ausgeglichener gewesen war, wieder dem der früheren Jahre annäherte. Außerdem registrierte sie, dass die Mutter von Tag zu Tag dicker wurde. Als sie einmal auf dem Heimweg von der Schule einer schwangeren Frau begegnete, wurde sie von ihren Klassenkameradinnen aufgeklärt, was es damit auf sich hatte. Eine wusste, dass ein Mann mit einer Frau dazu etwas Schlimmes treiben musste, die andere, wo das Kind herauskam. »Und da braucht ma die Hebamme zum Aufschneidn und Zunähn«, erklärte sie. Für Lena waren das ungeheuerliche Erkenntnisse, die sie zu Hause an ihrem eigenen Körper überprüfte und für unmöglich befand. Doch von diesem Moment an verspürte sie Mitleid mit der Mutter und sah ihr ihre schlechte Laune nach. 1895 wurde Lenas dritter Halbbruder, Wilhelm, geboren. Nun hatte die große Schwester drei kleine Brüder zu betreuen.

Mitten in Lenas trostlosem Alltag leuchtete plötzlich ein Glücksstrahl auf. Ihre schöne Stimme wurde entdeckt. Sie war dem Pfarrer aufgefallen, der dafür sorgte, dass sie in den Kirchenchor aufgenommen wurde. Es dauerte nicht lange, bis sie die Solostimme im Gottesdienst und bei kirchlichen Feierlichkeiten sang. Sie war also doch etwas Besonderes und hatte so großes Talent, dass die Öffentlichkeit davon erfuhr. Sie trat auf und erhielt Applaus. Man achtete und schätzte sie. Das konnte auch ihre Mutter nicht verhindern. Den Neid der anderen Chorsängerinnen nahm sie dafür gern in Kauf.

Als sie einmal bei einer Feier sang, an der »der würdige Prälat und Pfarrer Huhn von der Heiliggeistkirche« teilnahm, zeigte sich dieser tief berührt von ihrem Gesang. Er fragte sie, ob sie »Lust hätte, ein braves Pilgermädchen bei der Münchner Wallfahrerbruderschaft zu werden und an den heiligen Stätten zu Andechs, Altötting und Grafrath Gottes und Mariä Lob zu singen«. Die Mutter konnte ihr die Erlaubnis nicht verwehren. Dafür hielt sie selbst zu viel auf die Kirche und demonstrierte ihre Frömmigkeit bei jeder Gelegenheit. Noch im selben Jahr nahm Lena als Pilgermädchen an den Wallfahrten teil. Als »Lichtblicke in eine irdisch-himmlische Glückseligkeit« bezeichnet Goepfert diese Ereignisse. Und genauso schildert Lena Christ die Wallfahrt nach »dem uralten, weltberühmten Gnadenorte Altötting«. Schon die Vorbereitungswochen waren für sie eine erfüllte Zeit. Der Chor studierte die Marienlieder ein, die Generalprobe wurde zum Fest. Innerhalb der Wallfahrerbruderschaft herrschte eine vertrauensvolle Atmosphäre gegenseitigen Respekts. All das war neu für Lena.
Ihr Verhältnis zur Mutter besserte sich in jener Zeit. Sie erlaubte ihr, am Vortag der Wallfahrt früh ins Bett zu gehen – Lena musste nicht wie sonst bis spät in die Nacht hinein mitarbeiten –, und richtete ihr sogar ein Bad. Vor Aufregung konnte Lena jedoch kaum schlafen. Sie betete für gutes Wetter und stand schon um vier Uhr morgens auf. Die Mutter half ihr beim Anziehen: »Über das weiße Kleid kam ein himmelblaues Schulterkräglein und vor die Brust ein großes silbernes Herz, das an einem blauen Bande hing, und nachdem die Mutter mir das weißblaue Kränzlein ins Haar gedrückt,

nahm ich den langen Pilgerstab mit dem silbernen Kreuz und eilte nach einem raschen ›Pfüat Gott, alle mitanand!‹ aus dem Haus der Kirche zu.« Dabei begegnete sie einigen Nachtschwärmern, die auf dem Heimweg waren, Bäckerburschen, unterwegs zu ihrer Arbeit, und einer Gruppe junger Männer, von denen sie angepöbelt wurde. Doch all das interessierte sie nicht.

Beeindruckend war etwas ganz anderes: »Mächtig brauste schon die Orgel, als wir in das Gotteshaus traten.« Nach dem Hochamt feierten die Pilger – Lena Christ spricht von fünftausend – die Generalkommunion. Vor Ergriffenheit fühlte sie sich kaum in der Lage, das Solo im Marienlied zu singen, doch sie nahm sich zusammen und schaffte es. Dann begann die Wallfahrt: Die zweihundert Pilgermädchen führten die Prozession an. Singend und betend schritten sie zum Ostbahnhof, wo ein Sonderzug bereitstand, der sie nach Mühldorf brachte. Von dort aus ging es zu Fuß weiter. Mittags trafen sie in Altötting ein. In der Gnadenkapelle wusste Lena auf einmal gar nicht mehr, worum sie die Mutter Gottes bitten sollte. Sie war in eine überirdische Stimmung geraten, in der sie sich frei und sorglos fühlte angesichts der Schönheit des Gnadenaltars. Es dauerte eine Weile, bis ihr nach und nach all die Dinge einfielen, die sie sich wünschte und bei denen sie Hilfe brauchte. Doch insgesamt erlebte sie diese Szene wie im Rausch. »Ich weiß nicht, wie es kam und was ich wollte: kurz, ich befand mich plötzlich unter den Kreuztragenden; da das massive Eichenkreuz aber meiner Schulter ziemlich weh tat, ließ ich es bei dem dreimaligen Umgang bewenden.« Darauf folgten Stadtbesichtigung, Feier und Nachtmahl. Ein eigenes Bett konnte sie sich nicht leisten, zum Glück teilte eine Freundin ihres bereitwillig, und die beiden verbrachten die Nacht »unter Flüstern, Kichern, Scherzen und Kosen«. Doch am nächsten Tag wurde Lena wieder von Traurigkeit heimgesucht, als nach dem Schlussamt das

Abschiedslied von der schwarzen Madonna gesungen wurde. Zu Hause hatte die Mutter kein Verständnis für die wehmütige Stimmung der schweigsamen Pilgerin, sondern schalt sie undankbar.

Von diesem Zeitpunkt an bewegte sich Lena in zwei verschiedenen Welten und spielte zwei ganz unterschiedliche Rollen: Als Pilgermädchen lebte sie zurückgezogen und lehnte alles Laute und Derbe ab. Doch sie konnte es nicht ganz von sich fernhalten, denn sie musste weiterhin in der Gastwirtschaft als Wirtsleni arbeiten. Es machte ihr wenig aus, das Geschirr zu spülen oder beim Kochen zu helfen, als viel unangenehmer empfand sie das Bedienen in der Gaststube. Sie war mittlerweile fünfzehn Jahre alt, groß und hübsch, und die Männer warfen ein Auge auf sie. Wie sie sich dazu verhalten sollte, wusste sie nicht. Wenn sie ernst und zurückhaltend war, warf ihr die Mutter vor, sie vertreibe mit ihrer Unfreundlichkeit die Gäste. War sie jedoch heiter und lebhaft, fühlten sich einige Männer ermutigt, sie zu belästigen – nicht nur verbal, sondern auch handgreiflich. Wenn sie gar zu »aufdringliche Zärtlichkeiten« verlangten, flüchtete sie zu ihrer Mutter, doch diese stand ihr nicht bei, sondern machte sich über sie lustig. In ihrem Alter müsse sie doch wissen, was zu tun sei: freundlich weggehen und sagen, sie habe keine Zeit. Lena versuchte, sich danach zu richten, jedoch ohne Erfolg. Die Männer ließen sich nicht in die Schranken weisen, und so kam die Arbeit in der Gaststube einem Spießrutenlauf gleich. Am schlimmsten war es für sie, dass sie ihre Sorgen mit niemandem teilen konnte. Zwar werden in den *Erinnerungen* ab und zu Freundinnen erwähnt, aber immer nur im Rahmen einer einzigen Episode und niemals mit Namen. Sogar das Mädchen, das als »liebste Freundin« bezeichnet wird, bleibt anonym und taucht nie wieder auf.

Alles änderte sich, als ein neuer Geistlicher in die Pfarrei kam. Er war noch sehr jung, es war seine erste Stelle. Lena fasste sofort Vertrauen zu ihm und klagte ihm ihr Leid. Zu ihrer Verwunderung fragte er kaum nach, sondern sprach ihr ruhig zu und erteilte ihr Ratschläge. Die Gespräche mit ihm taten ihr gut und entlasteten sie. Sie besuchte ihn immer häufiger. Endlich hatte sie einen Menschen gefunden, der ihr zuhörte und sie verstand. Als er in eine andere Pfarrei versetzt wurde, sorgte er dafür, dass sie dort erste Sopranistin wurde. Auf diese Anerkennung war sie stolz. Doch da war noch mehr: Sie fühlte sich zu ihm hingezogen und spürte, dass er ihre Gefühle teilte: »Wie oft stand ich zitternd vor ihm und sah ihn mit den verliebtesten Augen an oder küsste stürmisch seine Hand.« Er erwiderte ihren Blick, streichelte ihre Wange und sagte: »Ja, ja, Kind, du bist halt mei Singvogel!« Wenn sie dann zusammen auf dem Sofa saßen und Kaffee tranken, hatte sie nur einen einzigen Gedanken: »Wann i dich nur bloß ein einzigs Mal so viel lieb haben dürft!«

Lena Christ schildert in ihren *Erinnerungen* eine zarte Liebesgeschichte voller Poesie, von denen es nur wenige in ihrem Werk gibt. Sie ist vergleichbar mit der Beziehung des zwölfjährigen Mathias zu der fünfzehnjährigen Jungfer Kathrein in *Mathias Bichler*: Der Junge hatte eine »innige und feste Zuneigung« zu ihr gefasst und beschlossen, »sie einmal zu ehelichen. Das sagte ich ihr auch ganz frei, und sie lachte dazu und ließ mich gewähren, wenn ich sie stürmisch umschlang, ihr die roten Haare zauste oder sonst zärtliche Späße mit ihr trieb. Da hieß sie mich ihren närrischen Buben oder ein Nachtei, ein dummes, und, wenn ich es etwan gar zu unsinnig trieb, ihren tolpatscheten Ritter. Dazu gab sie mir einen zärtlichen Backenstreich und zuweilen wohl auch einen Kuss.« Die Rollen sind ähnlich verteilt: Einer der beiden Liebenden äußert seine Gefühle direkt und ungeschützt, der andere versucht, eine gewisse Distanz aufrechtzuerhalten, obwohl er nicht weniger emotional engagiert ist.

Immer wenn der junge Pfarrer, dessen Name an keiner Stelle genannt wird, den Gefühlsüberschwang des jungen Mädchens spürte, löste er die emotional aufgeladene Stimmung mit banalen Fragen auf, bot ihr Kaffee und Heiligenbilder an. Als Gegenleistung wünschte er sich nicht das von ihr ebenso herbeigesehnte wie gefürchtete »Bussl«, sondern ein Lied, allerdings kein heiliges, wie er es sonst immer zu hören bekam. Sie sang das Lied von dem »Dirndl« und dem »Jagersbua« und wurde von ihm gelobt: Schön sei es, »aber recht arg verliabt«.
»Drum lass mi dir in d'Äuglein schaun
no muss i glückli' wer'n
Do hätt i an Himmel auf dera Welt
mit seinem schönsten Stern.«
Vor den Betschwestern hielt er Lenas Besuche geheim, weil er Gerede fürchtete. Er wollte ihre Beziehung schützen, den Zauber und die Unschuld bewahren. Doch die Tage dieser zarten Liebe waren gezählt, denn er wurde erneut versetzt, diesmal »als Benefiziat in ein geistliches Institut«. Als sie ihn zum Abschied umklammerte, machte er sich sanft los und schickte sie einfach heim. Ihr entging nicht, dass ihm Tränen über die Wangen liefen. Als sie von der Straße aus zu seinem Fenster schaute, winkte er ihr zu. Nur noch einmal sah sie ihn wieder: anlässlich einer Prozession. Sie ging direkt an ihm vorbei, er stand an der Straßenecke mit einer älteren Frau, die sie für seine Mutter hielt. »Als er mich erblickte, huschte es wie große Freude über sein Gesicht, und lächelnd nickte er mir einige Male grüßend zu und wandte sich danach schnell zur Seite.« Sie war über dieses Wiedersehen sehr glücklich, dachte während der Prozession andauernd an ihn und betete für ihn.

Kurz darauf erkrankte sie an Diphtherie. Sie hatte sich bei der Pflege ihrer Brüder angesteckt, kurierte sich nicht aus, sondern stand zu früh auf. Die Mutter hielt sie sofort zum Arbeiten an, Lena nahm sich zusammen, nur ihr Körper machte nicht mit. Vor Erschöpfung schlief sie mitten beim Aufräumen des Elternschlafzimmers ein. Als die Mutter sie auf dem Bett liegend fand, schlug sie »dös faule Luder« und strafte sie mit weiteren Aufgaben. Beim Säubern des Bodens wurde Lena ohnmächtig. Wieder war es die Mutter, die sie fand, sofort mit Schlägen und Fußtritten traktierte und zum Weiterarbeiten trieb.

Was dann geschah, schildert Lena Christ wie einen Fiebertraum: Sie nahm die volle Waschschüssel, betrachtete das Innere der himmelblauen Schale, in dem zwei Mädchen in fremder Tracht an einem Strand standen, vor ihnen ein junger Mann in einem Segelboot. Wie somnambul träumte sie sich in das Bild hinein. Das Geschirr war offensichtlich kostbar, ein Kunstwerk, der Künstler hatte sein Werk signiert. Lena machte einige schwankende Schritte, und als die Mutter sie schubste, um sie anzutreiben, passierte das Unglück: Sie ließ die Schale fallen. »Starr blickte ich erst auf die Wasserlake, dann auf die Scherben und vergaß, aufzustehen, bis mich die Mutter mit dem Ochsenfiesel des Vaters daran erinnerte.«

Nachdem sie ihre Tochter verprügelt hatte, drohte sie ihr noch Ärgeres an für den Fall, dass sie nicht die gleiche Schüssel besorgen würde. Lena nahm Geld aus ihrer Spardose, zog sich an und verließ das Haus. Sie hatte keinen Plan, lief einfach drauflos, von Gern nach Laim und dann Richtung Großhadern. Irgendwann brach sie ohnmächtig auf der Landstraße zusammen und wurde spätabends von einem Bauern gefunden. Er brachte sie mit seinem Fuhrwerk zu einem Gasthaus in Großhadern. Lena vertraute sich der Wirtin an, die sie freundlich aufnahm, sich jedoch nicht vorstellen konnte, dass das kranke Kind von seiner Mutter so stark misshandelt worden war. Sie hielt es für das Beste, Lena so bald wie möglich nach Hause zu schicken. Lena weigerte sich heftig und bot an, in der Gastwirtschaft mitzuhelfen, war sie es doch gewöhnt, auch im Zustand größter Schwäche ihre Arbeit zu verrichten.

In ihrer Ratlosigkeit bezog die Wirtin den Stammtisch mit ein, an dem neben dem Bürgermeister auch der Arzt saß, der sofort feststellte, dass Lena längst noch nicht gesund war, sondern eine Lungenentzündung drohte. Nachdem die Herren Lenas Geschichte vernommen hatten, fragte einer, ob sie wirklich glaube, dass ihre Mutter sie totschlage, was Lena bejahte. Für ihr ehrliches Geständnis erntete sie allgemeines Gelächter und machte in diesem Augenblick eine ebenso extreme wie nachhaltige Erfahrung: Sie wurde trotz ihrer Anwesenheit zum abstrakten Fall gemacht. Man redete nicht mit ihr, sondern über sie – ganz selbstverständlich in der dritten Person. Die Männer bedauerten das arme Mädchen und äußerten sich verständnislos über »so ein Weibsbild« wie ihre Mutter. Sie übertrafen einander an Entrüstung, Verwünschungen und dem Ausmalen der brutalsten Strafen für das unmenschliche Verhalten. Doch irgendwann sagte ihnen ihr Realitätssinn, dass diese Angelegenheit sie und ihre Gemeinde eigentlich nichts angehe. Daher sei es am besten, Lena begebe sich in ein Münchner Krankenhaus. Vorher solle sie ihre Mutter bei der Polizei anzeigen.

Die Vorhersage »Nachher bist gut aufg'hoben, und deiner Mutter schiab'n s' hoffentlich an Riegel vor ihre Brutalitäten« machte Lena allerdings nur noch mehr Angst. Als sie am nächsten Tag auf dem Münchner Bahnhof ankam, traf sie zufällig einen Nachbarn, der ihr sogleich riet, nach Hause zu gehen, weil die Mutter voller Wut und Aufregung nach ihr suchen lasse. »Die ganze Nachbarschaft hetzt s' über di auf und sagt dir alles Schlechte nach.« Der Nachbar begleitete sie zur Polizei, der Polizeiarzt überwies sie in eine Klinik, nicht nur wegen ihrer Diphtherie. Er hatte sie untersucht und die Spuren der mütterlichen Gewaltexzesse an ihrem Körper gesehen. Damit wurde die Misshandlung erstmalig aktenkundig.

Lena Christ berichtet in ihren *Erinnerungen*, sie sei in das Krankenhaus in der Nussbaumstraße eingeliefert worden, wo sie wieder Fieber bekam und an einer schweren Lungenentzündung erkrankte. Doktor Kerschensteiner habe sich ihrer angenommen und erst nach drei Wochen, als es um die Bezahlung der Arztkosten und des Klinikaufenthalts ging, die Mutter benachrichtigt. Diese sei zur nächsten allgemeinen Besuchsstunde erschienen und habe ihr sofort Vorwürfe gemacht, weil sie die Eltern so lange im Ungewissen gelassen habe. Dabei sei sie in Tränen ausgebrochen, doch die Mitpatientinnen, die von Lena wussten, was geschehen war, hätten sie nur ausgelacht. Am nächsten Tag sei sie wiedergekommen, um Lena abzuholen. Doktor Kerschensteiner habe allerdings nur schweren Herzens seine Einwilligung gegeben. Die Mutter habe ihn erst mit vielen Tränen und dem Versprechen, ihre Tochter nicht mehr zu misshandeln, dazu bewegen können.
Die Angaben des »Städtischen Krankenhauses links der Isar« lauten:
Pichler Magdalena, Gastwirtstochter
München, Sandstraße 34/4r bei den Eltern kath.
16 Jahre
Saal 104
Zugang: 27.9.98 10 ¼ Uhr
Abgang: 30.9.98
Diagnose: Hysterie, Angina catarrhalis
Aufenthalt 3 Tage, arbeitsfähig entlassen.

Bis heute wird Lena Christ in vielen Publikationen hysterisch genannt. Die Hysterie gehört zu den psychiatrischen Begriffen, die auch gern unreflektiert mit großer Selbstverständlichkeit von Laien benutzt werden. Innerhalb der Psychiatrie wurde wohl keine andere Diagnose so sehr als männliches Herrschaftsinstrument missbraucht. Die Hysterisierung der Frau gehörte zum Geschlechterkampf des Fin de Siècle und der ersten Hälfte des 20. Jahrhunderts. Den Frauen, die sich nicht in die geforderte weibliche Rolle fügten und dagegen rebellierten, drohte man sogar mit Entmündigungsverfahren wegen Unzurechnungsfähigkeit. Eine davon war Franziska zu Reventlow, die sich sogar mehrfach gegen diese Disziplinierungsmaßnahme behaupten musste.

Das Wort Hysterie taucht bereits im 18. Jahrhundert auf als neue Fachbegriffsschöpfung, die von der altgriechischen Bezeichnung für Gebärmutter, »hystera«, abgeleitet wurde. Das Adjektiv hysterisch bedeutet ursprünglich »die Gebärmutter betreffend« und bezeichnet Verhaltensweisen, die als übertrieben nervös und überspannt wahrgenommen werden. Anfangs hielt man die Hysterie für ein organisch bedingtes Leiden. Das änderte sich, nachdem Sigmund Freud und Josef Breuer 1895 die *Studien über Hysterie* publiziert hatten, in denen sie ihre Einsichten über den Zusammenhang von Lebensgeschichte und neurotischem Krankheitsgeschehen darlegten. Sie lassen sich am Beispiel berühmter Krankengeschichten – Anna O., Emmy v. N., Katharina – detailliert nachvollziehen. Zu den Symptomen der Hysterie zählte man: ausgeprägte Fantasie, Egozentrik, Dramatisierung, Übertreibung, Suggestibilität. Heute gilt Hysterie nicht mehr als brauchbare diagnostische Kategorie. Denn weder gibt es für die Vielzahl von Symptomen nachweisbare gemeinsame Ursachen noch ein einheitliches Erscheinungsbild oder eine klassische Verlaufsform. Doch in dem Maße, in dem der Begriff aus der Psychiatrie verschwunden ist, hat er sich in der Alltagssprache festgesetzt: Heutzutage ist es üblich, gefühlsbetontes, übertriebenes und exaltiertes Verhalten damit zu belegen.

Für Lena Christs Hang zu Übertreibung, Zuspitzung und Überhöhung gibt es zahlreiche Beispiele. So wurden aus nachweislich drei Tagen Krankenhausaufenthalt in den *Erinnerungen* drei Wochen. Doch solche dramaturgischen Variationen sind in der Kunst an der Tagesordnung. Ja, die meisten Symptome, die im allgemeinen Verständnis der Hysterie zugerechnet werden, gehören zu den Eigenschaften und Talenten, die überhaupt erst zu kreativer Arbeit befähigen. Wie sollte ein Schauspieler oder Performer sein Publikum fesseln, wenn nicht durch Egozentrik und Theatralik? Wie sollte ein Schriftsteller seine Leser fesseln, wenn nicht durch Fantasie? Wann kann man von einem »Übermaß« sprechen, und wer kann das entscheiden? Festzuhalten ist, dass Lena Christ in München in einer Umgebung lebte, der ihre Begabungen fremd waren. Ihre Mutter empfand sie sogar als Bedrohung, die sie bekämpfen musste.

Nachdem die Mutter Lena aus dem Krankenhaus geholt hatte, ließ sie ihre Tochter zunächst in Ruhe. Sie habe ihr nicht einmal Vorwürfe wegen der Krankenhausrechnungen gemacht, die sie bezahlen musste, wunderte sich Lena Christ in ihren *Erinnerungen*. Auch habe sie zunächst den Wunsch der Tochter akzeptiert, eine Stellung als Dienstmädchen anzunehmen. Doch sie spielte ein falsches Spiel. Als Lena sich in der Marienanstalt um eine Dienstbotenstelle bewarb, war die Oberin schon von der Mutter instruiert. Sie vertrat deren Prinzipien, befürwortete offen die Prügelstrafe und ließ keinen Zweifel darüber aufkommen, wie sie mit etwaigem Fehlverhalten umgehen würde. Daraufhin lief Lena »heim zum Vater«. Nicht nur in dieser beiläufigen Formulierung wird deutlich, dass er damals – nach dem Tod der Großeltern – der einzige Mensch war, bei dem sie so etwas wie ein Zuhausegefühl verspürte. Er empfing sie freundlich, sagte ihr seine Hilfe zu und wies die Mutter in die

Schranken. So behandle man kein krankes Mädchen, dabei könne sie »koa Liab und koa Achtung lerna«. Zuletzt forderte er seine Frau auf, sich so zu benehmen, »wie es si g'hört, na werd si bei ihr aa nix fehln!« Sein Machtwort wirkte. Das Ergebnis fasst Lena Christ in einem einzigen Satz zusammen: »Darauf brachte mich die Mutter zu Bett und behandelte mich von nun an gut und freundlich.«

Doch schon einen Monat später kam es zum nächsten Zwischenfall: Anlass war der zehnte Hochzeitstag der Eltern, der mit Lenas siebzehnten Geburtstag zusammenfiel. Lena schmückte das Nebenzimmer der Gaststube mit Papiergirlanden, fertigte ein Transparent an, stellte zehn Wachskerzen auf, arrangierte die Geschenke und verfasste ein Gedicht. Am Vorabend, als die Eltern mit Gästen am Stammtisch saßen, ertönte plötzlich Musik aus dem Nebenzimmer: Der Raum war von Kerzen erleuchtet, Geschenke für das Paar lagen bereit. Neben den zehn Kerzen standen jedoch weitere siebzehn auf einem zweiten Brett. Damit wollten die drei Brüder ihrer großen Schwester zum Geburtstag gratulieren. Lena trug ihr Gedicht vor, ein Stammgast ließ das Hochzeitspaar und das Geburtstagskind hochleben, doch die Mutter versteinerte zusehends. Schließlich machte sie ihrem Ärger Luft und fragte, ob denn alle verrückt geworden seien, sie sei doch schon zwanzig Jahre verheiratet. Zu jenem Zeitpunkt war sie achtunddreißig und ihr Mann fünfunddreißig Jahre alt. Lena stellte die Fakten denn auch umgehend richtig. Offensichtlich schreckte ihre Mutter vor absurden Lügen nicht zurück, wenn es darum ging, ihre Ehrbarkeit und Wohlanständigkeit außer Frage zu stellen. Ein uneheliches Kind hatte da natürlich nichts zu suchen. Magdalena Isaak gebot ihrer Tochter zu schweigen und kündigte ihr gleichzeitig die bevorstehenden Prügel an. Wie es weiterging, kann man in einer Lausdirndlgeschichte lesen: »Aber da packt sie mich beim Schlafittich, jagt mich ins Bett, und am andern Tag gibt's furchtbare Prügel«, heißt es am Schluss der *Familienfeier.*

Davor hat die Autorin den verhängnisvollen Tag ebenso eindringlich wie lakonisch geschildert:

»Also. Am ersten Oktober hat die Mutter ihren zehnten Hochzeitstag mit meinem Stiefvater gefeiert, und ich bin an dem Tag siebzehn Jahr alt geworden.«

Es sei zwar im Sinne der Mutter gewesen, diesen Tag groß zu feiern, doch sie wollte alles unter Kontrolle behalten und selbst bestimmen, welche Details ihrer Lebensgeschichte preisgegeben werden sollten.

»Jetzt ist es so zum Verzweifeln.

Nichts kann ich mehr recht machen.

Als ob ich was dafür könnte, dass die Mutter erst zehn Jahre verheiratet ist.

Hätte sie halt den andern Vater geheiratet!

Und jetzt heißt es, ich habe sie blamiert.

Ich habe doch gar nichts dabei gedacht, und überhaupts!

Bei uns muss schon auch alles gefeiert werden!

Jeder Geburtstag, jeder Namenstag, jede heilige Zeit wird bei uns mit Tschintarratta gefeiert!«

9
Fluchtlinie 1: Kloster

In derselben Lausdirndlgeschichte nennt die Autorin die Fluchtlinien, die ihr als Ausweg aus ihrer unerträglichen Situation einfielen:

»So. Jetzt ist ein Ende mit aller Lust.

Der Ernst des Lebens ist da.

Ich gehe jedenfalls jetzt bald ins Kloster.

Oder ich heirate.

Außer, ich finde meinen Vater.«

Nach dem Vorfall am Hochzeitstag der Eltern war abzusehen, dass sich die katastrophale Mutter-Tochter-Beziehung mit den Jahren nicht entspannen, sondern noch verschärfen würde. Ein neuer Aspekt gewann an Brisanz, anfangs unbemerkt von beiden: Rivalität. Lena war kein Kind mehr, sondern eine reizvolle junge Frau. Das war unübersehbar, wenn sie in der Gaststube bediente. Sie zog nun die Blicke auf sich, die vorher ihrer Mutter gegolten hatten. Außerdem war sie sehr intelligent. Auch das empfand die Mutter als Bedrohung und diffamierte es als Besserwisserei. Noch mehr fühlte sie sich von Lenas Fantasie provoziert, einer Eigenschaft, die in gutbürgerlichen Kreisen jener Zeit nicht viel galt. Es fiel somit leicht, sie als Fantasterei, Überspanntheit, Hysterie abzuqualifizieren. Noch war die Mutter überlegen in dem Kampf der beiden Frauen, doch sie muss geahnt haben, dass es damit bald zu Ende sein würde. Wohl auch deshalb stimmte sie Lenas Entschluss zu, ins Kloster zu gehen. Lena hatte Widerstand erwartet, doch die Mutter

Lena Christ, um 1898

unterstützte sie sowohl finanziell als auch moralisch. Die Anregung zu diesem Schritt kam durch eine junge Frau, die Lenas Tante besuchte und von ihrem Vorhaben berichtete. All das, was sie dabei über das Leben der Nonnen erfuhr, gefiel Lena so sehr, dass sie denselben Weg für sich in Erwägung zog. Nachdem sie wegen ihrer Herkunft als uneheliches Kind von einigen Klöstern abgelehnt worden war, empfahl ihr ein Pater das Kloster Ursberg im Landkreis Günzburg in Schwaben. Im November 1898 bewarb sich Lena Christ mit ihrem Lebenslauf:

München, am 15. November 1898
Hochwürdiger Pater Guardian!
Ihrem Wunsche gemäß schreibe ich jetzt kurz meinen Lebenslauf nieder.

Mein Name ist Pichler Magdalena; ich bin außerehelich geboren am 30. Oktober 1881 zu Glonn; ich bin jedoch seit dem Jahr 1888, wo meine Mutter heiratete, heimatberechtigt in München. Ich wurde während meiner ersten 7 Lebensjahre von meiner Großmutter erzogen. Da besuchte ich auch die Volksschule ein Jahr lang. Mit meinem 7ten Lebensjahre kam ich zu meinen Eltern nach München. Hier besuchte ich nun die Werktagsschule an der Amalienstraße, aus welcher ich mit beiliegendem Zeugnisse entlassen wurde. Ich kam hierauf an die Gabelsbergerschule, in welcher ich die Mittwochschule und Christenlehre besuchte. Auch von dieser Schule liegen die Zeugnisse bei. Nachdem ich nun ganz aus der Schule entlassen war, musste ich im Hause thätig sein. Dabei lernte ich Hausarbeit, Kochen, Zimmerarbeit, Handarbeit und auch etwas Klavierspiel. Meine Eltern haben ein Gasthaus gepachtet in der Sandstraße 34 Pfarre St. Benno. Ich habe auch noch drei kleine Brüder, von denen der älteste erst 8 Jahre ist. Es ist schon seit meiner Kindheit an mein Verlangen, mich von der Welt zurückzuziehen und in ein Kloster zu gehen. Allein bei einem außerehelichen Mädchen ist hart zu suchen. Meine Mutter frug schon bei mehreren hiesigen Klöstern nach; nirgends wurde ich jedoch aufgenommen. Bei den englischen Fräulein wäre ich allerdings genommen worden, aber das hätte eine Masse Geld gekostet; da meine Brüder auch ganz unversorgt sind, so konnten es meine Eltern nicht bestreiten; denn meine Eltern haben auch nicht viel mehr als das Geschäft. Ich dachte also, es sei der Wille Gottes, dass ich aus dem Kloster bleibe, Da hörten wir vom Kloster Ursberg; und deshalb bitt ich Euer Hochwürden, in dem besagten Kloster nachzufragen, ob ich in dasselbe aufgenommen werden kann, oder nicht. Meine Eltern lassen auch um Näheres bitten über die Aussteuer, damit ich mir dieselbe bis zum Eintritte richten kann. Ich bekomme von meiner Mutter außerdem auch noch 400–500 M Bargeld.

Indem ich nochmals herzlich bitte, dass sich Euer Hochwürden meiner annehmen wolle, verbleibe ich

In Demut mich beugend vor Gottes Wille

Hochachtungsvoll ergebenst

Pichler Magdalena

Gastwirtstochter in München

Sandstraße 34/0

Eine Woche später, am 21. November 1898, sandte Pater Aloys Guardian Lenas Lebenslauf, zusammen mit einem Empfehlungsbrief, an den Superior des Klosters. Das Mädchen habe einen sehr guten Eindruck auf ihn gemacht, was durch ihre beiliegenden Schulzeugnisse und durch den von ihr verfassten Lebenslauf noch unterstrichen würde. Eine Woche später berichtete er dem Superior, Lenas Mutter habe ihn aufgesucht. Sein Bericht, »dieselbe machte einen guten Eindruck und hat mir viel Schönes von ihrem Kinde erzählt«, überrascht. Es war der Mutter offensichtlich daran gelegen, dass ihre Tochter die Klosterlaufbahn einschlug und damit einen Weg, den sie mit ihrer eigenen Religiosität bestens vereinbaren konnte. Zwar würde sie auf Lenas Mithilfe in der Gastwirtschaft verzichten müssen, aber dafür würde Ruhe einkehren. Die Ereignisse der letzten Monate hatten auch bei ihr für Ratlosigkeit gesorgt. Sie wusste einfach nicht mehr, wie sie mit ihrer beinahe erwachsenen Tochter umgehen sollte. Die körperlichen Züchtigungen hatten sich als unwirksam erwiesen und waren sogar schon polizeilich aktenkundig geworden.

Eine Mischung aus Erleichterung und Resignation klingt an in den Worten, die Lena Christ in ihren *Erinnerungen* wiedergibt: »Kost's, was' s mag, wannst nur recht a brave Klosterfrau wirst!«

Am 4. Dezember 1898, beinahe auf den Tag genau vier Jahre nach dem Tod ihres Großvaters, beschritt Lena den Weg in einen neuen Lebensabschnitt. Zusammen mit ihrer Mutter fuhr sie mit der Bahn nach Augsburg. Dort hatten sie einen längeren Aufenthalt und schauten sich die Stadt an, was Lena Christ in ihren *Erinnerungen* wie den harmonischen Ausflug zweier Freundinnen schildert. Doch Lena war so sehr mit ihrer Zukunft beschäftigt, dass sie sich nur für die Klosterfrauen interessierte, die ihnen begegneten. Dabei fiel ein erster Wermutstropfen auf ihre Erwartungen, denn die Kleidung der Nonnen gefiel ihr überhaupt nicht, und sie fürchtete, »es möchten die Frauen des heiligen Josef ebensolche unschöne Gewandung tragen«.
Sie fuhren von Augsburg aus weiter mit der Bahn nach Thannhausen und von dort mit einem Stellwagen zum Kloster, das

Kloster Ursberg

schon von Weitem zu sehen war: »angelehnt an einen bewaldeten Hügel, ein imposantes Gebäude und rings um dasselbe eine Menge kleinerer, die den Eindruck einer kleinen Stadt machten. Etwas abseits lagen wieder eine Anzahl Häuser, die mehr ländlichen Charakter hatten und von Bäumen umgeben waren. Um das große Gebäude und den Berg zog sich eine Mauer, und von dem Dach grüßten ein paar große, mit hohen Schneehauben überzogene Storchennester. Dazwischen ragten mehrere kleine Türmlein in die klare Luft, und von einem größeren klang einladend das Mittagsläuten zu mir herüber.«

In ihrem autobiografischen Roman hat Lena Christ eine Umbenennung vorgenommen: Aus Kloster Ursberg wurde Kloster Bärenberg. Seit 1884 war in Kloster Ursberg die St. Josefs-Kongregation der Franziskanerinnen untergebracht. Der Gründer Dominikus Ringeisen hatte dort eine Einrichtung zur Pflege körperlich und geistig Behinderter ins Leben gerufen. Daneben war das Kloster auch eine Bildungsstätte für Mädchen.
Während der Fahrt, der langsamen Annäherung an den Ort, auf den all ihre Hoffnungen gerichtet waren, wurde Lena jedoch unsanft aus ihren Tagträumen gerissen: Einige der Mitreisenden auf dem Stellwagen waren stark behindert; besonders ein junger Mann, der Grimassen schnitt und vor sich hin lallte, nahm ihre Aufmerksamkeit in Anspruch. Den Gesprächen seiner Begleiterinnen entnahm sie, dass er »blöd und epileptisch krank« war. Was sie in dieser kurzen Zeit zu sehen und zu hören bekam, ließ ihren Mut und ihre Freude schwinden. Sie war so verstört, dass eine Mitreisende ihre Mutter fragte, ob sie ihr »Deppala« auch in die »Kretinenabteilung« bringe. Als die Mutter entgegnete, ihre Tochter wolle Klosterfrau werden, schüttelte die Frau den Kopf und meinte, ein so blasses und mageres Mädchen sei für diesen anstrengenden Beruf nicht geeignet. Für Lena geriet auf einmal alles durcheinander: ihre

Pläne, die Erzählungen der jungen Nonne, ihre Hoffnungen. Doch auf dem Hügel angekommen, wurde sie von der Schönheit des Gebäudes in Bann gezogen und beruhigte sich.

Eine Schwester führte sie zum Zimmer des Superiors, in dem so viele Bücher, Hefte, Zeitschriften, Akten und Briefe herumlagen, wie Lena es sonst nur aus Schreibwarenläden kannte. Der Superior fragte, ob sie überhaupt wisse, was es bedeute, Klosterfrau zu werden, und schilderte ihr dann ebenso detailliert wie drastisch den Aufbau der Einrichtung: »Unsere Anstalt besteht aus einem Blindenheim, einem Taubstummeninstitut, einer Heimstätte für alte, schwächliche Personen und einer Pflegeanstalt für Kretinen, Epileptische, Irre, Tobsüchtige und durch Ausschweifung Zerrüttete, sogenannte Besessene. Auch finden bei uns arme, kranke und missgestaltete sowie blöde, krüppelhafte und missratene Kinder eine Stätte zur allseitigen Pflege und Bildung.« Dem Orden gehörten 500 Professschwestern, 200 Novizinnen, 300 Lehr-, Pflege- und Arbeitsschwestern, 120 Lehramtskandidatinnen, 10 Handarbeits- und 6 Musikkandidatinnen sowie 15 Kandidatinnen für Hausarbeit und Küche an. Anschließend wandte er sich Lenas guten Zeugnissen zu, lobte sie und kündigte eine Prüfung an, um festzustellen, wofür sie sich eigne. Er versicherte ihr, sie könne innerhalb der ersten fünf Jahre das Kloster verlassen, wenn es ihr hier nicht gefalle. Lena antwortete ihm, sie habe fest vor zu bleiben.

Schon am ersten Tag erfuhr sie, dass alles, was im Kloster zu tun war, von den Nonnen verrichtet wurde, »auch die Ökonomie und Metzgerei sowie alle Handwerke, deren das Kloster bedürfe«. Während Lenas Neugier dadurch wuchs, wurde ihre Mutter zusehends stummer und nachdenklicher angesichts der neuen Umgebung, die sie sich ganz anders vorgestellt hatte. Die Begegnung mit all den Kranken und Behinderten hatte sie irritiert, ja entsetzt. Vielleicht war das der Grund dafür, dass die harte und unabhängige Frau sich nun mit ihrer Tochter solidarisierte, zumindest für Momente Verbundenheit und Verantwortlichkeit spürte. Sie forderte Lena auf, ihr zu schreiben, falls sie es im Kloster nicht mehr aushalten könne. Auf diese unerwartete Zuwendung reagierte die Tochter hochemotional: »Ich gab ihr noch Grüße auf an alle, die mir lieb waren; dann schlang ich plötzlich meinen Arm um ihre Knie, drückte laut aufweinend meinen Kopf in ihre Kleider und lief danach, so rasch ich konnte, an die Pforte und läutete fest, ohne mich noch einmal umzuschauen.« Lena hatte erkannt, dass diese Trennung den endgültigen Abschied von ihrer Kindheit bedeutete, und klammerte sich an ihre Mutter – als Versuch einer Aussöhnung. Es ist die einzige Umarmung zwischen Mutter und Tochter, die in den *Erinnerungen* vorkommt.

Nach Auskunft des Klosterarchivs, so berichtet Marita A. Panzer in ihrer dokumentarischen Biografie *Lena Christ. Keine Überflüssige*, wurde Lena Christ am 4. Dezember 1898 als Lehrkandidatin in die klösterliche Lehrerbildungsanstalt aufgenommen und schied zum 1. März 1900 aus. Weitere Angaben lauteten, ihr Vater sei verstorben, ihr zweiter Vater Josef Isaak Gastwirt. Vom ersten Vater sei kein Vermögen vorhanden, vom zweiten Vater habe sie das Erforderliche mitbekommen. Ihr Gesundheitszustand wurde als »gut« bezeichnet.

Zunächst stufte man Lena in den zweiten Kurs des Seminars als Lehramtsschülerin ein. Doch schon zwei Wochen später, nachdem man ihre Musikalität und ihre schöne Stimme entdeckt hatte, wurde sie Musikkandidatin. Bei ihrem Einstand begegnete man ihr mit großer Freundlichkeit: Die anderen Kandidatinnen und die Schwestern machten sie gleich am ersten Tag mit den Gepflogenheiten der Einrichtung vertraut. In ihren *Erinnerungen* unterbricht Lena Christ die Schilderung ihres fünfzehnmonatigen Klosteraufenthalts eingangs mit einem vernichtenden Urteil und nimmt das Fazit dieser aussichtsreichen Fluchtlinie vorweg: »Später freilich erkannte ich meinen Irrtum: Es war alles nur Drill und von wahrer Güte wenig zu finden: Bigotterie paarte sich mit Stolz, Selbstsucht mit dem Ehrgeiz, vor den Oberen schön dazustehen und als angehende Heilige bewundert zu werden.«

Wie alle Neuankömmlinge bekam sie eine ältere Kandidatin als »Schutzengel« zugeteilt. Deren Betreuung bestand in Ermahnungen, sich nicht zu weltlich zu gebärden, nicht zu fröhlich zu sein und körperliche Kontakte wie Umarmungen zu vermeiden. Es war sogar verboten, sich bei den Händen zu fassen, weil das die »heilige Reinheit« gefährden könnte. Nach der Abendandacht wurde Lena in den Schlafsaal geführt. Ihr Schutzengel überreichte ihr einen Zettel mit der Aufschrift: »Von neun Uhr abends bis sieben Uhr morgens strengstes Stillschweigen!« Das Ausziehen der Tageskleidung und Anziehen des Nachthemds geriet zur Slapsticknummer, denn dabei durfte kein Stück nackte Haut sichtbar werden. Die Erziehung zu einem sittsamen Kind Gottes verlangte, dass Strümpfe und Unterrock erst unter der Bettdecke abgelegt wurden. Während all dieser Aktionen wurde laut gebetet. Auch das Baden musste erlernt werden. Man stieg nicht nackt, sondern mit Hemd und Strümpfen bekleidet in die Wanne. Die Strümpfe durften im Wasser ausgezogen werden, nicht aber das Hemd. Hier war der »schmerzhafte Rosenkranz« das begleitende Gebet. Die Mahlzeiten dienten nicht dem Genuss, sondern der reinen Nahrungsaufnahme. Es kostete Lena regelrecht Überwindung, die Speisen, wie zum Beispiel die »sogenannten Kässpatzen, eine zähe Wasserteigmasse, in der eine Menge Zwiebeln staken« – zu sich zu nehmen. Manchmal musste sie sich sogar erbrechen.
Am nächsten Morgen wurde sie um fünf Uhr geweckt. Im gro-

ßen Lehrsaal las ihnen die Präfektin die Legende einer Heiligen vor. Dann wurden den Kandidatinnen, die sich einer oder mehrerer Verfehlungen schuldig gemacht hatten, Bußübungen auferlegt, darunter stundenlanges Knien vor dem Altar. Spätestens angesichts dieser ihr wohlbekannten Strafen bereute Lena schon an ihrem zweiten Tag in Ursberg den Entschluss, Klosterfrau zu werden. Die Fluchtlinie Kloster schien sich als Sackgasse zu erweisen – ganz im Sinne der Sentenz Gilles Deleuzes: »Wer sagt uns, dass wir auf der Fluchtlinie nicht das wiederfinden, vor dem wir flohen?« Im Kloster Ursberg herrschte das gleiche Bestrafungssystem wie zu Hause in der Gastwirtschaft. Die Präfektin übernahm perfekt die Rolle der Mutter als Richterin und Vollzieherin.

Als Lena schon drauf und dran war zu resignieren, kam es zu einer Begegnung, die alles veränderte: In einem großen Saal »saß eine junge Nonne mit gewinnendem, freundlichem Blick in den kindlichen Zügen am Flügel«. Schwester Cäcilia erteilte im Kloster Musikunterricht. Nachdem Lena ihr vorgesungen und von ihren Klavierstunden berichtet hatte, rief die Schwester aus: »Liebes Jesusle, hab Dank! Jetzt bekomm ich eine Musikkandidatin!« Damit begann für Lena eine glückliche Zeit. Mit Eifer und Disziplin absolvierte sie den Unterricht, übte fleißig, verfeinerte ihr Klavierspiel und begann, Geige zu lernen. Alles schien gut zu werden, es war wie ein Wunder. Doch bald registrierte sie, dass ihr die Zuwendung der Lehrerin den Neid der anderen Kandidatinnen einbrachte. Sie wurde schnell zum Sündenbock gemacht, durchschaute aber den Mechanismus: »Je öfter meine Lehrerin mir sagte, dass ich brauchbar und ihr fast unentbehrlich sei, desto öfter suchte man mich auf der anderen Seite durch Wort und Tat zu überzeugen, dass ich ein eingebildetes, dummes Mädel sei, das leicht zu ersetzen wäre.« Man schwärzte sie bei der Präfektin an; deren

Strategie, das »eitle, schlimme Mädchen« von höchster Stelle bestrafen zu lassen, schlug allerdings fehl. Die Oberin, eine »vornehme, gütige Frau«, hielt zu Lena und glaubte ihr, dass sie sich nicht hervortun wollte, sondern einfach mit großer Begeisterung bei der Sache war.

Das konnte Schwester Cäcilia nur bestätigen und überzeugte davon auch den Superior, der als Nächster hinzugezogen wurde. Seine pragmatische Empfehlung lautete: »Kind, wenn du wirklich brav warst, so bleib's, wenn nicht, so werd's!«

Es war für Lena nicht selbstverständlich, Beistand zu erhalten. Aus übergroßer Dankbarkeit küsste sie einige Male Schwester Cäcilias Hand, bis diese ihr Einhalt gebot mit der Begründung: »Lass doch die dumme Hand! Sie gehört ja gar nimmer mir, sondern dem heiligen Josef!« Doch durch dieses Argument war Lena nicht zu stoppen. »Aber der Mund g'hört schon noch Ihnen«, vergewisserte sie sich, und bevor Schwester Cäcilia, die mit den Worten begann »Ja, zum Beten und Singen und …«, ihren Satz vollendet hatte, drückte ihr Lena einen Kuss auf die Lippen. Dann schwiegen beide, bis Lena plötzlich entdeckte, dass unter Schwester Cäcilias Schleier ein »Wusch goldroten Haars« hervorlugte. Mit dem Ausruf »Was sagst, die Welt guckt raus?« versteckte Schwester Cäcilia die vorwitzigen Locken unter ihrer Haube. Dieses Erlebnis besiegelte ihre Freundschaft. Die Ältere versuchte der Jüngeren das Klosterleben zu erleichtern. Obwohl sie sich selbst durch ihre Offenheit von den anderen Nonnen unterschied, riet sie Lena zu Diplomatie und Anpassung. Doch dieser war Scheinheiligkeit – und als solche definierte sie das von ihr geforderte Verhalten – zuwider.

Nicht nur die Strafrituale, sondern besonders die Selbstgeißelungen, denen sich einige Nonnen unterzogen, stießen Lena ab und verstärkten ihren Eindruck, in eine Welt hineingeraten zu sein, in die sie nicht gehörte. Einzig Schwester Cäcilia schaffte ein Gegengewicht durch ihr Verständnis und ihren Humor. Als Lena sie fragte, ob sie sich auch selbst misshandle, antwortete die Schwester, sie käme nicht dazu, weil sie sich den ganzen Tag mit den Stimmen ihrer Schülerinnen ärgern und plagen müsste. Das sei Strafe genug. Eine Zeit lang überwogen für Lena die positiven Erfahrungen, die sie im Rahmen des Musikunterrichts machte, und drängten ihr Unbehagen in den Hintergrund. Es war beglückend, auf der Bühne zu stehen, etwas von sich preiszugeben und dafür gelobt zu werden. Während der Fastnacht wurden Singspiele und Theaterstücke aufgeführt, bei denen sie Hauptrollen spielte und sang. Am wichtigsten Festtag des ganzen Jahres, dem Tag des heiligen Josef, war sie sehr nervös, doch Schwester Cäcilia beruhigte sie: »Mädl, wenn du morgen so gut singst, hebst die ganze Pfarrkirche in den Himmel.«

Es war der Tag, an dem der Bischof die Einkleidung der »jungen Gottesbräute« vornahm. Zunächst verlief alles wie einstudiert, doch als sich die Novizinnen auf den Boden warfen und mit einem schwarzen Tuch bedeckt wurden, um ihre Abkehr von der Welt zu manifestieren, spürte Lena Widerstand in sich aufkommen. Der wurde immer größer, und als der Bischof beim Gelübde freiwilliger Armut, steter Keuschheit und blinden Gehorsams einer nach der anderen das Haar abschnitt, rebellierte alles in ihr und steigerte sich zu einem Gefühl des Grauens. Wie gelähmt verfolgte sie das Geschehen und hätte ohne die Wachsamkeit Schwester Cäcilias beinahe ihren Einsatz verpasst. Als die Feier zu Ende war, bedankte sie sich bei ihr und kündigte ihr an, bestimmt keine Klosterfrau zu werden. Sie wollte ihr schönes Haar auf keinen Fall opfern. Nachts träumte sie sogar davon. Es waren schreckliche Albträume.

Während der drei Tage dauernden Festlichkeiten kam Lena auch mit den Patienten, den »Pfleglingen« zusammen, für die es Ausnahmeregeln gab, sodass sie teilnehmen durften. Der Blick, den Lena Christ in ihren *Erinnerungen* auf sie wirft, ist ein unbarmherziger, der dem damaligen Zeitgeist entsprach. »Viele bösartige und heimtückische Geschöpfe« seien unter ihnen gewesen, die man in finstere Zellen sperren und mit Zwangsjacken und Hungerkuren domestizieren musste. Mitleid war hier fehl am Platz, doch es gab eine Ausnahme: ein zwölfjähriges Mädchen, das aus vornehmer Familie stammte. Lena Christ beschreibt die kleine Margret, von der sie sich stark angezogen fühlte, sehr genau: das zarte, milchweiße Gesicht, die großen braunen Augen, die erschrocken in die Welt schauten, das kastanienbraune Haar, das nicht zu bändigen war, sodass sich im Lauf des Tages immer mehr Locken aus der streng zurückgekämmten Frisur herauslösten und das Gesicht lieblich umringelten. Sie sei sehr klug und fantasievoll gewesen, berichtet Lena Christ, und habe sich strikt geweigert, in einem religiösen Buch zu lesen. Dafür wurde sie streng bestraft. Sie wurde geschlagen, sie musste die härtesten Arbeiten verrichten, man ließ sie hungern, doch es half nichts. Sie ertrug alles, klagte nie, folgte dem Unterricht, doch bei religiösen Themen blieb sie stumm. Schließlich wurde sie krank und starb kurz vor Lenas Austritt aus dem Kloster.

Dieser deutete sich beim zweiten Weihnachtsfest an, das sie dort erlebte, also im Dezember 1899. Lena hatte von ihrer Mutter ein Weihnachtspaket erhalten. Zu den Geschenken gehörte auch eine schwarze Kleiderschürze mit langen Ärmeln. Voller Freude hatte Lena dieses Kleidungsstück, das sie sich gewünscht hatte, ausgepackt. Noch bevor sie es anprobieren konnte, befahl ihr die Präfektin, die Schürze ins Nähzimmer zu bringen, damit zwei kleine daraus geschneidert würden. Das erfordere die »heilige Armut«. Doch Lena war nicht bereit, auf das schöne Stück zu verzichten, und versteckte es auf dem

Dachboden. Jeden Tag schaute sie danach. Das tat ihr gut und erinnerte sie ein wenig an ihre verbotenen Besuche in der Küni-kammer. Irgendwann konnte sie der Versuchung nicht länger widerstehen, holte die Schürze aus dem Versteck, zog sie an und betrachtete sich in der blinden Fensterscheibe des Speichers. Ein lauter Ruf ihres Namens riss sie aus ihrer Versunkenheit. Sie solle sofort zur Probe für das Weihnachtsfestspiel kommen. Vergeblich versuchte sie, die Schürze schnell auszuziehen, die Knöpfe auf dem Rücken hinderten sie daran. Es kam, wie es kommen musste, sie wurde von der Präfektin entdeckt. Diese schlug ihr ins Gesicht und führte sie zum Superior, der ent-schied, dass sie das Kloster verlassen musste. Da die Mutter ihren Besuch zu der Veranstaltung angekündigt hatte, gestattete man ihr, noch so lange zu bleiben. Für das Weihnachtsspiel »Nacht und Licht« dachte man sich eine besonders perfide Strafe aus: Weil man Lenas schöne Stimme für das Gelingen der Aufführung brauchte, musste sie unbedingt singen. Doch den Applaus gönnte man ihr nicht. »Du hast dich hinter ein Gebüsch zu knien und zu singen«, befahl die Präfektin, »und niemand wird deinen Gesang bewundern, dafür werde ich sorgen.«

Ihre Mutter wunderte sich denn auch, die Stimme ihrer Toch-ter vernommen zu haben, ohne sie zu sehen, und Lena erzählte, was man ihr angetan hatte, ohne auf den Beistand der Mutter zu hoffen. Die Erfahrung, aus dem Licht ins Dunkel gedrängt zu werden, war für sie nicht neu und zuvor immer mit einer mütterlichen Strafaktion verbunden gewesen. Doch in dieser Situation hielt die Mutter zu ihr und verteidigte sie selbstbe-wusst gegenüber der Präfektin und dem Superior. Als sie ankündigte, Lena sofort mit nach Hause zu nehmen, versuchte man, sie umzustimmen. Man wollte sich als großmütig erwei-sen und der Ungehorsamen noch eine Chance geben. Die Mutter ließ sich überreden, forderte Lena jedoch beim

Abschied auf, sich ihr anzuvertrauen, falls es wieder Schwierigkeiten geben sollte.

Es war nur ein Aufschub, Lena hatte endgültig jegliches Interesse, Nonne zu werden, verloren und teilte das ihrer Mutter einige Monate später mit. Der Brief wurde, wie die gesamte Korrespondenz, von der Klosterleitung gelesen; die Präfektin versuchte ein letztes Mal, Lena auf den richtigen Pfad zurückzuholen, aber es war vergebens. Am Aschermittwoch packte sie ihre Sachen. Die Präfektin entließ Lena mit den Worten: »Magdalena, Magdalena, du bist verloren, du gehst zugrunde! Schon sehe ich den Abgrund der Weltlichkeit, in den du fallen wirst. Doch geh in Frieden, mein Kind, falls die Welt noch einen für dich hat.«

Es ist schwer vorstellbar, dass eine Frau in ihrer Position, eine kirchliche Würdenträgerin, sich zu einer solchen Entgleisung hinreißen ließ, die einem Fluch gleichkam. Das Pathos ihrer Prophezeiung entsprach in keiner Weise dem Anlass: Eine Kandidatin hatte sich entschieden, das Kloster zu verlassen, ohne dass etwas wirklich Gravierendes vorgefallen wäre. Hier hat die Autorin offensichtlich zum Stilmittel der Überhöhung gegriffen.

Weiter wird berichtet, dass sich die anderen Kandidatinnen von Lena abwandten, nur Schwester Cäcilia verabschiedete sich von ihr unter Tränen mit den Worten: »Nun bin ich wieder allein! O, warum gehen alle wieder weg, kaum dass sie begonnen!« Sie war enttäuscht und verzweifelt, doch dann wünschte sie Lena Glück für die Zukunft und schuf so ein Gegengewicht zu den Abschiedsworten der Präfektin. Der Fluch wurde damit nicht aufgehoben, aber abgemildert.

Unter den Dokumenten, die Marita A. Panzer im Ursberger Klosterarchiv gesichtet hat, befindet sich auch der »Schülerinnenbogen«. Darin heißt es: »Pichler Magdalena ist immer noch nicht ganz wahr, immer noch prahlerisch; sehr empfindlicher, sehr stolzer Gesinnung (Solo-Gesang). Aus der letzten Zeit liegen Naschhaftigkeiten und Lügen vor (verschiedene Lügen auch aus dem Musikzimmer).«

In ihrem Abschiedsbrief vom 2. März 1900 bedankt sich Lena beim »Hochwürdigen Herrn Superior« und bei der »Würdigen Mutter« für ihre »große Liebe und Sorgfalt«. Sie wisse ihre Bemühungen zu schätzen: »Nichts war Ihnen zu viel mich vom sichern Verderben zu retten.« Sie bittet um Verzeihung für alles, was sie sich zuschulden kommen ließ, und verspricht, sie wolle nicht aufhören zu kämpfen und zu beten. Drei Wochen später, am 26. März 1900, wandte sie sich noch einmal per Brief an die »Würdige Mutter« und versicherte ihr: »Es geht mir ganz gut; meine Eltern tragen mich auf den Händen. Trotzdem ist mir die Welt mit ihren Grundsätzen ziemlich fremd geworden.«

Diese beiden Briefe gehören zu den wenigen Lebensdokumenten von Lena Christ, die erhalten sind, und werfen einige Fragen auf: Warum verzieh Lena Christ der Präfektin ihre Rigorosität und Verständnislosigkeit? Warum wandte sie sich überhaupt noch einmal an sie? Strategische Gründe sind auszuschließen, denn sie hatte nicht vor, jemals wieder eine Klosterlaufbahn einzuschlagen. Vermutlich würde sie diese Frau, die ihr so wenig Güte entgegengebracht hatte, also nie mehr wiedersehen. Erstaunlich ist, wie krass die Autorin das Unrecht im Roman schildert, wohingegen sie sich im Leben dann aktiv um Versöhnung bemühte. In den *Erinnerungen* entlarvt sie die im Kloster herrschende Bigotterie und verachtet den Opportunismus ihrer Kolleginnen angesichts der Macht der Präfektin. Sie hatte früh erkannt, dass ein Hauptziel der klösterlichen Erziehung darin bestand, die Individualität zu brechen – mithilfe der Einforderung von blindem Gehorsam. Dagegen setzte sie sich erfolgreich zur Wehr, indem sie die Konsequenzen zog und das Kloster verließ.

Bis zu diesem Zeitpunkt stimmen Romanhandlung und Leben weitgehend überein. Doch die beiden Briefe im Klosterarchiv belegen, dass es ein Nachspiel gab: Sie bat die Frau, unter deren Handlungsweise sie gelitten hatte, anschließend um Zuwendung. Also fühlte sie sich selbst schuldig und hoffte auf Vergebung. Dafür, dass Lena Christ sich später an christlichen Werten orientiert hat, gibt es keine Belege. Zwar blieb sie im katholischen Glauben verwurzelt, doch er bedeutete nicht viel mehr als Brauchtum. In Krisensituationen bot die Kirche keinen Halt und keine Hilfe – weder für sie im Leben noch für ihre Protagonisten in der Literatur.

10
Das Bachstelzerl

»War mir doch im Kloster die ganze Welt samt ihren Wesen so fremd geworden, dass ich mich nur ganz langsam, wie im Dunkeln tappend, wieder unter den Menschen zurechtfand«, beschreibt Lena Christ ihre Gemütsverfassung nach dem Verlassen des Klosters. Bereits während der Rückreise von Ursberg nach München wurde sie mit dem »öffentlichen und lauten Leben« konfrontiert. Im Zug saßen ihr zwei elegant gekleidete Herren gegenüber und erzählten einander lautstark und provozierend ihre letzten erotischen Abenteuer. Dann wandten sie sich Lena zu und machten sich über ihre offensichtliche Verlegenheit lustig. Doch am anderen Ende des Waggons ging es noch wesentlich derber zu: Soldaten, die gerade auf Urlaub waren, belästigten eine junge Mitreisende. Lena war drauf und dran, sich einzumischen und ihr zu helfen, aber da hatte der Zug schon Augsburg erreicht, wo sie umsteigen musste. Im nächsten Zug setzte sie sich ins Frauenabteil.

Auf dem Münchner Hauptbahnhof wurde ihr angesichts der Menschenmassen angst und bange, doch Rettung nahte in Gestalt ihres ältesten Bruders, der sie abholte und staunte, wie groß und stark sie geworden sei. Er habe sie beinahe nicht wiedererkannt. Auf dem Heimweg begegneten ihnen weitere Bekannte, die Umgebung wurde immer vertrauter, je näher sie der Gastwirtschaft kamen. Die Stammgäste freuten sich: »Jessas, unser Lenerl ist wieder da! Juhe!« Der Vater gab ihr zur Begrüßung einen Kuss.

Einzig die Mutter beteiligte sich nicht an dem freundlichen

Empfang. Sie bereitete in der Küche das Mittagessen für die Gäste. »Ah, bist scho da, grüß Gott!«, bemerkte sie beiläufig, während sie in einem Topf rührte. »Tu nur glei dein'n Hut und dös Klosterkragerl weg und ziag an Schurz oo, na kannst glei d'Supp'n und 'n Salat für d'Leut hergebn!«

Mit den Worten »Also begann ich wieder die Wirtsleni zu sein« leitet die Autorin den nächsten Abschnitt ihrer *Erinnerungen* ein. In der Gastwirtschaft gebe es viel zu tun, erklärte die Mutter den neugierigen Gästen. Es wäre daher eine Schande, »wenn dös Mordsmadl im Kloster rumfaulenzen tät und d'Muatta dahoam fremde Leut zahln müsst für d'Arbeit«. Lena Christ schildert ihren Arbeitsalltag genau: Um fünf Uhr stand sie auf, um halb sieben bereitete sie das Frühstück, dann holte sie die Würste aus dem Schlachthaus, wo ihr Vater schon seit fünf mit dem Zerteilen der geschlachteten Tiere und dem Wurstmachen beschäftigt war. Dann wurden das Bier und die Backwaren im Gasthaus angeliefert.

Lena erscheint nun zum ersten Mal als junge Frau, die von Männern umworben, ja regelrecht umschwärmt wird. Die Autorin wählt einen amüsiert-bagatellisierenden Ton, um die Bemühungen der Verehrer zu schildern, und lässt sie gleich im Dreierpack auftreten: Drei Bäckerburschen konkurrierten Tag für Tag um die schöne junge Wirtstochter. Alle drei seien leidenschaftlich in sie verliebt gewesen, versichert Lena Christ. Vom ersten erhielt sie täglich einen Blumenstrauß, vom zweiten eine Zuckerbrezel und vom dritten eine Ansichtskarte, die er allerdings nicht mitbrachte, sondern schon am Vorabend bei der Post aufgab. Morgens wartete er immer den Postboten ab und kommentierte die jeweilige Karte: »Heute kriagn S'a Prachtstück von a ra Künstlerkartn!«

Um acht Uhr bereitete Lena die Schenke vor und zapfte an. Die Mutter kam aus der Wohnung, der Vater aus dem Schlachthaus, und allmählich begann das Lokal, sich zu füllen. Die Gäste waren um diese Zeit vor allem Arbeiter aus der Umgebung: Maurer, Steinmetze, Schlosser, Schreiner, Drechsler, Pflasterer und Kanalarbeiter. Aus den in der Nähe gelegenen Fabriken – eine Bleistift-, eine Möbel-, eine Sarg-, eine Bettfedern- und eine Schuhfabrik – holte man Brotzeiten für die Arbeiter. Das Geschäft blühte. Den Morgen verbrachte Lena meistens in der Küche, nur wenn die Kellnerin ausfiel, musste sie einspringen. Die Mutter begann ihren Tag mit dem Frühstück in der Gaststube, wo sie »ihre drei bis vier Weißwürste aß und etliche Krügl Bier trank«, während der Vater auf dem Schlachthof war. Nach und nach verfiel die Mutter wieder in ihre alten Verhaltensmuster und ließ ihren Launen freien Lauf. Sie schalt und ohrfeigte Lena, wenn sie mit irgendetwas unzufrieden war. Einmal warf sie Leberknödel nach ihr und – was für Lena das Unangenehmste an dieser Szene war – beklagte sich bei den Gästen über die ungeschickte Tochter, die daraufhin die Lust an der Arbeit in der Küche verlor.

Um viertel vor zwölf begann das Mittagessen. Die Mutter teilte der Kellnerin die aktuelle Speisekarte mit: Meistens gab es Nierenbraten, Schweinsbraten, Ochsenfleisch, aber auch »Bifflamott« – bœuf à la mode. Anschließend half Lena dem Vater in der Schenke und sorgte dafür, dass er und die Brüder, die aus der Lateinschule kamen, etwas zu essen erhielten. Dann hatte die Mutter ihren großen Auftritt. Lena war jedes Mal beeindruckt, wenn diese die Gäste mit einem selbstbewussten »Habe die Ehre, meine Herrn!« begrüßte.

Einen einzigen Streit zwischen den Eltern schildert Lena Christ. Er erinnert an den Disput der Großeltern, bei dem die kleine Enkelin sich verpflichtet fühlte, als Schlichterin aufzutreten. Im Fall ihrer Eltern hielt sie sich heraus. Die Mutter beschimpfte ihren Mann, weil er auf dem Markt ein Schwein gekauft hatte, dessen Fleisch nicht schmeckte. »Da hörte ich zum erstenmal, seit ich den Vater kannte, ihn zornig mit der Mutter streiten«, berichtet Lena Christ. Am Nachmittag verließ er, ganz gegen seine Gewohnheit, die Gastwirtschaft und kam erst spätabends betrunken nach Haus. Anscheinend hatte er seiner Frau damit einen großen Schrecken eingejagt, denn sie erwähnte den Streit nicht mehr und beherrschte sich bei ähnlichen Anlässen. Verbal war sie ihm zwar überlegen, aber sie fürchtete seine Konsequenz im Handeln.

An den Nachmittagen konnte Lena selbstständig und eigenverantwortlich agieren, was ihren Ehrgeiz befriedigte. Die Eltern ruhten sich aus oder gingen ins Kaffeehaus und überließen ihr die Gaststätte. Zwischen zwei und drei Uhr aß sie in aller Ruhe zu Mittag, trank ein Bier und las die Zeitung. Dann kamen erneut Gäste, nahmen ihre Brotzeit ein und spielten eine Runde Karten. Bald war es wieder leer, sodass sie mit den Vorbereitungen für den Abend beginnen konnte.

Im Gegensatz zu früher fand sie es jetzt gar nicht mehr so unangenehm, in der Gaststube zu arbeiten. »Es währte nicht lange, da war ich das lustigste Mädel, machte jeden anständigen Scherz mit und unterhielt ganze Tische voll Gäste.« Damals hatten sich die Stammgäste zu Tischgesellschaften zusammengeschlossen. Die Postbeamten und Eisenbahner nannten ihre Gesellschaft »Eichenlaub« und wählten Lena zur Vereinsjungfrau. Die Tischgesellschaft der »Arbeitsscheuen«, die ihrem Namen zum Trotz aus ehrbaren Bürgern und Geschäftsleuten bestand, ernannte sie zur Ehrendame, die sie bei der Verleihung des Ehrenzeichens auf einem Stuhl sitzend in die Luft hoben und durch die Gaststube trugen. Sie genoss diese Aufmerksamkeitsbezeugungen – es tat gut, emporgehoben zu werden.

Allerdings gab es auch weniger charmante Begegnungen mit Männern, zum Beispiel mit einem Weinlieferanten, der im Keller versuchte, sie zu vergewaltigen. Doch sie wusste sich zu wehren, »fuhr ihm mit allen Fingernägeln über das Gesicht, ergriff die nächstbeste volle Flasche und schlug sie ihm so um den Kopf, dass sie in Scherben ging«. Über ihre Geistesgegenwart und Kaltblütigkeit war sie noch überraschter als der Angreifer, den sie nie wieder sah. Sie hatte gelernt, ihre Fäuste zu gebrauchen, um sich zu wehren und um Streitigkeiten im Lokal zu schlichten, Raufende voneinander zu trennen. Das machte sie so gut, dass ihr Vater sie manchmal rief, wenn er selbst keine Zeit hatte einzugreifen. Sie versuchte es zunächst immer mit »Güte« und Appellen an die Vernunft, aber wenn das nicht fruchtete, schreckte sie nicht vor drastischen Methoden zurück und konnte »recht wild werden. Da fasste ich den einen am Genick und drückte ihn auf seinen Stuhl nieder; den andern riss ich zurück vom Tisch.« Sie schlug mit der Faust auf den Tisch, drohte mit der Polizei und setzte die Raufbolde vor die Tür.

Lenas Wirken als Wirtsleni wird als Erfolgsstory dargestellt, und so rückt eine Seite ihres Wesens in den Fokus, die auf den ersten Blick im Widerspruch zu ihrer leidenden, übersensiblen steht: Sie konnte das Leben also auch genießen und feiern, hatte großes komödiantisches Talent, wurde so manches Mal als Alleinunterhalterin bewundert. Ihre Spontaneität, ihr Einfallsreichtum und ihre schöne Stimme begeisterten die Gäste. Als Wirtsleni war sie so furchtlos und gleichzeitig entspannt wie auf keinem anderen Terrain.

Der Vater schenkte ihr zur Verstärkung einen Hund, eine riesige Dogge, die ihr bald nicht mehr von der Seite wich, was ihr noch mehr Respekt verschaffte. Sie ging in der Rolle der Gastwirtin auf, vor allem wenn sie allein schalten und walten konnte. Doch die Freude wurde immer wieder getrübt durch die aggressiven Attacken ihrer Mutter. Lena war mittlerweile neunzehn Jahre alt, eine erwachsene Frau, die täglich bewies, dass sie selbstständig arbeiten und sogar mit brenzligen Situationen umgehen konnte. Trotzdem oder gerade deshalb schreckte ihre Mutter nicht davor zurück, sie zu prügeln. Sie fühlte sich in ihrer Souveränität durch die patente, beliebte Tochter bedroht und wusste sich nicht anders zu wehren, als diese mit Gewalt in ihre Schranken zu weisen.

Am Namenstag der Mutter kam es zur Katastrophe. Anlass war das Geschenk, das Lena sich ausgedacht hatte. Sie hatte gesehen, wie die neue Kellnerin an einer feinen Spitze häkelte, und sich von ihr das Muster erklären lassen. Mithilfe der Kellnerin fertigte sie nun selbst eine Spitze für die Mutter an. Statt Freude zeigte diese aber nur Misstrauen – sie glaubte nicht an Lenas Geschick. Schließlich gab diese zu, die Handarbeit nicht allein gemacht zu haben. Aus Ärger warf die Mutter das Geschenk ins Herdfeuer und drohte, sie werde Lena die Verlogenheit ein für alle Mal austreiben. Erneut löste die Ankündigung einer Strafe bei Lena einen regelrechten Horrortrip aus. Diesmal fürchtete sie ernstlich, die Mutter werde sie umbringen, »denn sie war so seltsam still, trank rasch fünf oder sechs halbe Bier«, nahm den Schürhaken vom Herd und warf ihr »grausige, entsetzliche Blicke zu«. Jede Bemerkung der Mutter oder sogar der Kellnerin führte dazu, dass ihre Befürchtung mehr und mehr zur Gewissheit wurde. Sie hatte große Angst, die Mutter könnte sie mit einem schweren Hieb »zum Krüppel« schlagen, und sah nur noch einen Ausweg: »Plötzlich ergriff ich das große Tranchiermesser, legte erst die eine und dann die andere Hand auf den Hackstock und schnitt mir an beiden Armen die Pulsadern durch.« Dann lief sie in den Weinkeller, schloss sich ein und »hoffte stumpfsinnig auf den Tod«. Sie wurde rechtzeitig gefunden, weil eine vorübergehende Frau den Vorgang durchs Fenster beobachtet und ihren Vater alarmiert hatte. Er brachte sie zum Arzt, der die Wunden versorgte. Die Worte der Mutter bei ihrer Rückkehr »Bist no net hin?« ließen Lena den Entschluss fassen, umgehend das Haus zu verlassen.

Erste Station ihrer Flucht war ihre Cousine in Giesing, die sie aufnahm und ihr riet, sich so schnell wie möglich eine Stelle zu suchen. So könne sie beweisen, dass sie allein zurechtkomme und die Mutter nicht brauche. Als Lena erfuhr, dass in der Floriansmühle, dem beliebten Ausflugslokal in Freimann, eine zweite Köchin gesucht wurde, besorgte sie sich die erforderlichen Papiere, machte sich gleich auf den Weg und ging an der Isar entlang durch den Englischen Garten Richtung Norden. Die Gaststätte war Teil des gleichnamigen landwirtschaftlichen Betriebs am Garchinger Mühlbach, der drei Brüdern gehörte. Als Lena in den Gutshof trat, fühlte sie sich wie in einer eigenen Welt: ein Wohnhaus mit einem Glockenturm, eine Gastwirtschaft, ein Tanzsaal, ein Stall, im Hof ein Pferdegespann, Hühner, Enten, Tauben und ein Pfau, der auf den Glockenturm flog und sich dort majestätisch niederließ. Als sie sich in der Küche vorstellte, wunderte man sich über ihre Jugend. Nachdem sie zunächst schüchtern versichert hatte, sie sei schon neunzehn Jahre alt, wurde sie auf einen Schlag mutiger und erklärte nicht ohne Stolz, sie habe zu Hause manches Mal selbstständig die Gastwirtschaft – ein gut gehendes Geschäft – geführt. Das schien der Hausherrin sehr zu gefallen: »Bloß a Schneid braucht's und an guatn Willn«, war ihre Überzeugung. Lena wurde sofort eingestellt und sollte schon am nächsten Tag mit der Arbeit beginnen. Sie war auf einmal voller Optimismus und Lebensfreude, die entsetzlichen Tage mit der Mutter waren fürs Erste in den Hintergrund gedrängt. Sie wollte ihre Chance nutzen. Die neuen Dienstherren sollten mit ihrem Fleiß und ihrer Zuverlässigkeit zufrieden sein. Laut singend lief sie am nächsten Morgen durch den Englischen Garten der Floriansmühle entgegen.

Die Gastwirtschaft war mehr als gut besucht, besonders am Nachmittag: »Da kamen Herrschaften in ihren Equipagen, die sich mit Brathähndln, Eierspeisen, kalten Platten und dergleichen Leckerbissen aufwarten ließen, ferner Radfahrer, die in großer Eile ihren Kaffee tranken, und auch an Spaziergängern fehlte es nicht, die da ihren Käs mit Butter, ein Ripperl oder Regensburger verzehrten.« Hundert Krapfen lagen bereit, der Kaffee wurde in kleinen Kännchen serviert. Oktober 1900 war die Zeit der Herbstmanöver, dreißig Soldaten, darunter sechs Offiziere, wurden in der Floriansmühle einquartiert und blieben beinahe zwei Wochen. Als die Schenkkellnerin ausfiel, weil sie ein Kind bekam, übernahm Lena ihren Platz. Außerdem musste sie die Gäste und die Offiziere bedienen. Es war stets genug zu tun, doch Lena meisterte die Aufgaben, es ging ihr »alles glücklich von der Hand«, sodass man ihr nach wenigen Tagen das Versprechen abnahm, zu bleiben. Sie gab es gerne, denn sie fühlte sich wohl, wurde anerkannt, verdiente »ein schönes Stück Geld und lernte überdies mit feinen Leuten umzugehen«. Die Mutter würde sich wundern. Obwohl Lena froh war, von ihr weg zu sein, dachte sie ihr Zuhause immer mit.

Die Offiziere hatten vom Wirt erfahren, dass sie »eine Bürgerstochter und ein braves Madel war«, und behandelten sie mit Respekt. Zum Abschied veranstalteten sie einen Ball. Nach dem Festmahl wünschten sie ihr das Beste und gaben ihr ein üppiges Trinkgeld. Ein Leutnant bat sie um ein »Busserl«, dadurch würde dieses Herbstmanöver für ihn unvergesslich sein. Er schenkte ihr eine Kette mit einem Medaillon und fragte die Wirtsleute, ob Lena nicht für diesen Abend Urlaub haben könnte, um am Ball teilzunehmen. Er war ein hervorragender Tänzer und meinte es ehrlich, berichtet Lena Christ, »denn er wollte nicht einmal das ›Busserl‹, das er mir am Abend abverlangt hatte, behalten und gab es mir mit dankbarem Blick vierfach zurück, ehe er beim Morgengrauen den Tanzsaal verließ«.

Lena war in eine Phase eingetreten, die sich durch ein vollkommen neues Lebensgefühl auszeichnete. Die Enge der elterlichen Gastwirtschaft, in der die Mutter drohend dominierte und ihr Selbstwertgefühl bestimmte, lag in weiter Ferne. Nichts von dem, was sie in der Floriansmühle erlebte, knüpfte daran an. Wo früher alles eng und dunkel war, tat sich nun eine helle Weite auf. Und sie wurde begehrt, konnte sich vor Verehrern, alten wie jungen, vornehmen wie einfachen, reichen wie armen, nicht mehr retten. Anfangs wusste sie nicht so recht, wie sie damit umgehen sollte – als einer beim Fensterln von der Leiter fiel, fühlte sie sich schuldig –, doch ihre Dienstherrin stand ihr bei und ermunterte sie, die jungen Burschen ruhig ein wenig an der Nase herumzuführen. Lena nahm ihren Rat an: »Ich ließ mir eifrig den Hof machen und hatte die größte Freude, wenn sich manches Mal der eine oder andere von einem Rivalen zurückgedrängt glaubte und ihm mit der Faust zu beweisen suchte, dass er der Bevorzugte sei.«

Günter Goepfert berichtet von einer Begegnung mit Anna Kaltenbach, der Tochter des damaligen Besitzers der Floriansmühle. Sie war erst zehn Jahre alt, als Lena Christ dort im Dienst stand. Obwohl es sich nur um einen relativ kurzen Zeitraum gehandelt hatte, konnte sich die mittlerweile alte Dame immer noch gut an Lena erinnern. Die Gäste hätten sie gern gehabt und wegen ihres anmutigen wippenden Gangs »Bachstelzerl« genannt. Goepfert gibt in diesem Zusammenhang noch eine eigenartige Begebenheit wieder: Am Ende des Ersten Weltkriegs sei Lena Christ einmal in Begleitung des Bibliothekars und späteren Direktors der Münchner Bibliothek, Hans Ludwig Held, in der Floriansmühle erschienen und habe signalisiert, dass sie »keinerlei Kontakt« wolle. Anna Kaltenbach und ihren Eltern war das zwar unverständlich, doch sie respektierten ihren Wunsch.

Ihre Zeit in der Floriansmühle schildert Lena Christ in ihren *Erinnerungen* als eine reiche, leuchtende und intensive. Man spürt, wie wohl sie sich gefühlt hat. Dieser Teil ihres Buches wirkt leicht und heiter wie kein anderer und erweckt den Anschein, als habe es sich um eine lange Lebensspanne gehandelt, die sie reiflich ausgekostet hat. Vielleicht wünscht man sich als Leser einfach nach so viel Dunkelheit und Schwere ein Gegengewicht. Die Überraschung ist groß, wenn es plötzlich heißt: »Als ich etwa zwei Monate im Haus war, erschien eines Nachmittags ganz unverhofft meine Mutter und wollte wissen, wie ich mich führe.« Man ist versucht, noch einmal nachzuschlagen, ob es wirklich nur zwei Monate waren, die gerade so eindringlich und detailliert geschildert wurden. Doch dann folgt die zweite Überraschung: Nachdem die Mutter nur das Beste über das Verhalten und die Arbeitsweise ihrer Tochter sowie die Höhe ihres Lohnes erfahren hatte, versuchte sie, das leuchtende Bild, das die Wirtin gezeichnet hatte, zu beschädigen. Sie beklagte sich über Lena und erzählte von ihrem Selbstmordversuch. Die Wirtin ging nicht auf die Diffamierungen ein, sondern sagte, was zwischen Mutter und Tochter gewesen sei, gehe sie nichts an. »Bei mir is sie rechtschaffen und ehrli, und konn i ihr net's geringste nachredn!« Türschlagend verließ die Mutter die Gaststube. Lena wollte sie so nicht fortlassen und lief ihr nach. »I hätt di gern wieder dahoam g'habt«, gestand plötzlich die Mutter, doch da es der Tochter in der Floriansmühle offensichtlich sehr gut gehe, sei das wohl aussichtslos. In diesem Moment reagierte Lena anders, als jeder – auch ihre Mutter – es erwartet hätte. Beinahe weinend beteuerte sie: »O naa! I wär viel lieber dahoam.«

Diese Begegnung ist eine Schlüsselszene innerhalb der Mutter-Tochter-Beziehung und repräsentiert die Ambivalenz, mit der jede der anderen begegnete. Eine minimale Zuwendung der Mutter reichte aus, um bei der Tochter Hoffnung und Sehnsucht zu wecken. Vielleicht würde jetzt alles gut werden. Das gleicht dem Verhalten misshandelter Kinder, die man vor ihren Eltern in Sicherheit gebracht hat und die doch beim kleinsten Entgegenkommen wieder zu ihnen zurückwollen. Dabei lag das Motiv der Mutter auf der Hand: Sie konnte Lenas Arbeitskraft gut gebrauchen. Erst Lenas Nachsatz zeigt, dass es sich bei ihr nicht nur um Zuneigung und Heimweh handelte, sondern auch Standesbewusstsein eine Rolle spielte: »Sagn 's ja alle Leut, dass 's a Schand is, wenn a so reiche Bürgersfamilie ihr Tochter zum Deana lasst!« Lena war sich ihrer Position bewusst. Ihre Familie war mittlerweile sehr wohlhabend; der Vater hatte das vierstöckige Haus in der Sandstraße gekauft, in dem sich das Lokal befand. Von dieser Entwicklung wollte sie profitieren. Hinzu kam, dass sie längst im heiratsfähigen Alter und als Bürgerstochter eine gute Partie war. Da konnte eine Anstellung wie die in der Floriansmühle hinderlich sein und etwaige Bewerber misstrauisch werden lassen.

Lena begleitete ihre Mutter ein Stück, wobei es noch einmal zu einer ungewöhnlichen Annäherung zwischen den beiden kam: Die Mutter ergriff plötzlich Lenas Hände, betrachtete die inzwischen vernarbten Spuren des Selbstmordversuchs und sagte: »So dumm z'sei! Wia leicht kunntst tot sei und i hätt d'Verantwortung.« Es scheint, als hätte sie erst in diesem Augenblick realisiert, was geschehen war. Ehrliche Anteilnahme, verspätetes Begreifen der Tragweite dieser Handlung, Angst um ihren guten Ruf – all das schwingt darin mit. Für Lena stand nun fest, dass sie zurückwollte. Sie war nicht länger die überflüssige Wirtsleni, sondern wurde von ihren Eltern gebraucht. Diesen Platz würde sie jetzt einnehmen und ganz für sich erobern. Den Rat ihrer Chefin, nach allem, was sie zu Hause erlebt hatte, lieber den Verstand als das Herz sprechen zu lassen, schlug sie in den Wind.

11
Fluchtlinie 2: Ehe

Mitte Dezember 1900 verließ Lena die Floriansmühle mit gemischten Gefühlen, denn so sehr sie sich auf zu Hause freute, so schwer fiel ihr der Abschied. Sie war reich beschenkt und mit vielen guten Wünschen bedacht worden. Zu Fuß lief sie durch den Englischen Garten. Als sie einen Fiaker hinter sich hörte, hatte sie plötzlich eine Idee. Sie hielt ihn an und ließ sich zur Sandstraße fahren. Instinktiv spürte sie, wie wichtig der erste Auftritt im Rahmen ihrer Rückkehr war. Verlassen hatte sie das Haus als Geschlagene, Gedemütigte, die keinen Ausweg wusste. Zurück kam sie als eine, die wusste, was sie wollte. »Du kommst ja daher wie a Prinzessin; ma kennt di kaam mehr!«, bestätigte ihr der Vater. Dabei waren gerade einmal zwei Monate vergangen. Sein Staunen wurde noch größer, als sie ihre Ersparnisse und Geschenke zeigte. Auch die Mutter war kleinlaut. Beide Eltern versprachen, sich in Zukunft so zu verhalten, dass Lena keinen Grund zur Flucht mehr haben sollte.
Die Floriansmühle-Episode hatte großen Eindruck auf die Familie gemacht und Lenas Stellung verändert. Sie hatte sich Respekt verschafft – nachhaltig. Mit ihrem selbstbewussten Auftritt hatte sie demonstriert, dass sie ihr Leben im Griff hatte und sich auch nicht mit dem Ballast der furchtbaren Erlebnisse beschweren wollte. Sie war willens, unter das Erlebte und Erlittene einen Schlussstrich zu ziehen, und bereit zu einem Neuanfang. »Vergessen war jetzt für mich alles, was einmal geschehen, und ich freute mich wieder des Elternhauses und ging munter an die Arbeit.«

Gleich im Anschluss an dieses Bekenntnis wird ein rauschendes Fest geschildert: In der unmittelbaren Nachbarschaft luden zwei Bauherren zum Richtfest – »Hebebaum- oder Hebeweinfeier« – ein. Die Erzählung folgt so unvermittelt auf ihren Einstand zu Hause, dass es scheint, als sei sie als dramaturgische Finesse von Lena Christ eigens eingefügt worden, um den neuen Lebensabschnitt gebührend zu würdigen und sich selbst zu feiern. Sie betrachtete sich »mit geheimem Wohlgefallen« im Spiegel und urteilte, sie sei eine »stattliche Dirn« geworden. Das unterstrich sie mit hübscher Kleidung: Zu den Wirtschaftskleidern aus feiner blauer Mousseline mit weißem Batistkragen, die ihr die Mutter nähen ließ, trug sie weiße Spitzenschürzen und eine Korallenkette. Sie war modebewusst und anspruchsvoll, trug nur Lackschuhe, die ihr der Vater beim sogenannten Revolutionsschuster in der Maxvorstadt kaufte: jedes Vierteljahr ein neues Paar. »Mein reiches blondes Haar hatte ich zierlich geflochten und als Krone aufgesteckt; in die Stirn hingen ein paar natürlich aussehende, wirre Löckchen, die ich jeden Abend mittels einer Haarnadel kunstvoll wickelte.«

Es kam, wie es kommen musste, ein regelrechter »Freierkrieg« brach um Lena aus: Ihr gutes Aussehen, ihr freundliches Wesen und ihre beträchtliche Mitgift waren eine nahezu unschlagbare Mischung, die junge Bürgerssöhne genauso anzog wie ältere Heiratswillige. Ausführlich beschreibt Lena Christ die Reihe der Bewerber. Es liest sich wie das Märchen vom »König Drosselbart«, in dem die verwöhnte Prinzessin sofort den jeweiligen Makel eines Freiers erkennt: Der junge Drechsler aus Traunstein hatte noch nichts vorzuweisen und schien nicht ganz gesund. Der alte Briefträger spekulierte offensichtlich auf ihre Mitgift. Der Bräumeisterssohn trank schon in jungen Jahren. Der Schlossermeister aus Glonn war verwitwet und hatte drei

Kinder, was Lena zögern ließ. Der Schneiderssohn hatte große Reisepläne, wollte ihr die Welt zeigen, doch dafür hatte er viel zu wenig Geld. Der Eisenbahnexpeditor war ihr zu grob, der Hausbesitzer zu sanft, wieder ein anderer, der Tändler, war zwar reich, aber geizig. Bei einem sagte ihr der Beruf – Ofensetzer – nicht zu, beim Nächsten gefiel ihr zwar der Beruf – Feinbäcker –, aber noch besser sein zwanzigjähriger Sohn. »Stundenlang saß er da und starrte mich wortlos und wie in Verzückung an, trank dabei seine zwölf bis fünfzehn Glas Bier und schien außer mir nichts mehr zu hören und zu sehen.« Weil er zu spät in der Kaserne ankam, wurde er mit Arrest bestraft.

Da trat schließlich ein »sorgfältig gekleideter junger Mann, mit einem großen Strauß Veilchen in der Hand« auf den Plan. Benno Hasler nennt ihn Lena Christ in den *Erinnerungen*. Er ist das Alter Ego ihres Ehemanns Anton Leix. Einen »stattlichen Bewerber« hatte der Vater angekündigt und damit nicht zu viel versprochen. Als sie den jungen Mann begrüßte, brachte er sein Anliegen sofort vor. Er habe sie beobachtet und gleich gewusst, sie könne ihn glücklich machen. Geld spiele dabei überhaupt keine Rolle, er habe es nicht nötig, darauf zu schauen. Anton Leix war kaufmännischer Angestellter, Buchhalter in einer Käserei, und stammte wie Lena aus der bürgerlichen Mittelschicht. »Ich heirat aus Liebe«, versicherte er ihr. Während sie sich noch Bedenkzeit ausbat, schwelgte die Mutter schon in Rührseligkeit – »so a Glück, ha, so a Glück«. Sie sparte weder mit Lob noch mit guten Wünschen und schob ihre Tochter in die Arme des Verehrers, der freudig überrascht war, sich bedankte und vorschlug, die Verlobung zu feiern.

Für Momente wie diesen, in denen sie sich überrumpelt, überfordert fühlte, hatte Lena eine besondere Technik entwickelt: Sie blendete sich aus der Szenerie aus, stellte sich selbst ins Off. Doch gleichzeitig fürchtete sie die Erfahrung des Abgetrenntseins und suchte schnell wieder einen Anker zurück in die Realität. Sie fuhr mit ihrer Arbeit fort und klammerte sich an den Gedanken: »Ob ich wohl ein seidenes Brautkleid kriegen würde?«

Sie fügte sich in das Unvermeidliche und konzentrierte sich dabei nur auf das, was sie selbst interessierte. Dabei war ihr der Verehrer, der gerade zum Verlobten geworden war, nicht unsympathisch. Auch hatte sie nichts dagegen zu heiraten, es war nun einmal die Bestimmung der Frau und Voraussetzung für ein »glückliches Leben«. An den konkreten Vorschlägen des Zukünftigen wurde deutlich, wie viele Gedanken er sich schon gemacht, wie gut er sich vorbereitet hatte. »Ich sagte zu allem ja«, heißt es in den *Erinnerungen*. Seine Augen glänzten »von Wein und Liebe«, sodass Lena auf seine Frage, ob sie ihn nicht ein bisschen gern haben könnte, lachend antwortete: »Ja, ja! I wer dei Frau und mag di.« Mit einem Abschiedskuss, der ihn beinahe zum Stolpern brachte, wurde das Heiratsversprechen fixiert. Doch nachdem er gegangen war, dachte Lena nicht mehr an ihn. Die Hochzeit selbst war ihr wichtig, das Ereignis, aber nicht der Mann. Von Verliebtsein oder Leidenschaft ist erstaunlicherweise überhaupt keine Rede. Schließlich hatte sie sich ihren Bräutigam selbst gewählt. Etwas an ihm muss ihr also gefallen haben. Hier drängt sich der Verdacht auf, sie habe die eigenen Gefühle nachträglich bagatellisieren wollen. Denn als sie die *Erinnerungen* schrieb, kannte sie den Verlauf und das Ende der Ehe. Diese Kenntnis bestimmt ihre Darstellung und gibt dem jungen Paar – in der Literatur – von Anfang an keine Chance.

Die Planungen überließ Lena ihrer Mutter. Am nächsten Abend wurde sie mit ihren Eltern vom Hochzeiter in den Löwenbräukeller eingeladen. Die Mutter kleidete sich aufwendig und schmückte Lena mit einer wertvollen Halskette und einem protzigen Armband. Dann schenkte sie ihr einen Ring, der mit

Türkisen und Perlen besetzt war und den sie von ihrem Vater bekommen hatte. Zum ersten Mal während der Hochzeitsvorbereitungen empfand Lena Glück – sie fühlte sich mit ihrem verstorbenen Großvater verbunden, der Ring »war das einzige, was von dem so furchtbar ums Leben Gekommenen noch vorhanden war«. Seine Bedeutung übertraf bei Weitem jene der Verlobungsringe, die ausgetauscht werden mussten. Für Lenas Mutter stand bei den kommenden Anschaffungen fast immer der Wert im Vordergrund. Der Welt demonstrieren, wer man ist und was man hat, war ihr oberstes Ziel. Das Wort protzen kommt auf diesen Seiten der *Erinnerungen* häufig vor. Lena war ratlos, fühlte sich wie in einem Theaterstück, ohne ihre Rolle auswendig gelernt zu haben. Doch sie wusste sich zu helfen, denn im richtigen Moment fiel ihr eine Romansequenz ein, in der die Heldin eine ähnliche Situation erlebte. Also orientierte sie sich an deren Verhalten: »Ich errötete, sah verwirrt zu Boden und flüsterte verliebt: ›Ah, wie herzig!‹« Was sie dann zu hören bekam, konnte sie kaum glauben: Die Mutter lobte sie vor dem Bräutigam, der von ihren guten Eigenschaften und Fähigkeiten entzückt war. Die beiden sprachen nicht mehr mit ihr, sondern nur noch über sie. Lena wurde sich selbst überlassen. Einsam habe sie den Verlobungsring betrachtet und ihren Blick über die Gäste gleiten lassen. Es war wie ein Traum, alles um sie herum war unwirklich und künstlich.

Am folgenden Tag wurde sie den Schwiegereltern vorgestellt. Die Aussicht auf diese Begegnung bereitete ihr eine schlaflose Nacht. Aber ihr Lampenfieber erwies sich als überflüssig, sie wurde warmherzig und freundlich aufgenommen. Familie Leix wohnte in derselben Straße wie Familie Isaak. Ihr gehörte das Haus in der Sandstraße 3, in welches das junge Paar einziehen sollte. In den *Erinnerungen* bemerkt Lena, dass die zukünftigen Schwiegereltern ihren Besitz nicht so demonstrativ präsentier-

Haus der Schwiegereltern in der Sandstraße 3

ten wie ihre eigene Familie. Statt Protz Gediegenheit und auf dem Kaffeetisch »zierliche Tassen und Kannen, deren eine jede in einem bunt bemalten Kranz die goldene Inschrift trug: Lebe glücklich!«

Am nächsten Sonntag revanchierten sich Lenas Eltern mit einer Gegeneinladung des Bräutigams und seiner Eltern. Magdalena Isaak führte Regie und gab allen Beteiligten genaue Anweisungen, nachdem sie die Wohnräume repräsentativ hergerichtet hatte. Sie forderte Lena sogar auf, etwas auf dem Klavier vorzuspielen, und behauptete, sie sei es gewesen, die den Musikunterricht ihrer Tochter befürwortet hätte. Erst als Josef Isaak mit einiger Verspätung dazukam, wurde von der Hochzeit gesprochen. Dabei entstanden einige Irritationen. Zunächst machte der Bräutigam seiner zukünftigen Schwiegermutter ein etwas zu anzügliches Kompliment über ihr jugendliches Aussehen – »wie a eiserne Venus«. Um die allgemeine Verlegenheit zu überspielen, zeigte Lena ihrem Bräutigam das Kästchen, in dem sie ihre Briefe, Karten und Souvenirs aus der Klosterzeit aufbewahrte. Er wunderte sich, dass die Post an »die Jungfrau Magdalena Christ« adressiert war. Ihre Mutter ahnte als Erste den Verlauf, den das Gespräch unaufhaltsam nehmen würde, und gestand sofort das »Unglück«, das sie in jungen Jahren ereilt hatte. Die zukünftigen Schwiegereltern, besonders Frau Leix, waren konsterniert, auf diese Weise zu erfahren, dass Lena ein uneheliches Kind war. Schließlich retteten die Männer die Situation: Lenas Stiefvater erzählte die Zeitraffer-Version der Geschichte: Nachdem Lenas Vater Karl Christ mit der Cimbria untergegangen sei, habe er die Mutter geheiratet. So eine gefährliche Sünde sei es nicht, beschloss der alte Leix und zeigte sich pragmatisch – entscheidend sei vielmehr, dass Lena eine anständige Mitgift in die Ehe einbringe. Dafür konnten Lenas Eltern garantieren: Neben der Brautausstattung sicherten sie ihr 30 000 Mark Muttergut und 8000 Mark Vatergut zu, das auf der Bank bereitliege. Es war diese Angabe in Lena Christs *Erinnerungen*, die bei Erscheinen des Buches das Rätsel um den verschwundenen Vater wieder ins öffentliche Bewusstsein rief und für neue Spekulationen sorgte. Wenn der Vater seit über zwanzig Jahren verschollen war, woher sollte dann die Mitgift kommen? Doch weder Lenas Bräutigam noch ihre Schwiegereltern interessierten sich damals für diese Frage, sie waren zufrieden über die finanzielle Absicherung. Nun sei sie zwar zu einer Braut geworden, habe aber »im übrigen wie zuvor« gelebt, kommentierte Lena Christ die Verlobung in ihrem Buch.

Im Haus der Schwiegereltern wurde dem jungen Paar eine Wohnung eingerichtet: man tapezierte Wände, lackierte die Böden, renovierte die Küche, baute ein Bad ein. Alle halfen mit. Die Schwiegermutter füllte die Betten mit Daunen, um für die Volksweisheit »Wer sich gut bettet, liegt gut« eine Grundlage zu schaffen. Lenas Stiefvater ließ die Möbel anfertigen, »alles sollte altdeutsch werden«, die Mutter kaufte das Porzellan und die Gläser. Lena interessierte sich besonders für das Brautkleid, erschrak jedoch, als sie hörte, wie teuer es war. Doch die Mutter verteidigte die Ausgabe, die einmal mehr unterstreichen sollte, dass ihre Tochter aus gutem Hause kam. Lena ließ sich von dieser Ausstaffierungswut mitreißen, die Eitelkeit siegte über die Bedenken, obwohl ihr bewusst war, dass all die Gaben und Wohltaten eigentlich nicht ihr galten, sondern zur Inszenierung der Mutter gehörten.

Die Unterweisungen des Pfarrers zur christlichen Ehe hörte sich das junge Paar gemeinsam an, der Bräutigam war zu Tränen gerührt, während die Braut die Predigt pflichtgemäß über sich ergehen ließ. Dementsprechend übermütig war ihre Reaktion, als sie das Pfarrhaus verließen. »Juhu, g'heirat werd! Da derf i mit der Scheesn fahrn und hab an Schlepp und a seidens

G'wand, juhu!« Doch in den Tagen vor der Hochzeit zeigte sich die Mutter von ihrer unangenehmsten Seite, verwehrte zum Beispiel Lena den Urlaub, den diese dringend zum Einrichten der neuen Wohnung brauchte. Es brodelte schließlich allerorten unter der friedlichen Oberfläche. Auch mit ihrem zukünftigen Mann gab es erste Auseinandersetzungen, weil Lena im Gegensatz zu ihm getrennte Betten haben wollte. Erst nachdem er sie auf die Ermahnungen des Pfarrers hingewiesen hatte – »Das Weib muss dem Mann gehorchen« –, gab sie nach.

In diesem Zusammenhang schildert sie noch eine scheinbar marginale Begebenheit, die jedoch schon einen besorgniserregenden Ausblick auf die Zukunft bot: An einem Abend brauchte Lena viel länger zum Einräumen als geplant. Es war schon dunkel geworden, und sie stellte fest, dass sie sich ganz allein in der neuen Wohnung befand. Als sie ins Erdgeschoss zu den Schwiegereltern gehen wollte, entdeckte sie, dass die Wohnungstür verschlossen war. Man hatte sie eingesperrt – vermutlich aus Versehen. Das verstörte sie so sehr, dass ihr nicht einmal das Naheliegende – aus dem Fenster zu rufen – einfiel. Stattdessen legte sie sich aufs Bett und weinte bitterlich. Ein Bild größter Verlassenheit – mitten in der allgemeinen Geschäftigkeit, die zu ihrem Glück dienen sollte. Wieder einmal stimmten Fakten und ihre Gefühle nicht überein. Eigentlich hätte sie doch zufrieden, ja, mehr noch, glücklich sein müssen: In wenigen Tagen würde sie in einem weißen Seidenkleid mit Schleppe heiraten. Von ihren Eltern erhielt sie eine stattliche Mitgift. Ihr Bräutigam war ein Mann, wie man ihn sich nur wünschen konnte, und er beteuerte, sie zu lieben. Laut Goepfert wurde Anton Leix von den Menschen, die ihn noch persönlich gekannt hatten, als »labiler, weicher und gutmütiger Charakter« beschrieben. Der Enkel Helmut Leix bestätigte diese Einschätzung und versicherte im Gespräch mit Evita Bauer, es habe sich bei der Verbindung zwischen seinem damals vierundzwanzigjährigen Großvater und der einundzwanzigjährigen Lena um eine Liebesheirat gehandelt. Jedenfalls sei das in der Familie so überliefert worden. Allerdings hätten die beiden Eheleute nicht zueinandergepasst. Lena Christs Erzähl- und Darstellungskunst war schon damals ausgeprägt, und auf diesem Gebiet habe sie in seinem Großvater mit Sicherheit keinen verständnisvollen Partner gefunden. Sie müsse sich wie in einem Gefängnis vorgekommen sein, vermutet er. Eine Vorahnung darauf empfand Lena bereits an jenem Abend in der halb fertigen Wohnung, wie ihre extreme Reaktion zeigt. Damals ging es glimpflich aus, denn sie wurde von ihrem Schwiegervater gefunden und befreit.

Auch der nächste Tag war emotional extrem belastet – durch einen Vorfall, der die Schwiegermutter zu der Prophezeiung veranlasste, nun würde das Paar sieben Jahre lang kein Glück haben. Wie so oft begann alles ganz harmlos, ja fröhlich-unbeschwert. Voller Übermut hatte der Bräutigam seine Angebetete hochgehoben und auf den Diwan fallen lassen. Sie kam ins Rutschen, stürzte in den großen Spiegel, der dort angelehnt stand, und dieser zerbrach in viele Scherben. Lena hatte Schwierigkeiten, sich aus der »unbequemen Umrahmung zu befreien«, der Bräutigam lachte, und seine Mutter erschrak über das böse Omen. Lena, stets empfänglich für Prophezeiungen, ließ sich von ihr beeinflussen und verstören.

Doch es sollte noch schlimmer kommen: Am selben Tag wurde Lena heftig von ihrer Mutter attackiert. Diese warf der Tochter vor, sie sei faul und lasse sich verwöhnen. Weil sie nicht mehr in der Gastwirtschaft helfe, bekomme sie nun auch nichts mehr zu essen. Als das dem Schwiegervater zu Ohren kam, beanstandete er plötzlich Lenas Herkunft und plädierte – zum Entsetzen seines Sohnes – für die Absage der Hochzeit. Dann ergriff auch noch die Schwiegermutter Partei für Lenas Mutter. Lena fühlte sich von allen Seiten gemaßregelt und bedrängt. Schweigend zog sie sich in die neue Wohnung zurück und »bedachte zum ersten Mal den Schritt«, den die Heirat bedeutete. Sie wog die Vor- und Nachteile kühl gegeneinander ab: In den Schwiegereltern würde sie keine liebenden Eltern haben. Ob ihr Mann in prekären Situationen zu ihr halten würde, war fraglich. Doch diese Ungewissheit musste sie in Kauf nehmen, wenn sie nicht wieder vollständig dem Machtbereich ihrer Mutter ausgeliefert sein wollte. Das war mit Abstand die furchtbarste Zukunftsperspektive, die sie sich vorstellen konnte. Und sie fürchtete sich mit gutem Grund davor: Nachdem sie zu Hause ihr Brautkleid anprobiert und anschließend in der Küche mit den Vorbereitungen für den nächsten Tag begonnen hatte, warf ihr die Mutter erneut Undankbarkeit vor und schlug sie mit dem Schürhaken. Auf diese Misshandlung wurde der Bräutigam aufmerksam, der mit Freunden in der Gastwirtschaft saß. Es kam zum lautstarken Streit zwischen ihm und der Mutter, der erst vom Stiefvater geschlichtet werden konnte.

Am Tag vor der Hochzeit, an dessen Abend der Polterabend gefeiert werden sollte, machte die Mutter diesem Anlass alle Ehre: Sie polterte, fluchte und zeterte. Immer wieder beschimpfte sie Lena als nichtsnutzig, undankbar und faul. Zunächst hatte diese mit ihrer Technik, sich selbst auszublenden und alles an sich abprallen zu lassen, Erfolg. Es ging so weit, dass sie Mitleid mit der Tobenden hatte. Sie stellte sich vor, wie es wohl wäre, wenn sie selbst eine Tochter bekäme. Doch dann nahm alles einen so chaotischen Verlauf, dass sie in ein Wechselbad der Gefühle geriet: Die Schwiegereltern waren auf einmal äußerst zuvorkommend. Noch am Vortag hatten sie die Hochzeit infrage gestellt. Die Mutter sprach unter Tränen ihren Segen aus. Kurz davor hatte sie Lena noch wüst diffamiert. Der Bräutigam schluchzte vor Rührung. Es war zu viel für Lena. Sie begann zu zittern und fiel in Ohnmacht. Als sie aufwachte, war die Schwiegermutter bei ihr – allerdings weniger aus Sorge um sie als um ihren Sohn, wie sich aus ihren Fragen schließen ließ. Konnte es sein, dass Lena nicht die gesunde junge Frau war, die dieser verdient hatte? Lena gestand ihr, sie sei seit ihrem vierzehnten Lebensjahr bleichsüchtig und habe erst vor wenigen Wochen zum ersten Mal ihre Menstruation bekommen. In den vorhergehenden Jahren hatte sich der Zyklus nur durch regelmäßige Schwächeanfälle bemerkbar gemacht. Die Schwiegermutter war erleichtert, dass nichts Schlimmeres dahintersteckte. Zuversichtlich tröstete sie Lena, in der Ehe würde sich alles normalisieren, ihr Sohn sei der beste Doktor. Nachdem es Lena wieder besser ging, konnte der Polterabend gefeiert werden. »Und heiter ging der Abend dahin, und um Mitternacht ertönten Hochrufe und knatternde Schüsse und begann ein Glückwünschen und eine Lust, dass ich mir wie verzaubert vorkam. Bald stimmte auch ich in die Lustbarkeit ein und sang noch manches Trutzliedlein in dieser Nacht.«

Später wurde sie durch lautes Weinen aus dem elterlichen Schlafzimmer geweckt. Unter heftigem Schluchzen beklagte die Mutter, nun sei alles für sie zu Ende. Niemand achte eine Schwiegermutter, und sie sei doch noch viel zu jung, um zu den Alten zu gehören. »I will no net so alt sei! I will no lebn!«, erregte sie sich. Erst allmählich gelang es ihrem Mann, sie zu beruhigen, doch Lena konnte nicht mehr schlafen.

Am nächsten Tag, ihrem großen Tag, war sie folglich überreizt und schwankte zwischen teilnahmsloser Erstarrung und übertriebener Lustigkeit. Auch die Mutter wechselte ständig ihre Stimmungen. Anfangs agierte sie mit souveräner Jovialität und spielte die Rolle der wohlmeinenden Brautmutter. Als Lena mit dem Ankleiden und Frisieren fertig war, standen sich die beiden Frauen allein gegenüber, Lena im Brautkleid und voller Erwartungen. Noch während die Mutter sie schweigend ansah, fühlte Lena schon, dass Unheil drohte. Sie hatte ein untrügliches Gespür dafür: Kurz vor dem Ausbruch erschien jedes Mal »etwas Böses« im Blick der Mutter. So auch jetzt, als sie ihre Rede mit der Feststellung begann, nun sei die Tochter erlöst von ihr. Dann räsonierte sie in der für sie typischen Manier vor sich hin und beklagte ihre eigene Lage – bis sie den Blick auf ihre Tochter richtete und unvermittelt sagte: »Du sollst koa glückliche Stund habn, so lang'st dem Menschn g'hörst, und jede guate Stund sollst mit zehn bittere büaßn müaßn. Und froh sollst sei, wannst wieder hoam kannst; aber nei kimmst mir nimma.«

Als Lena aus ihrer Ohnmacht erwachte, saß sie auf einem Polsterstuhl und wurde umringt von den Schwiegereltern, den Trauzeugen und den Brautjungfern. Ihre Mutter gab ihr zu trinken, bedauerte sie, jammerte und schluchzte. War vielleicht alles nur ein Albtraum gewesen? Es dauerte eine Weile, bis sich Lena orientiert hatte, doch die Angst davor, vernichtet zu werden, ließ sich nicht verdrängen. Als sie das Glas Wasser aus der Hand der Mutter nahm, dachte sie kurz, nun würde sie vergiftet, doch allmählich setzte sich bei ihr die Überzeugung durch, sie habe den zerstörerischen Fluch nur geträumt. Wie hätte es sonst sein können, dass die Mutter von Abschiedsschmerz überwältigt war, ihr nun viel Glück und Gesundheit wünschte und bat, sie möge sie nicht vergessen?

Nun ging alles seinen Gang: Die Hochzeitsgäste erschienen, Lena nahm die Brautgeschenke und Glückwünsche in Empfang, die festliche Frühstückstafel wurde eröffnet. Plötzlich ergriff die Mutter das Wort und wandte sich mit einer Entschuldigung an das Brautpaar: Sie könne nicht an der kirchlichen Trauung teilnehmen, weil sie zu der Zeit das Festmahl zubereiten müsse. Eine Aushilfe habe sie nicht bekommen können. Braut und Bräutigam akzeptierten die Mitteilung. Die

Hochzeit mit Anton Leix, 12. November 1901

Schwiegereltern hingegen waren befremdet und meinten, dass die Ehe unter einem schlechten Vorzeichen stehe, »wann dö eigene Muatter net mitgeht in d'Kirch und für ihra Kind bet«. Doch die Mutter ließ sich nicht umstimmen.

Die nächste Station war das Standesamt, dann ging es zum Fotografen. Weil ihn dessen Anweisungen erzürnten, bekam der Bräutigam ein rotes Gesicht und einen ernsten Blick, über den sich später die Verwandtschaft lustig machte. Nicht wie jemand, der heiraten wolle, sehe er aus, sondern wie einer, der zu seiner Hinrichtung schreite. In der Tat schaut Anton Leix auf dem Hochzeitsfoto eher gequält in die Kamera – neben seiner schönen, sinnlichen Braut. Wie Justine, die junge Braut in Lars von Triers Film *Melancholia*, will sie ihre Rolle gut spielen und alles tun, um die Erwartungen zu erfüllen, die an ihren Hochzeitstag gestellt werden – von den anderen und von ihr selbst. Beiden, Lena und Justine, steht das falsche Gefühl im Weg: Sie empfinden kein Glück, sondern lähmende Gleichgültigkeit. Justine ist innerlich nicht beteiligt an einem Fest, das ihr zu Ehren stattfindet. An einem Tag, der unter einem Glücksstern stehen sollte, rast der Planet Melancholia unaufhaltsam auf sie zu. Auch Lenas Hochzeit scheint von einem Unstern bedroht – die Schilderung der Ereignisse pendelt zwischen Dokumentation und Albtraum.

Beim Betreten der Pfarrkirche glaubte die Braut noch, in einen Raum des Friedens und der Andacht einzutreten. Sie fühlte sich beschützt, doch als sie sich nach Bekannten umschaute, meinte sie ihren Augen nicht zu trauen: »Da sehe ich plötzlich hinter einem der mächtigen Pfeiler das verzerrte Gesicht meiner Mutter auftauchen; sie stand da ohne Hut, im Wirtschaftsgewand und in der weißen Schürze, nur ein leichtes Tuch um die Schultern gelegt, und starrte mit glühenden Augen auf den Zug. Und wie sie mich erblickte, da streckte sie den Kopf weit vor.« Eine

Vision oder die Wirklichkeit? Das hatte sich Lena schon nach dem mütterlichen Fluch gefragt. Sie zweifelte an ihrer eigenen Wahrnehmung.

Die Predigt ließ sie schluchzend über sich ergehen, was den Zorn des Bräutigams weckte. Es gelang ihr zwar, sich zusammenzureißen, doch mehr als »kühle Gleichgültigkeit« konnte sie nicht aufbringen. Sogar den Hochzeitskuss gab sie ihm »ohne Wärme, ohne Leben«, sodass er vorwurfsvoll fragte, warum sie sich so wunderlich verhalte. Sie antwortete ausweichend und war froh über die straffe Organisation des Tagesablaufs, die ihr ausführliche Gespräche ersparte.

Mit der Brautchaise fuhren sie von der Kirche zur Gastwirtschaft, wo die Mutter die Vorbereitungen für das Festmahl getroffen hatte. Die Tafel war feierlich gedeckt, die Musiker spielten nach dem letzten Gang zum Tanz auf. Der Bräutigam erwies sich als mäßiger Tänzer, dem die Ländler mehr zusagten als die Walzer. Immer mehr Gäste und Gratulanten fanden sich ein, überreichten ihre Geschenke, boten Glückwünsche dar. Derbe Späße und peinliche Anspielungen waren darunter: ein Spiegel, der im Nachtgeschirr angebracht war, Babyfläschchen und »allerlei Wickelzeug«. Nach der obligatorischen Entführung der Braut ging das Fest bis zum frühen Morgen weiter. Lena litt unter der Hitze und dem Lärm und trank so viel Champagner, dass ihr schwindlig wurde und sie vom Stuhl fiel. Als man sie nach draußen an die frische Luft brachte, übergab sie sich, weinte und wollte nur noch ins Bett. Vergeblich versuchten die Gäste, sie zurückzuhalten. Sie war endgültig an ihre Grenzen geraten, das sah man ihr an. Der Abschied von der Mutter fiel überraschend friedlich aus. Einen guten Einstand und eine geruhsame Nacht wünschte sie ihrer Tochter. »Feier dein goldnen Tag recht schö und lass di bald wieder sehgn!« Geschwächt und müde ließ sich Lena von den freundlichen Worten der Mutter rühren. »Eine große Sehnsucht nach ihrer

Das Ehepaar Isaak: Magdalena und Josef, 1898

Liebe« empfand sie auf einmal und fiel ihr um den Hals. Die
Mutter schob sie sanft von sich und erinnerte Lena daran, dass
sie jetzt einen Ehemann habe. Nun trat auch die Schwiegermutter auf den Plan, umarmte Lena und forderte sie auf, zu ihr
zu kommen, wenn sie mütterlichen Beistand brauche. Sie habe
nun eine zweite Mutter. Gemeinsam mit ihr fuhren die jungen
Eheleute in ihre neue Wohnung. Als die Schwiegermutter Lena
beim Ausziehen des Hochzeitskleids helfen wollte, wurde sie
von ihrem Sohn mit rüden Worten hinausgeworfen. »I ziag mei
Frau scho selber aus«, kündigte er an. Doch die Mutter warnte
ihn. »Dös sag i dir: dass d'ma s'schonst, dei Frau; sonst, bei
Gott, is g'fehlt, wannst es machst wia ...!« Diese abgebrochene
kryptische Rede prägte sich Lena tief ein, obwohl sie nicht
begriff, worauf die Schwiegermutter anspielte. Schnell zog sie
sich selbst aus und ging ins Bett. Als ihr Mann kam, der noch
eine Weile die gediegene Wohnungseinrichtung bestaunt hatte,

Das Ehepaar Leix: Lena und Anton

war sie schon eingeschlafen. Doch das hinderte ihn nicht daran, sein Recht durchzusetzen. Schließlich handelte es sich um die Hochzeitsnacht. Lena Christ gelingt es in ihren *Erinnerungen,* in einem einzigen Satz die Geschehnisse dieser Stunden einzufangen: »Und ich war schon eingeschlafen, als er kam, und am andern Morgen, als ich aufstand, war ich nicht mehr das frische, sorglose Mädchen, und der Spiegel zeigte mir ein müdes, fremdes Gesicht.«

Keine zwanzig Seiten widmet die Autorin der Ehe mit Anton Leix, nachdem sie das Fazit ihrer Hochzeitsnacht gezogen hat: »So hatte ich denn den ersten Schritt in das Leben getan, das mir noch so übel geraten sollte.« Anfangs lebte die Frischverheiratete in der »Erwartung einer goldenen Zeit«, doch schon sehr bald wurde ihr klar, dass auch ihre Ehe zu den Dingen in ihrem Leben gehörte, die anders waren, als sie erhofft hatte. Sie schildert ihren Mann als sexbesessenen Grobian, dessen »Zärtlichkeiten« ihr zunächst körperlichen, dann seelischen Schmerz verursachten. Sie spricht von »nimmersatter Willkür« und »schrankenlosen Wünschen«, denen sie sich fügte und die sie schweigend über sich ergehen ließ. Es konnte nicht »die rechte Liebe« sein, die sie mit ihm verband. Sie hoffte inständig, schwanger zu werden, um endlich Ruhe vor dem zu haben, was sie als sexuellen Übergriff und Vergewaltigung empfand. Als es so weit war, ließ er sie tatsächlich in Ruhe, sodass sie wieder etwas mehr Zuneigung für ihn verspürte. Doch nun übte er seine Macht auf anderem Terrain aus. Weil alle Freunde und Bekannte von seinem Glück erfahren sollten, nahm er Lena mit ins Wirtshaus und führte sie und ihren Zustand »mit schamloser Deutlichkeit« vor. Darin wurde er sogar von seinen Eltern unterstützt, »die meinten, ein Ehemann müsse unter allen Umständen der Herr im Haus bleiben, was auch komme«. Diese Auffassung entsprach voll und ganz der damaligen Rechtssprechung. Im Bürgerlichen Gesetzbuch von 1900 war die Abhängigkeit der Ehefrau vom Ehemann klar definiert: Der Ehemann entschied in »allen das gemeinschaftliche Leben betreffenden Angelegenheiten«, dazu gehörten auch Wohnort und Wohnung sowie die Tätigkeit, der die Frau nachging. §1363 besagte: »Das Vermögen der Frau wird durch Eheschließung der Verwaltung und Nutznießung des Mannes unterworfen (eingebrachtes Gut). Zum eingebrachten Gut gehört auch das Vermögen, das die Frau während der Ehe erwirbt.« Und vor allem gehörte der Körper der Frau dazu.

Die Schwangerschaft und die Geburt ihres ersten Sohnes schildert Lena Christ noch ausführlich, doch dann beginnt der Zeitraffer: Sie kündigt dem Leser an, sie werde nun eilen, um zum Ende zu kommen, weil ihre letzten Erinnerungen »so traurig und peinlich« seien, dass sie sie in gedrängter Form erzählen wolle. Es stand für sie außer Zweifel, dass ihre Ehe unglücklich war – doch worin lag der Grund? Sie suchte ihn bei anderen: im Egoismus und in der Gewalttätigkeit ihres Ehemanns; im Fluch, den die Mutter am Hochzeitsmorgen ausgesprochen hatte und mit dem sie ihr wünschte, keine glückliche Stunde zu haben.

Mit keinem Wort suchte sie den Grund für das Scheitern ihrer Ehe bei sich selbst, doch das tut ihr Biograf Günter Goepfert. Er ergreift deutlich Partei: »Soweit man bei Umständen, die allein von der Natur bestimmt werden, von Schuld oder Versagen reden kann, lag diese Schuld in erster Linie bei Lena. Sie war nicht fähig, eheliche Liebe zu geben, noch sie zu empfangen.« Als Beweis führt er ihre mangelnde geschlechtliche Reife an: Laut den *Erinnerungen* habe sie ihrer Schwiegermutter gestanden, erst kurz vor der Hochzeit ihre Menstruation bekommen zu haben. Demgegenüber sei der Ehemann »nach Art der meisten jungen Männer« gewesen, habe also »in der Frau seiner Wahl einen weiblichen Gegenpol seiner Wünsche und Vorstellungen« imaginiert. Daher habe er nur schwer begreifen können, »dass seine Frau nicht jene sinnliche Bereitschaft mitbrachte, die er erwartete«. Goepfert äußert Verständnis für Anton Leix, der nichts anderes verlangt habe als das, was ihm als Ehemann zustünde. Das »normale« männliche Begehren wird mit der »krankhaften« weiblichen Frigidität konfrontiert – im männlichen Blick.

Die Autorin trennt in ihren Werken deutlich zwischen Lieben und Begehren. Liebe ist für sie mit Unbewusstheit und Unschuld verbunden. Die Liebespaare in ihren Geschichten sind sehr jung, beinahe noch Kinder. Zartheit und Zärtlichkeit umgeben sie, da ist nicht die Spur von Gewalt oder Dominanz. Sexuelle Gefühle überkommen die Liebenden, sie scheinen selbst von ihnen überrascht.

Schon als Kind hatte Lena Christ – im Rahmen der katholischen Erziehung – Sexualität als etwas Verbotenes und Unnatürliches begriffen. Der alte Pfarrer aus Glonn wurde jedes Mal zornig, wenn er auf das »Kammerfensterln« zu sprechen kam. »Hatte ein Bursch oder ein Mädel gebeichtet, dass sie beieinander gewesen waren, so wurde das am darauffolgenden Sonntag vor der ganzen Gemeinde von der Kanzel herab gegeißelt.« Zwar nannte er nicht die Namen der Sünder, doch seine Schilderung ließ meistens keinen Zweifel zu, um wen es sich handelte. Auch in der »Christenlehre«, die alle Kinder, die unter sechzehn waren, besuchen mussten, geriet er immer wieder in Zorn. Wenn eine oder einer die Fragen des Katechismus nicht beantworten konnte, schrie er: »Was der Katechismus dich fragt, das weißt du nicht; aber was der Bursch dich beim Fensterln g'fragt hat, das weißt du noch!«

Lena Christs Verhältnis zur Sexualität wird deutlich in einer Episode, die ziemlich unvermittelt in den *Erinnerungen* auftaucht: Hauptperson ist der Vater ihres Stiefvaters, der Viehhändler aus Pocking. Er habe vierzehn Frauen und neununddreißig Kinder gehabt, die allesamt von ihm tyrannisiert wurden – deren Auflistung liest sich wie ein Protokoll: »Auch diese Frau hatte keine guten Tage bei ihm; denn ihr eingebrachtes Vermögen war gleich dem der anderen Frauen bald verspielt, und nun misshandelte er sie oder verfolgte sie im Rausch mit seinen Zärtlichkeiten, was das gleiche war; denn er war herkulisch gebaut und massig wie seine Stiere.« Diese Darstellung ließ Günter Goepfert zu Recht misstrauisch werden: »Laut der von Josef Dietzinger aus Neumarkt-St. Veit im Pockinger Pfarramt erarbeiteten Genealogie sind für den betreffenden Stiefgroßvater, der von 1840 bis 1907 gelebt hat, jedoch nur zwei Ehen mit insgesamt zwanzig Kindern, von denen elf früh starben, nachweisbar.« Wie Lena Christ dazu kam, sich ein derart ausschweifendes Szenario auszumalen, ist nicht bekannt. Die Bilanz erinnert an die ihrer eigenen Ehe mit Anton Leix: »Daheim prügelte er die Frauen und in den Wirtshäusern verspielte er alles, was er besaß.«

152

12
Kinder, Krise, Kollaps

Obwohl sie in ihrer Ehe sehr unglücklich war, gab Lena die Hoffnung nicht auf, dass sich alles zum Besseren wenden würde, wenn sie ein Kind bekäme. Ihr unersättlicher Ehemann würde sie in Ruhe lassen müssen, und sie hätte eine neue, sinnvolle Aufgabe. Sie träumte sich in die Mutterschaft hinein, verklärte sie, empfand Vorfreude und fühlte sich gleichzeitig als Märtyrerin. Es war eine Art Mysterienspiel, das sie aus ihrem Zustand machte und in das sie ihre Erinnerungen an die beglückenden Momente als Pilgermädchen hineinprojizierte. Weder ihr Mann noch ihre Schwiegereltern noch ihre Eltern hatten Verständnis für ihre religiösen Schwärmereien, doch als sie schwanger war, nahmen alle Rücksicht und standen ihr bei.

Am 1. November 1902 wurde ihr erster Sohn, Anton, geboren. Der Tag hatte mit Pauken und Trompeten begonnen, denn es war nicht nur Allerheiligen, sondern auch der Namenstag des Prinzregenten Luitpold, an dem die Soldaten »mit klingendem Spiel« in die nahe gelegene Bennokirche zogen. Bei den ersten Böllerschüssen weckte Lena ihren Mann und schickte ihn nach der Hebamme. »Erschreckt fuhr mein Gatte aus dem Bett und in die Hosen; in der Eile aber brachte er das vordere Teil nach hinten, und ich musste über den komischen Anblick trotz meiner Schmerzen herzlich lachen.« In der Schilderung seiner Verstörtheit angesichts des freudigen Ereignisses wirft die Autorin einen ungewohnt liebevoll-ironischen Blick auf ihren Ehemann, sodass man versucht ist, mit ihr auf eine glückliche Zukunft zu hoffen. Noch weitere Anzeichen stellten sich ein:

Kurz nach der Geburt erhielt Lena einen Brief der Klosterpräfektin, die sie bei ihrem Austritt mit einer verhängnisvollen Prophezeiung vor der Zukunft gewarnt hatte. Sie schrieb, sie vergäße nie, für die Abtrünnige zu beten. Lena war erleichtert, der Fluch hatte etwas von seiner Schwere und Unausweichlichkeit verloren.

Körperlich ging es ihr bald wieder besser. Während der letzten Schwangerschaftswochen hatte sie sich alt und unansehnlich gefühlt. Sie mochte nicht mehr in den Spiegel schauen, so unzufrieden war sie mit ihrem Äußeren. Ihre Freude über die »Verjüngung« wurde jedoch schon bald getrübt: Sie erschien ihrem Mann begehrenswerter denn je, und er begann aufs Neue, sie sexuell zu bedrängen. Innerhalb kürzester Zeit wurde sie wieder schwanger. Zu körperlichen Beschwerden kamen nun Niedergeschlagenheit und Hoffnungslosigkeit. Jeder Tag lief nach demselben Muster ab: Sie stritt sich mit ihrem Mann, am Abend wollte er sich versöhnen, was bedeutete, dass er sie zwang, mit ihm zu schlafen. Es war ein alltäglicher Teufelskreis, den sie nicht zu durchbrechen vermochte. Die Belastung wuchs noch, weil sie niemanden kannte, mit dem sie über ihre Situation reden konnte – aber ihre Sorgen drängten aus ihr heraus. Also vertraute sie sich fremden Leuten an, nur um etwas Zuspruch zu erhalten. »Wie wohl taten mir da die Worte des Beileids und des Trostes, obgleich ich wusste, dass sie nicht von Herzen kamen und ich nachher in allen Milch- und Kramerläden durchgehechelt und ausgerichtet wurde.«

Am 27. Dezember 1903 kam das zweite Kind, die Tochter Magdalena, zur Welt. Lena Christ schildert die Umstände dieser Geburt drastisch-eindringlich und ohne Selbstmitleid – genau wie die Gewaltexzesse ihrer Mutter. Weihnachten habe ihr Mann Besuch von einem alten Schulfreund bekommen und sei mit ihm zum Frühschoppen ins Wirtshaus gegangen. Lena

Lena Christ mit ihrem Sohn Toni, 1904

war mit ihrem an Keuchhusten erkrankten Sohn allein daheim, spürte die ersten Wehen und bat die Nachbarin, die Hebamme zu holen. Doch diese vertröstete sie auf den nächsten Tag. Inzwischen traf ihr Mann betrunken zu Hause ein, nahm weder Rücksicht auf ihren Zustand noch auf den seines Sohnes, der einen Erstickungsanfall bekam, sondern verlangte »sein Eherecht«. Diesmal wehrte sich Lena zunächst erfolgreich, doch dann gewann der Stärkere die Oberhand. Erst das massive Eingreifen seines Vaters, der, genau wie die Nachbarn, durch die Hilfeschreie seiner Schwiegertochter auf das Geschehen aufmerksam geworden war, verhinderte eine Katastrophe. Wortlos packte er seinen Sohn, ohrfeigte ihn und warf ihn hinaus. In derselben Nacht wurde Magdalena geboren, und Lena erkrankte an Kindbettfieber. »Nach diesem Vorfall musste sich mein Mann sein eheliches Recht stets erzwingen; denn ich hatte alle Zuneigung zu ihm verloren und fürchtete ihn sehr. Trotzdem wurde ich noch viermal Mutter während dieser Ehe.« Doch nur ein Kind sollte überleben: Am 20. Dezember 1906 wurde Alexandra geboren.

Immer stärker geriet die Familie in einen Abwärtsstrudel von Gewalt und Zerstörung. Der Ehemann verfiel zunehmend dem Alkohol, verlor seine Stelle, verspekulierte sowohl sein Vermögen als auch Lenas Mitgift und zerstritt sich mit seinen Eltern, die ihn aus dem Haus warfen. In der neuen Wohnung steigerten sich die Prügeleien schließlich zu einem Tobsuchtsanfall, der dazu führte, dass der Rasende in eine psychiatrische Klinik eingeliefert wurde. »Eines Tages erfuhren wir, dass mein Gatte in der Kreisirrenanstalt untergebracht worden sei, da eine Geisteskrankheit ihm dauernd das Licht des Verstandes genommen hatte«, lautet die letzte Notiz über ihn und sein Schicksal. Doch das Finale ist Fiktion. Nach dem Zerwürfnis mit den Schwiegereltern zog die Familie von der Sandstraße 3 in die

Toni und Magdalena, um 1906

Loristraße 2. Darauf folgten Linprunstraße 49, Sternstraße 10 und Klenzestraße 13. Zwischenzeitlich hatte sich Anton Leix selbstständig gemacht und Käse hergestellt. Die älteste Tochter Magdalena erinnerte sich, dass ihre Eltern die Ware zu Hause in blaue Schachteln verpackten. Die finanzielle Situation war prekär, Anton Leix ging bankrott, veruntreute einen größeren Geldbetrag und kam 1909 ins Gefängnis. Damit war das Ende der Familie besiegelt, auch wenn die Scheidung erst am 13. März 1912 ausgesprochen wurde.
Das Auseinanderklaffen von Realität und Erfindung wirft hier

viele Fragen auf: War das tatsächliche Geschehen – die von Anton Leix begangene Unterschlagung, die Verurteilung zu einer Gefängnisstrafe sowie der völlige finanzielle Ruin – nicht Drama genug? Warum musste ihm die Autorin den Verstand rauben und ihn in die Irrenanstalt stecken? Wollte sie damit demonstrieren, dass sie normal, er hingegen verrückt war? Diente seine »Einweisung« als Geisteskranker der Versicherung ihrer eigenen Normalität?

Als Fluchtlinie hatte sich die Ehe nicht bewährt. Familiäre Hilfe erhielt Lena nur insoweit, als die Schwiegereltern ihren siebenjährigen Enkel Toni zu sich nahmen. Ihre eigenen Eltern wiesen ihr die Tür mit der Begründung, sie hätten selbst Schulden und könnten sie daher nicht unterstützen. Damals war Lena noch nicht klar, dass sie ihren Sohn für immer aufgab. Ob ihn die Schwiegereltern bewusst von seiner Mutter fernhielten oder ob der Junge selbst sie nicht wiedersehen wollte, ist nicht mehr zu ermitteln. Es heißt, Mutter und Sohn hätten sich nie wieder getroffen. Lena litt zeitlebens unter diesem Verlust. Nun suchte sie nicht nur den verschollenen Vater, sondern auch den verlorenen Sohn. Toni Leix wuchs bei seinen Großeltern und seinem Vater auf. Dieser wurde im September 1914 aus der Haftanstalt Nürnberg entlassen, nachdem er seine Strafe wegen Unterschlagung verbüßt hatte. Sein weiteres Leben verlief offenbar unspektakulär. Er ging eine zweite Ehe ein und starb 1942 im Alter von vierundsechzig Jahren. Lena Christ und er sahen sich nie wieder. Der gemeinsame Sohn studierte Medizin und war als praktischer Arzt und Geburtshelfer in Altmannstein im Altmühltal tätig.

1909 bezog Lena als alleinerziehende mittellose Mutter mit ihren zwei Töchtern eine Wohnung im Münchner Osten, die sie für eine geringe Miete »trockenwohnten«. Die ältere Tochter erinnerte sich später daran, vom Balkonfenster aus »Züge und viele Lichter der nahen Bahnanlage« bestaunt zu haben, und schloss daraus, dass es sich bei ihrem Wohnort um den Stadtteil Haidhausen am Ostbahnhof gehandelt haben musste.

Um die Jahrhundertwende expandierte München, die Bevölkerung wuchs, viele neue Häuser wurden gebaut. Neben den vornehmen Villenvierteln wie Bogenhausen lagen die Stadtteile, in denen die ärmere Bevölkerung wohnte. Im Münchner Osten waren das Haidhausen, Giesing und die Au. In ihrem Roman *Die Rumplhanni* schildert Lena Christ die damaligen Wohnverhältnisse: »Draußen bei der Kirche Maria Hilf in der Au sind die Herbergen vieler alter Bürger unserer Münchnerstadt. Und entlang dem Lilienberg lehnen noch allerhand Hütten und Häuslein, in denen schon die Urväter mancher nobeln Palastbesitzer und Wagerlprotzen ihre ärmlichen Hosen zerrissen und die Wänd bekritzelt haben. Ein winziger Geißenstall, ein morscher Holzschupfen, ein alter Röhrlbrunnen oder eine mürbe Holzaltane und ein wilder Holunderstrauch in dem armseligen Wurzgärtlichen weist noch dem Beschauer die Genügsamkeit der Bewohner dieser Herbergen mit ihren zwei, drei Kammern und dem Küchenloch.«

Da die Gebäude sehr schnell hochgezogen wurden, waren die Wände oft noch feucht. »Ich band meine Habe samt den Kindern auf einen Karren und zog dahin. Ein alter, brotloser Mann, dem ich früher Gutes getan hatte, half mir dabei. Das Haus war noch ganz neu, und das Wasser lief an den Wänden herab; wir schliefen auf dem Boden und bedeckten uns mit alten Tüchern und krochen zusammen, damit wir nicht gar zu sehr froren«, berichtet Lena Christ in ihren *Erinnerungen*. Ihre tägliche Mahlzeit habe »in einem Liter abgerahmter Milch und einem Suppenwürfel« bestanden, für die Kinder habe sie noch ein Ei und Brot hinzugefügt und ihnen eine Suppe zubereitet. Sie sei so elend und krank gewesen, dass sie »mehr kroch als ging«.

Bald wurden auch ihre Kinder krank. »Hustend und weinend hingen sie an mir, während Fieberschauer mich schüttelten.« In dieser Ausweglosigkeit habe sie mehr als einmal daran gedacht, ihrem Leben ein Ende zu setzen. Doch die Hoffnung war größer als die Verzweiflung.

Als Erwerbsquelle nennt Lena Christ »leichtere Schreibarbeiten«, die sie nicht genauer erläutert. Dazu kam Gelegenheitsprostitution. Ihre Polizeiakte enthält Vorstrafen wegen Kuppelei und Gewerbsunzucht. Die Mitteilungen der Königlichen Polizeidirektion weisen zwei Eintragungen über Lena Christ auf: So wurde sie am 15. März 1911 durch das Landgericht München I wegen Kuppelei und im selben Jahr am 19. Juni durch das Schöffengericht München wegen Gewerbsunzucht jeweils zu vier Wochen Haft verurteilt. Diese Vorstrafen wurden bekannt, als 1916 im Rahmen eines Beleidigungsverfahrens gegen einen Kompaniechef Erkundigungen über sie eingezogen wurden.

Zu Beginn des 20. Jahrhunderts gab es für Frauen nicht viele Möglichkeiten, Geld zu verdienen. Verfügte man über keine höhere Ausbildung, kamen nur wenige Tätigkeiten infrage: im Haushalt, im Verkauf, im Gastgewerbe oder in der Fabrik. Der Lohn war spärlich und reichte oft nicht aus, um den Alltag zu bestreiten. Gelegenheitsprostitution war kein seltener Gelderwerb, allerdings strafbar: Das Reichsstrafgesetzbuch verbot »gewerbsmäßige Unzucht« von nicht registrierten Prostituierten, bei Verurteilung drohte Gefängnis. Marita A. Panzer berichtet, laut Schätzung habe es 1910 in München ungefähr 2000 heimliche Prostituierte gegeben, im Vorjahr seien 140 offiziell registriert gewesen. Es waren vorwiegend Fabrikarbeiterinnen, Kellnerinnen und Dienstmädchen. Die Gründe lagen auf der Hand: Verlust des Arbeitsplatzes, zu geringer Lohn, unregelmäßiges Einkommen. Letzteres traf vor allem auf die Frauen der Münchner Boheme zu, für die dieses Mittel oft die einzige Möglichkeit war, zu überleben. Sowohl Franziska zu Reventlow als auch eine andere Schwabinger Szene-Frau, Emmy Hennings, bekannten sich dazu, zeitweise als Prostituierte gearbeitet zu haben. Letztere saß sogar wegen Beischlafdiebstahl im Gefängnis. Beide haben das Thema Prostitution öffentlich thematisiert und sich theoretisch und literarisch damit auseinandergesetzt.

»Wenn es verboten ist, sich Liebesstunden bezahlen zu lassen«, so Emmy Hennings, »muss es verboten werden, Liebesstunden zu kaufen. Aber die Erfahrung lehrt, dass der Mensch ohne Liebesstunden nicht leben kann. Also müsste die Liebe anders ›organisiert‹ werden.« Ihre Anklage gilt dem Machtgefälle innerhalb der offiziellen Rechtsprechung: auf der einen Seite »das schutzloseste Geschöpf: ein Straßenmädchen«, auf der anderen Seite der Gerichtshof, der nur aus Männern besteht, »und es erfordert weniger Kraftaufwand, das schwache Geschlecht zu bestrafen, als Männer zur Rechenschaft zu ziehen, die ihre stärksten Neigungen geheim zu halten wünschen«. Emmy Hennings lehnt den Mann als Richter über eine Frau ab, die nach bürgerlicher Rechtsprechung eine Straftat begeht, indem sie eine Ware verkauft, die der Mann begehrt.

Lena Christ gehörte nicht zu den Frauen, die sich sozialkritisch äußerten, sie erzählte und machte deutlich, dass sie aus eigener Erfahrung wusste, wovon sie sprach: Ihrem Roman *Die Rumplhanni* verdanken wir die detaillierte Schilderung einer »Anbahnung«, die so gar nichts Ordinäres, sondern etwas Zartes und Würdevolles hat und in krassem Gegensatz steht zu der ehelichen Nötigung, die sie in den *Erinnerungen einer Überflüssigen* anprangert. Am Josephstag, »Josefi«, dem »Tag aller Sepperl und Pepperl« entschließt sich die Rumplhanni, statt Gemüse Blumen zu verkaufen. Sie zieht sich fein an, tauscht die Gemüsekarre gegen einen hübschen großen Korb und füllt ihn in der Markthalle mit Anemonen, Schneeglöckchen, Nelken und Veilchen. Auf einer Bank an der Isar macht sie Rast und bindet anmutige Sträuße. Dann bricht sie auf in die feinere Gegend Münchens und preist dort ihre Ware an: »Ein Sträußerl gfällig?« oder »A Namenstagsbuketterl net vergessen!« Die Blicke der Frauen unterscheiden sich deutlich von denen der Männer. »Betteldirn! Tagdiebin!«, meint sie aus der Mimik der Frauen herauszulesen, während die Männer sie »Herzerl, Schatzerl, schöns Kind« nennen und unverhohlen anstarren, »dass sie wähnt, es würde ihr bei solchem Gaffen alles abgezogen, jede Hülle, und sogar die Haut«.

Sie hat großen Erfolg, gegen Abend ist ihr Blumenkorb fast leer, nur noch ein paar Nelken und Anemonen sind übrig geblieben. Ein alter vornehmer Herr »in Pelzrock und Zylinderhut« deutet auf den Korb und fragt: »Was kosten sie?« Sein Blick über ihre schwarzen Zöpfe, ihren Körper und ihr Gesicht unterstreicht die Zweideutigkeit der Frage. Nachdem sie ihm den Preis – drei Mark – genannt hat, fragt er weiter: »Wie heißt du denn? Bist du Münchnerin? Bist du schon Frau?« Hannis Gefühle sind zwiespältig. Natürlich weiß sie, worauf er hinaus will, aber er unterscheidet sich von den üblichen Freiern durch seine Eleganz und sein nobles Verhalten. Seine Geldbörse ist gefüllt mit Silbergeld und Scheinen. Hanni erklärt ihm, wer sie ist und woher sie kommt. Als er fragt, ob sie zu Hause noch mehr Blumen habe, verneint sie das, bietet aber an, bis morgen so viele Blumen zu besorgen, wie er möchte. Der Herr zahlt mit einer Banknote, die den Preis der Blumenreste bei Weitem übersteigt, bestellt für morgen einen weiteren Strauß, nennt ihr die Uhrzeit und »gibt ihr eine feine Visitenkarte in die Hand«. Hanni braucht eine Weile, um ihre Fassung wiederzuerlangen: Der Herr ist Baron. Zwanzig Mark – so viel hat er ihr für den winzigen Strauß gegeben – sind für sie ein Wochenlohn. Das muss sie feiern und fährt also mit der Tram in die Au. Beim Betreten ihrer Herberge singt sie:

»Lusti is auf der Welt,
Zwanzig Gulden in Silbergeld,
Dreißge in Schein –
Bua, mei Herzerl ghört dein!«

Eine Weile später findet sie in dem Festtagskleid, das sie damals beim Blumenverkaufen trug, »jene vornehme Visitenkarte mit dem Namen des Barons im Pelzrock« und gerät in Versuchung: »Wenn nun der Weg zu ihrem Glück durch diese Straße führte?« Sie ist hin und hergerissen, will auf keinen Fall feige sein: »I – mir net traun! I trau mir scho! I geh zum Sparrigankerl selber, wenns sein muaß, wenn mein Glück davon abhängt.« So mutig, dass sie den Teufel aufsuchen würde, ist die Rumplhanni allemal. Doch die andere mahnende Stimme in ihr ist nicht zu überhören. Wie sie sich entscheidet, bleibt offen.

Die Gefängnisszene, die Lena Christ in der *Rumplhanni* schildert, ist von großer Authentizität. Die Protagonistin sieht sich in einem Raum zusammen mit anderen Frauen: Eine hat ihr Kind zum Krüppel geschlagen. Eine andere hat ihren Freier bestohlen, wieder eine andere zog als Landstreicherin mit Komplizen durchs Land und lebte von Einbrüchen in Häuser und Höfe. Die Autorin konnte auf eigene Erfahrungen zurückgreifen: Sie war zweimal für vier Wochen im Gefängnis – innerhalb eines halben Jahres. Dass sie nach Verbüßung der ersten Strafe so schnell wieder das Risiko einer zweiten Verurteilung einging, lässt vermuten, dass die Inhaftierung für sie kein traumatisches Erlebnis war. Eingeschlossensein und Bestraftwerden kannte sie zur Genüge, hier erfuhr sie eine gewisse Kameradschaft unter Frauen.

Das Aufnahmeverfahren in der Strafanstalt begann mit dem Ablegen der Kleider und Schuhe. »Du bist ein Sträfling wie jene andern! sagte sie sich; jetzt hat Gottes Mühl auch dich zwischen die Mahlsteine genommen.« Nachdem die Aufseherin alles durchsucht hatte, durfte sich Hanni wieder anziehen und wurde in eine Zelle geführt, die mit Strohsack, Tischbrett und Bank ausgestattet war. Die Geräusche, die ihren Tagesablauf bestimmen, sind von nun an Schlüssenrasseln, Riegelschlagen und Rufe wie »Kübel raus! Krug raus!« Sie hat die Zellennummer 28. Es dauert eine Weile, bis Hanni sich aus ihrer Starre gelöst hat, sie nimmt zwar das Essen durch die Türklappe in Empfang, ist aber nicht fähig, auch nur einen Brocken herunterzuschlucken.

Schüchtern betrachtet sie ihre Mitgefangenen und das Geschehen um sich herum. Der Autorin gelingt es, mit rein deskriptiven Sätzen die komplexe Gefühlswelt der Insassinnen entstehen zu lassen: »Bleiche Gesichter, freche, trotzige Mienen, vom Weinen verschwollene Augen, graue Büßerkittel, feine Schlafröcke: Für einen Augenblick huschen bunt zusammengewürfelt die Bewohnerinnen des Stockwerks aus ihren Zellentüren; mit scheuer Neugierde wandern schnelle Blicke den Gang hinauf, hinunter, und flüchtig werden hier und dort mit Augen und Händen Zeichen geheimen Einverständnisses gewechselt, indes zwei grobgewandete Mädchen Wasser in die Krüge füllen und das Brot verteilen und eine finster schauende Aufseherin alles bewacht, beobachtet, hier eine Erkrankte für die Sprechstunde beim Arzt vormerkt, dort ein Versehen rügt, eine Gefangene scharf anlässt und schließlich klappernd und rasselnd eine Zellentür um die andere zuschlägt und verriegelt.«

Gefängnis lautete der Titel des ersten Prosabuchs von Emmy Hennings, mit dem sie 1919 an die Öffentlichkeit trat. Im August 1914 war sie in Hannover inhaftiert worden. Die Anklage lautete, sie habe einen nächtlichen Besucher bestohlen. Das Untersuchungsgefängnis unterwirft sie im Text sofort den Gesetzen ihrer eigenen Bühne: »Ich lege mir eine Kopfhaltung zurecht, versuche einen ruhigen Gesichtsausdruck.« Auch in diesem Fall gelingt es ihr, die Situation durch Selbstinszenierung unter Kontrolle zu bekommen – eine Performerin, die ihre Kunst überall ausüben kann: »Die größte Mühe hab ich mir gegeben, meine Unschuld zu verbergen. Es ist mir gelungen! Ich hatte den Triumph, dass man mich mehr verdächtigte, als ich erwarten konnte. Va bene ... Das Leben ist ein Spiel.«

Auf den ersten Blick scheint ein solcher Satz Lena Christ fern zu liegen. Sie war zu stark beeinflusst von der Idee des letztlich alles bestimmenden Schicksals. Dieser Glaube hinderte sie daran, das Leben als Spiel zu betrachten. Spiel bedeutet die halbwegs gleichberechtigte Mischung aus Strategie und Glück. Regiert das Schicksal, behalten Glück – oder Unglück – die Oberhand. Dagegen ist mit Strategie wenig auszurichten. Vielleicht war es diese Lebensphilosophie, gespeist aus Katholizismus und Aberglaube, die Lena Christ letztlich zum Verhängnis wurde. Die Kraft und die Klugheit, ihr Leben selbst zu bestimmen, hätte sie gehabt, doch als sie in Not geriet, dominierten böse Prophezeiungen, Verfluchungen und erstickten ihren Überlebenswillen.

13
Der Entdecker

Den Lebensunterhalt für sich und ihre Töchter konnte Lena Christ weder durch Gelegenheitsprostitution noch durch Schreibaufträge sichern. 1910 schalteten sich die Behörden ein. Der Armenrat der Stadt München sorgte dafür, dass die beiden Mädchen in die klösterliche Kinderanstalt in Moosburg aufgenommen wurden. Ihre völlig erschöpfte und entkräftete Mutter wurde ins Schwabinger Krankenhaus eingeliefert.

Lena Christs *Erinnerungen* enden, bevor ihre Existenz als Schriftstellerin und Ehefrau von Peter Jerusalem beginnt. Am Schluss steht die Erkenntnis, das Leben habe ihr gezeigt, dass sie nicht das war, wofür sie sich selbst gehalten hatte: eine Über-

Schwabinger Krankenhaus, 1904

flüssige. Maßgeblichen Anteil daran hatte Peter Jerusalem, zu dem sie 1911 als Schreibkraft kam. Der Satz »Doch das Leben hielt mich fest« bedeutet, dass sie sich damals von ihm gestützt fühlte. Dieser Mann bildete nicht nur den von ihr so dringend benötigten Ruhepol, sondern wies ihr gleichzeitig die Fluchtlinie, die ihr eine Perspektive bot: das Schreiben. In seinem Buch *Der Weg der Lena Christ*, das 1940 im Adolf Luser Verlag in Wien erschien, staunt der Autor gleich auf der ersten Seite über die Erzählkunst der »Frau, die seit zwei Wochen als Diktatschreiberin« bei ihm tätig war. Obwohl er in literarischen Kreisen verkehrte, hatte er eine derartige Begabung bisher nicht kennengelernt: »Was diese Frau jedoch erzählte, das geschah überhaupt erst im selben Augenblick, da es von ihren Lippen kam.«

Peter Jerusalem stammte aus Kassel, kam dort am 19. Juli 1877 als Sohn des Volkswirts und Redakteurs Traugott Jerusalem und seiner Frau Alida, geb. von Safft, zur Welt. Nach dem Tod ihres Mannes zog die Mutter 1901 mit ihren drei Söhnen nach München. Schon in der Jugend waren Peters Begabungen und Interessen vielfältig, er probierte vieles aus. Zunächst galt seine Leidenschaft der Malerei, dann der Literatur. Er schrieb Theaterstücke und inszenierte sie mit seinen Brüdern und sich selbst als Darstellern. Den Plan, Schauspieler zu werden, gab er nach einer Weile wieder auf und entschied sich für einen »Brotberuf«. Er machte eine Lehre als Verkäufer in einem »Damenmantelgeschäft«, danach wandte er sich wieder der Malerei zu. Seine abgebrochene Schulbildung setzte er später fort, um studieren zu können: zuerst Medizin, dann Philosophie. Doch er schloss keines dieser Studien ab, sondern wandte sich erneut den Künsten zu, diesmal der Musik – besonders dem Gesang –, der Bildhauerei und der Kunstgeschichte. Er reiste viel, bis er sich schließlich als »Dorfschullehrer« im Odenwald niederließ.

Dort hielt er es nicht länger als zwei Jahre aus, bis er wieder nach München ging. Er begann zu schreiben, übersetzte und war als Herausgeber tätig, führte somit ein Leben, das in der Schwabinger Boheme nicht ungewöhnlich war. Selbsterfahrung, Freiheit, Unabhängigkeit waren Werte, die dort höher angesehen wurden als Erfolg und Karriere. In dem Sinne war er weder ein Versager noch eine »halbgestrandete Existenz«, als die er zeitweise tituliert wurde. »Ich wollte etwas Besonderes, aber dazu reichte meine Begabung wohl nicht«, diagnostizierte er selbstkritisch in seinem Buch. Doch sie reichte immerhin aus, um das Besondere bei einem anderen Menschen zu erkennen. Dieses zu fördern war eine Zeit lang sein Lebensinhalt.

Schon wenige Wochen nach der ersten Begegnung mit Lena schlüpfte Jerusalem von der Rolle des Arbeitgebers in die des Mentors. Durch ihn lernte sie die Überflüssigkeit als Freiraum zu begreifen, den sie selbst gestalten konnte. Sie wurde mit seiner Hilfe zur Schriftstellerin. Zugleich, noch vor ihrer Heirat, erfüllte er für sie eine Vaterfunktion, was ihm offenbar bewusst war: Sie sei ein »vollkommenes Kind« gewesen, als sie zu ihm kam, schreibt er. Seine Erläuterung gerät etwas verworren: »Sind doch Kinder gut und böse oder im letzten Sinn weder gut noch böse, ebensowenig wie die Natur gut und böse ist.« Die Kategorien Gut und Böse würden nur von anderen angewendet, nicht vom Kind, nicht von der Natur. Beide seien eben, wie sie sind.

Obwohl Lena als Kind einer strengen und brutalen Erziehung durch die Mutter ausgesetzt war, hatte diese ihren eigenen Lebenswillen nicht brechen können. Doch der Körper hatte die erlittene Pein der Misshandlungen sowie die ungesunde Feuchtigkeit in den Neubauten nicht verkraftet: Eine chronische Lungenkrankheit war die Folge. Jerusalem, der ein abgebrochenes Medizinstudium hinter sich hatte, wandte sein Wissen an,

Peter Jerusalem
um 1916

um sie zu therapieren. Er zog noch zusätzlich Ärzte hinzu, und
zusammen gelang es ihnen, die Krankheit zum Stillstand zu
bringen. Die physische Erkrankung sei leichter zu heilen gewesen als die psychische, räumt er ein und spricht von Bewusst-
seinsstörungen Lenas, die sich bis zu Halluzinationen steigerten. Eine bestand darin, dass sie am gegenüberliegenden Haus
»ein Kind am äußersten Rande des Daches« zu sehen glaubte,
das in Gefahr war, in die Tiefe zu stürzen. Darüber hinaus habe
sie zeitweise auch noch andere nicht vorhandene Dinge und
Menschen gesehen. Die Diagnose »Hysterie«, die Jerusalem
stellt, führt er auf die »von der Großmutter und Mutter über-
kommene Erbmasse« zurück.
Als derjenige, der ihre psychische Verfassung erkannt zu haben
glaubte, fühlte er sich verpflichtet, ihr zu helfen. Er betrachtete
sich als Retter, der in der Lage war, sie vor Fehlhandlungen zu

169

bewahren. Diese waren vorprogrammiert durch die explosive Mischung aus »unfassbarer Naivität«, »primitiver Kindhaftigkeit« und den geschilderten »hysterischen« Zuständen. Es blieb für ihn ein Rätsel, wie sie es schaffte, ihre Romanfiguren so wirklichkeitsnah zu zeichnen, obwohl ihr selbst diese Nähe zur Realität fehlte. Aus Hilflosigkeit griff er zu einer seltsamen Erklärung: Ihre Begabung sei begründet in der »reinen, ausgesprochenen Triebhaftigkeit ihrer Natur«, welche verbunden sei mit der »Unfähigkeit, zu reflektieren«. Gerade das habe das Besondere ihrer literarischen Werke ausgemacht, sie jedoch im Leben scheitern lassen.

Das Gegensatzpaar triebhaft-reflektiert taucht häufig in seinem Buch auf. Triebhaft wird mit weiblich, reflektiert mit männlich gleichgesetzt. In seiner Schlussfolgerung lehnt er sich an Josef Hofmiller an, der konstatiert habe, dass die Frauen »noch in die Tiefen reichen, wo die Mannsbilder heut nicht mehr hinkommen. In eben jenen Bezirk des Unbewussten, das Paradies, in dem Kinder und Tiere noch daheim sind, in der vollkommenen Unschuld, vor dem Sündenfall; denn Wissen, Bewusstsein ist Sünde wider die Natur, der die Vertreibung aus dem Paradiese folgt.«

Süffisant betont Jerusalem die mangelnde Menschenkenntnis seiner Frau. Dieses Unvermögen habe im Widerspruch zu der Schärfe ihrer Wahrnehmung gestanden, was Äußerlichkeiten betrifft: »Sie, die über eine ganz seltene Beobachtungsgabe verfügte, und der bei ihren Mitmenschen auch nicht die geringste Einzelheit der äußeren Erscheinung entging, und Jahrzehnte hindurch von einem ebenso außerordentlichen Gedächtnis unverändert festgehalten wurde, war sich des öfteren über den sittlichen, seelischen und geistigen Wert oder Unwert ihr näher bekannter Personen vollkommen im unklaren.«

Ganz anders lautet die Einschätzung einer Frau, mit der Lena Christ in ihren letzten Lebensjahren befreundet war, Annette

Thoma: »Die Persönlichkeit der Lena Christ war faszinierend: Von auffallend schlichter Natürlichkeit, verbunden mit einer Sicherheit im Urteil und klarer Ausdrucksweise.«

Jerusalems Insistieren auf Lena Christs Defiziten in der Menschenkenntnis zielt auf seinen späteren Rivalen ab, Lenas »Bub« und Liebhaber Lodovico Fabbri, wie die weiteren Ausführungen beweisen: »Der Drang sich selbst und den dunklen Dämonen, die sie verfolgten, zu entfliehen, ließ sie dabei Menschen in die Arme laufen, die all dem Wertvollen in ihr, aus dem das Beste ihrer Kunst entsprang, vollkommen fernstanden.« Er vergleicht dieses Verhalten mit der Trunksucht vieler Künstler, die eine ähnliche Funktion hat: sich von inneren Spannungen zu befreien. Mit den »unterhaltsamen Leuten, die die dunklen Schatten, von denen sie heimgesucht wurde, verscheuchten«, ist zweifellos der junge Sänger gemeint, der sie ihm entfremdete. Auch zwanzig Jahre nach Lena Christs Tod empfand er noch Enttäuschung, Verletzung und Schmach.

Sie bestimmen den Ton seines Buches, wenn es um Lenas Charakter geht. Doch darüber hinaus schildert er mit Begeisterung und Bewunderung ihre Arbeitsweise, den Weg von der mündlichen Erzählung zur schriftlichen Form, die Recherche und den Umgang mit Quellen. Er leistet ein Stück Aufklärungsarbeit in der Frage, wie eine junge Frau ohne höhere Bildung und literarische Anregung einen Stil entwickeln konnte, der in seiner Mischung aus Lebendigkeit, Direktheit und Humor einzigartig ist. Bis heute fehlt die adäquate Würdigung Lena Christs in der Literaturgeschichte. Sie in einem Atemzug mit Ludwig Thoma zu nennen, wird ihr nicht gerecht. Sowohl Intention als auch Sichtweise sind gänzlich verschieden. Wenn man ihr einen bayerischen Schriftsteller zur Seite stellen will, dann sollte es Oskar Maria Graf sein. Der Weg von den *Erinnerungen einer Überflüssigen* zu *Aus dem Leben meiner Mutter* ist nicht weit.

Die Entstehungsgeschichte der *Erinnerungen* gibt Peter Jerusalem in seinem Buch wieder. Als er Lena 1911 kennenlernte, lebte er als Schriftsteller in München und hatte vom Verleger Wilhelm Langewiesche den Auftrag erhalten, die Neuausgabe einer Auswahl deutscher Volksbücher für die Reihe »Bücher der Rose« zu erarbeiten. Die Idee dazu stammte von ihm selbst. Nachdem Lena zwei Wochen als Schreibkraft bei ihm tätig gewesen war, fragte er sie, ob sie aus München stamme, und erhielt keine kurze eindeutige Antwort – Ja oder Nein –, sondern eine ausschweifende Erzählung, die ihn fesselte. Es war nicht nur das, was sie ihm berichtete, sondern vor allem die Art und Weise, das Wie. Er spricht von der »fabelhaften Kunst der Erzählung«. Das fünfjährige Kind wurde vor ihm genauso lebendig wie die neunundzwanzigjährige Frau. »Die Personen ihrer Erzählung nahmen von selber Gestalt an, erschienen leibhaftig, sprachen und handelten, jede in der ihr eigentümlichen Art, offenbarten darin ihr Wesen, wurden sichtbar mit einer so unheimlichen Deutlichkeit, dass man sie greifen konnte. Keine wurde beschrieben, sondern sie zeichneten sich selber, so wie sie einem im Leben begegnen.« Es schien ihm, als geschehe das Ganze vor seinen Augen.

Ihre Erzählkunst setzte Raum und Zeit außer Kraft: Als Lena aufhörte, dachte er, eine halbe Stunde sei vergangen, doch der Blick auf die Uhr belehrte ihn eines Besseren: Es waren vier Stunden gewesen. Mittlerweile war es für die eigentliche Arbeit, die sie zusammengeführt hatte, zu spät geworden, und Lena ging nach Hause. Ähnlich beeindruckt äußerte sich der Verlagsleiter des Albert Langen Verlags in einer Widmung für Lena Christ:
»Wann Lenis Mund von Boarisch schäumt, –
O je, schon ist der Zug versäumt.«

Jerusalem war aufgewühlt durch das Erlebte. Ihm war klar, dass Lena eine außergewöhnliche Erzählbegabung hatte, die geför-

Wann Leui Muad von Boarisch
schaimut, –
O je, schou ist der Zug versaumt.

München, am Tag vor Kaisers
Geburtstag 1914
Korfiz Holm

Die Tochter
Erſter Band
(Seite 1 bis 364)

Widmung von
Korfiz Holm,
1914

dert werden musste. Er spürte eine Verpflichtung, ihr bei der
Realisierung ihres Talents, bei der »Umsetzung vom Mündlichen ins Schriftliche«, zu helfen. Also forderte er sie bei ihrem
nächsten Treffen auf, einige von den Begebenheiten, die sie ihm
erzählt hatte, aufzuschreiben. Gleich am nächsten Tag brachte
sie das Ergebnis mit: Es war für ihren neuen Mentor enttäu-
schend. Die schriftliche Version verfügte nicht über die Lebendigkeit und den unverwechselbaren eigenen Ton. Ihre Qualität
reichte nicht über die eines Schulaufsatzes hinaus. Doch Jerusalem gab nicht auf, sondern entschied sich für einen Umweg:
Nachdem er erkannt hatte, dass sie so gut wie keine literarischen Kenntnisse besaß und wohl noch nie über Dichtkunst
und Schriftstellerei nachgedacht hatte, hielt er es für hilfreich,
sie damit vertraut zu machen. Sie besaß damals nur Gebetbücher und ein zerlesenes Buch, das sie auf einer Bank im Englischen Garten gefunden hatte: *Die göttliche Komödie* von Dante.
In diesem Monumentalwerk der italienischen Literatur aus
dem 14. Jahrhundert schildert der Dichter seine Wanderung

173

durch das Jenseits, die er unternehmen musste, weil er »den rechten Weg verloren hatte«:

Es war in unseres Lebensweges Mitte,
Als ich mich fand in einem dunklen Walde;
Denn abgeirrt war ich vom rechten Wege.
Wohl fällt mir schwer, zu schildern diesen Wald,
Der wildverwachsen war und voller Grauen
Und in Erinnrung schon die Furcht erneut:
So schwer, dass Tod zu leiden wenig schlimmer.
(Übersetzung: Karl Witte)

Lena hatte *Die göttliche Komödie* nicht nur wiederholt gelesen, sondern kannte sie nahezu auswendig. Erstaunlicherweise geht Jerusalem nicht näher darauf ein, was es bedeutete, dass eine literarisch ungebildete junge Frau nicht nur den Zugang zu diesem großen epischen Gedicht fand, sondern von der Bild- und Sprachwelt Dantes so stark berührt war, dass sie das Buch immer wieder las und rezitierte.

Um sie nicht zum Epigonentum zu verleiten, gab er ihr keine altbairischen Bücher zu lesen, sondern die Bauerngeschichten des Schweizer Dichters Jeremias Gotthelf sowie den *Grünen Heinrich* von Gottfried Keller, ohne zu wissen, ob sie überhaupt Interesse dafür aufbringen würde. Am nächsten Tag erschien sie übermüdet zum vereinbarten Diktattermin und entschuldigte sich sofort, sie habe die beiden Gotthelf'schen Bücher schon ausgelesen: Kaum zu Hause angekommen hatte sie gleich damit begonnen und nicht mehr aufhören können. Weder habe sie zu Abend gegessen noch am Morgen gefrühstückt. Die Bücher hätten sie so gefesselt, dass sie beinahe traurig gewesen sei, als sie bei den letzten Seiten angelangt war. Sie fragte, ob Gotthelf noch mehr geschrieben habe, und Jerusalem empfahl ihr *Uli der Knecht*.

Nach diesem durchschlagenden Erfolg setzte Jerusalem sein »Experiment« fort: Er forderte sie erneut auf, ihre frühen Kindheitserlebnisse aufzuschreiben. Während sie beim ersten Mal auf Altbairisch geschrieben hatte, sollte sie es nun in Schriftdeutsch tun. Auch diesmal war das Ergebnis nicht befriedigend – mit einer Ausnahme: »Dieser eine Satz aber war in seiner Fassung so originell, dass ich keinen Zweifel mehr an dem endgültigen Gelingen des Versuches hatte.« Er unterbreitete ihr den Vorschlag, nach Fertigstellung der Arbeit für den Langewiesche Verlag ihre Erinnerungen aufzuschreiben – mit seiner Hilfe. Mehr noch, er bot ihr an, während dieser Zeit für ihren Unterhalt aufzukommen. Verlockender und zugleich märchenhafter konnte der Einstieg in eine Schriftstellerkarriere nicht sein. Lena muss sich wie auserwählt vorgekommen sein. Jemand glaubte an sie und ihr Talent und wollte es sogar tatkräftig unterstützen. Hierin liegt das große Verdienst Peter Jerusalems – wenn es sich tatsächlich so ereignet hat, wie er es beschreibt. Schließlich lagen Jahrzehnte und dramatische Ereignisse dazwischen, die seine Schilderung beeinflusst haben könnten.

Parallel zu ihrer Schreibauftragsarbeit an den Volksbüchern – der schönen Magelone, den Schildbürgern, der Melusine und anderen – las Lena nun alles, was damals von Gotthelf verfügbar war. Dieser Mischung schrieb Jerusalem einen »ungemein förderlichen Einfluss auf die Entwicklung ihrer Erzählerbegabung hinsichtlich des schriftlichen Ausdrucks« zu.

Der Entstehungsprozess von Lena Christs erstem Roman mutet fast bizarr an: »Wahllos, wie es ihr gerade in den Sinn kam, ließ ich mir die oder jene Episode aus ihrer Jugend wiedererzählen, um sie sogleich zu Papier zu bringen«, schreibt Jerusalem. Nachdem er alles protokolliert hatte, wurden die einzelnen Teile chronologisch geordnet. Besonders heikel war es, die Übergänge zu schaffen. »Über manchen Satz haben wir bisweilen stundenlang nachgedacht, um ihm die endgültige Fassung zu geben«, so Jerusalem, der glaubhaft beteuert: »Keine ursprüngliche Äußerung oder Satzwendung der Erzählerin wurde dabei von mir angetastet.« Seine besondere Bewunderung galt von Anfang an ihrer Fähigkeit, Dialoge zu kreieren. Das macht ihre schriftstellerische Qualität aus, dafür ist sie berühmt geworden: Sie lässt ihre Figuren auf unmittelbare Weise im Sprechen lebendig werden, ohne erklären oder kommentieren zu müssen. Sie sind sofort präsent durch das, was sie sagen und wie sie es sagen.

Und doch gab es Kämpfe, denn Jerusalem fühlte sich als Lektor und Lehrer, worauf Lena manchmal mit extremer Abwehr reagierte. Unberechenbar nennt er ihr Verhalten. Da ihr Wesen dem seinen »nicht nur fremd, sondern vollkommen entgegengesetzt war«, irritierten ihn ihre Gefühlsausbrüche und machten ihn zeitweise ratlos. Einmal habe sie »das ganze Manuskript gepackt, um es mitten durchzureißen und in das Herdfeuer zu werfen, über dem das Mittagessen kochte«. Zum Glück waren es fast hundert Seiten, sodass es ihr nicht sofort gelang und Jerusalem rechtzeitig eingreifen und die Arbeit mehrerer Wochen vor den Flammen retten konnte. »Hier gibt es nichts als Geduld, sagte ich mir, sonst ist alles verloren«, lautet sein Kommentar.

Im April 1911 zog Peter Jerusalem nach Fürstenfeldbruck bei München, in eine Wohnung, die in einem Landhaus mit Garten gelegen war. Dort, so berichtet er, hätten sie zusammen an der ersten Hälfte der *Erinnerungen einer Überflüssigen* gearbeitet. Er stellt diese Kooperation so dar, als habe er der Schreibenden wertvolle Anweisungen gegeben, zum Beispiel möglichst sachlich zu erzählen, »ohne viel Reflexion oder Randbemerkungen«. Dass dies Lenas Stil ohnehin entsprach, räumt er ein, nur habe er sie ab und zu bremsen müssen, wenn sie sich über das von der Mutter Erlittene nachträglich emotional ereiferte.

Weil er sich für die Schriftstellerin und die Frau zunehmend verantwortlich fühlte, änderte er sogar seine Lebensweise. Bis dato war er sehr genügsam gewesen, was materiellen Besitz anging. Ebenso kam er mit wenig zu essen aus. Was er viel dringender brauchte, waren Freiheit und Unabhängigkeit. Doch ein gemeinsames Leben mit Lena erforderte einen gewissen Verzicht darauf. Er hatte ihr schließlich versprochen, für sie zu sorgen, bis ihre *Erinnerungen* fertig waren. Deshalb verpflichtete er sich beim Verleger Wilhelm Langewiesche für ein neues Projekt: eine kulturhistorische Sammlung ausschließlich aus Original-Zeitdokumenten vom 14. bis 19. Jahrhundert. Damit war der Unterhalt für die nächsten Monate garantiert.

Im März 1912 reichte Jerusalem die erste Hälfte der *Erinnerungen einer Überflüssigen* beim Albert Langen Verlag ein. Er gab das Manuskript in Maschinenschrift ab. Durch eine Bekannte erfuhr Ludwig Thoma davon und empfahl der Verlagsleitung: »Schaugts 's euch amal an.« So habe es Korfiz Holm später Jerusalem erzählt.

Josef Hofmiller behauptete 1930 im *Kunstwart*, Ludwig Thoma habe Lena Christ entdeckt – eine Zuschreibung, die in die Literaturgeschichte einging. Zehn Jahre später sah sich Jerusalem genötigt, diesen Irrtum aufzuklären und den seiner Meinung nach »bedeutenden Literaturkritiker und Essayisten« zu korrigieren. Er beanspruchte auch die Urheberschaft für den Titel dieses literarischen Debüts, obwohl er damit nicht ganz zufrieden gewesen sei. Bei dem Zusatz »einer Überflüssigen« handelte es sich um eine Notlösung, da ihm klar war, dass »Erinnerungen« allein nicht ausreichen würde. Schließlich handelte es sich bei der Verfasserin um eine völlig unbekannte Person.

Es dauerte einige Wochen, bis Jerusalem von der Verlagsleitung benachrichtigt wurde: Sie zeigte sich begeistert und forderte ihn auf, den zweiten Teil zu liefern. Lena war gerade damit fertig geworden, der Text musste nur noch in die Maschine getippt werden. Im Juni 1912 entschied sich der Verlag, das Buch zu publizieren.

Mit der Aussicht auf Veröffentlichung nahm das Leben der beiden eine entscheidende Wendung: Die Zukunft, zumindest die nähere, war gesichert, also konnten sie heiraten. Eine bessere Zeit stand bevor. Sogar Lenas Gesundheit hatte sich stabilisiert, die Lungenkrankheit schien ausgeheilt. Ein Neuanfang, der für Lena einem Wunder glich: gesund, mit einem Mann verheiratet, der sie und ihre Begabung förderte, dazu das Erscheinen ihres ersten Buches. 1912 begann als Schicksalsjahr für Lena Christ und wurde zum Glücksjahr.

Die Hochzeit fand an einem »strahlend schönen Augusttag« statt. Es war der 28. August, Goethes Geburtstag. Sie wurden im Standesamt auf dem Petersbergl, dem heutigen Petersplatz zwischen Marienplatz und Viktualienmarkt, getraut. Aus Magdalena Leix, geb. Pichler, wurde Magdalena Jerusalem. Trauzeugen waren zwei befreundete Maler. Der Standesbeamte hielt sein Versprechen und machte es kurz, »verschonte« das einfach gekleidete Paar »mit jeder Feierlichkeit«. Nachdem die Unterschriften geleistet worden waren, gab es in der Torggelstube, dem Weinlokal neben dem Hofbräuhaus, ein viergängiges Hochzeitsmenü mit »vortrefflichem« Pfälzer Wein. Anschließend nahmen sie die Tram von der Maximilianstraße nach Gern, wo ihre neue Wohnung lag.

In der Karlstraße wurde Lena unruhig. Ein Haus, an dem die Tram vorbeifuhr, kam ihr bekannt vor. Dort hatte sie sich vor zwei Jahren von »am alten Weiberl« die Karten legen lassen: »Weißt, was die gsagt hat? I werde von mei'm ersten Mann getrennt und ein'n zweiten findn. Durch den werd i so berühmt,

V e r t r a g .

Zwischen Frau Magdalena P i c h l e r (Pseudonym Lena Christ) in München
einerseits und der Firma Albert L a n g e n , Verlag für Literatur und Kunst
in München andererseits wurde folgender Vertrag abgeschlossen .

§ 1 .

Frau P i c h l e r überträgt der Firma Albert Langen den Verlag ihres
Buches

" Erinnerungen einer Ueberflüssigen "

mit allen Rechten und für alle Auflagen .

§ 2 .

Frau Pichler empfängt als Honorar 20 % vom Ladenpreis der brpschierten
Exemplare jeweils bei Erscheinen einer Auflage für die ganze gedruckte Auflage vorausbezahlt , Die Höhe der 1 . Auflage wird auf 2000 Exemplare festgesetzt,und bei dieser Auflage treten ausnahmsweise folgende Zahlungsbedin-
gungen in Kraft : Frau Pichler erhält bei Abschluss dieses Vertrages auf das
Honorar der 1 . Auflage den Betrag von 300 Mark vorausbezahlt , der Rest
des Honorars für die 1 . Auflage wird in monatlichen Raten von 100 Mark
jeweils am 1 . eines jeden Monats an Frau Pichler ausbezahlt. Alle sonstigen
mit der Herstellung und dem Vertrieb zusammenhängenden geschäftlichen Mass-
nahmen , die Festsetzung der Höhe etwaiger weiterer Auflagen usw. bleiben
der Verlagsbuchhandlung überlassen .

§ 3 .

Der Verlag von Albert Langen hat das Recht , bei jeder Auflage 10 % über
die Auflage als Frei - und Rezensionsexemplare honorarfrei zu drucken,also
jeweils statt 1000 Exemplaren 1100 Exemplare .

München , den 8. Juni 1912.

Frau Magdalena Pichler

München, 14. Juni 1912

ppa Albert Langen

ppa Albert Langen

Verlagsvertrag 1912

Erstausgabe
1912

dass mi Könige empfangen, aber mit achtadreißig Jahr werd i sterbn!« Peter Jerusalem schenkte ihren Worten damals kaum Beachtung, obwohl er hätte wissen müssen, wie ernst seine Frau Weissagungen dieser Art nahm.

Die *Erinnerungen einer Überflüssigen* wurden von der Fachwelt gelobt, hatten aber trotzdem keinen großen Erfolg beim Lesepublikum. Josef Hofmiller rühmte in den *Süddeutschen Monatsheften* das »Neuland, in das die Verfasserin führt; man lernt Lebensweisen kennen, von denen man keine Ahnung hatte: das Idyll des kleinen Halbbauern, dessen Frau städtische Kostkinder aufzieht; die Lebenshaltung des Münchner Vorstadtwirtschaftspächters; allerlei Kehrseiten eines Frauenklosters; das typische Schicksal der Pächterstochter und eine, wie es scheint, ziemlich typische Ehe in Kreisen untersten Bürgertums. Man hat das Gefühl, als seien Schichten, die bis jetzt fast nur schablonenhaft, pseudohumoristisch, verlogen gemalt wurden, hier unerbittlich geschildert, und dabei, was die Hauptsache ist, ohne jede Absicht, unerbittlich zu sein, sondern bloß mit der Absicht, zu erzählen.«

Nach der Hochzeit holte Lena ihre Töchter zu sich zurück. Sie lebten mittlerweile schon fast drei Jahre im Kinderheim der Josefsschwestern in Moosburg, in das sie nach den Strapazen des Trockenwohnens gebracht worden waren. Lena hatte sie nur einmal besucht. In dieser schwierigen Zeit des Neubeginns konzentrierte sie sich ganz auf sich selbst. Das verlangte ihr gerade erstarkter Überlebenswille. Er machte sie zur Hauptperson und degradierte die anderen zu Statisten. Das Schreiben ihres ersten Buches hatte absolute Priorität und wäre im familiären Zusammenleben mit den Kindern nicht zu realisieren gewesen.

Jerusalem schildert, wie die Mädchen, armselig gekleidet und ungepflegt – sie hatten Läuse – auf dem Münchner Hauptbahnhof eintrafen. Ihm sei die plötzliche Vaterrolle nicht fremd oder gar unangenehm gewesen, da er Kinder von jeher gern gehabt habe. Schnell nahm er eine Haltung ein, die er manchmal bis zum Extrem ausfüllte: die des Beobachters. Wie ein Forscher im Labor – wissbegierig und unbeteiligt. In manchen frühen Passagen seines Buches sieht man schon eine Szene aufscheinen, die noch in weiter Ferne liegt: Peter Jerusalem auf dem Waldfriedhof, in unmittelbarer Nähe seiner Frau, die sich zum Selbstmord entschlossen hat. Insbesondere der Bericht über seine Hypnose-Experimente entlarvt den kalten Blick, mit dem er sogar seine allernächste

Umgebung betrachtete. Die Grenze zwischen Beobachter und Voyeur ist fließend, Jerusalem hat sie mehr als einmal überschritten.

Als er Lena Christ in hypnotischen Schlaf versetzte, wie er es in seinem Medizinstudium gelernt hatte, kannte er sie erst kurz. Aufgefallen war ihm ihre Übersensibilität. Wie erwartet dauerte es nicht lange, bis sie tief eingeschlafen war und er ihr Aufträge erteilen konnte, die sie selbstverständlich ausführte. Als Beispiel nennt er eine harmlose Aktion: So »befahl« er ihr Anfang der Woche, am Samstag die Kissen vom Sofa zu nehmen und unter seinen Schreibtisch zu legen. Als es so weit war, hatte er es längst vergessen und staunte, dass sie genau zum angegebenen Zeitpunkt in sein Arbeitszimmer trat und die Aufgabe erledigte. Anschließend konnte sie sich an nichts erinnern. Eine unheimliche Szene, die die Frage aufwirft: Waren es wirklich nur harmlose Spiele, die er mit ihr spielte?

Als die beiden Kinder in ihr neues Zuhause einzogen, waren sie neun und sechs Jahre alt. Alexandra, genannt Alixl, die jüngere, sei ihrer Mutter nachgeraten gewesen, wozu auch »originellere Einfälle« gehörten, »die mitunter jedoch nicht ungefährlich waren«, erzählt Jerusalem. Er hatte den Kindern ein Puppenhaus gebaut und Puppenmöbel dafür gekauft. Irgendwann fiel ihnen ein, dass Bettvorleger fehlten. Während die ältere Magdalena noch darüber klagte, schritt ihre Schwester zur Tat, nahm eine Schere und verschwand damit. Als Jerusalem kurz danach seinen Dackel Lumpi verschreckt mit einem blutigen Ohr herumschleichen sah, war ihm sofort klar, was geschehen war: Alixl hatte den Ohrlappen des Hundes als Bettvorleger für ihr Puppenhaus verwenden wollen. Eine erschreckende Szene: eine Sechsjährige, die nicht bedachte, dass ein Tier ein Lebewesen war, das wie sie selbst

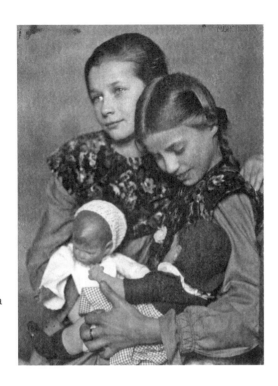

Lena Christs
Töchter Magdalena
und Alexandra

Schmerz empfand. Um dem Mädchen klarzumachen, was sie beinahe angerichtet hätte, griff er zu einem drastischen Mittel, nahm die Schere, setzte sie an ihr Ohr, worauf sie zu weinen begann.

Alixl verhielt sich offenbar in vieler Hinsicht ungewöhnlich und unangepasst. So ging sie etwa auf eigene Faust »einkaufen« und ließ bei der Marktfrau anschreiben. Oft verteilte sie das Obst unter ihren Schulfreundinnen, manchmal aß sie es ganz allein. Sie hatte anscheinend früh gelernt, dass man sich das, was man haben wollte, selbst nehmen musste.

Jerusalem wusste, dass das Kind Anleitung und Erziehung brauchte, und beschloss, ihr beizubringen, dass man in einer Gemeinschaft lernen müsse, sich und seine »Triebe« zu beherrschen. Zur Strafe bekam sie nach dem Mittagessen kein Obst, bis ihre Schulden zurückgezahlt waren. Dass sie schnell begriffen hatte, was Selbstkontrolle heißt, wurde bald deutlich. Als der Dackel Lumpi gerade dabei war, sich eine Wurst vom Abendbrottisch zu stibitzen, schritt sie ein. Sie nahm ihm die Wurst weg und erklärte: »Lumpi, weißt, man darf net immer die Triebe, die wo man hat, ausführn. Die Wurscht ghört für uns!«

14
Fluchtlinie 3: Schreiben

Am Anfang stehen zwei Bilder:

Bild 1: Lena sitzt stundenlang auf einer Parkbank vor der Neuen Pinakothek und schreibt, ohne sich ablenken zu lassen: weder vom Verkehrslärm der Trambahnen und Autos noch von den schreienden Kindern, die in den Grünanlagen spielen.

Bild 2: Lena befindet sich im Krankensaal des Schwabinger Krankenhauses, zusammen mit zehn oder zwölf anderen Patientinnen. Während diese sich laut unterhalten, sitzt sie im Bett und schreibt ganz selbstverständlich und hochkonzentriert an ihrem Manuskript.

Beide Szenen hat Peter Jerusalem als Augenzeuge wiedergegeben. Im Herbst 1911 hatte sich Lenas Lungenkrankheit so stark verschlimmert, dass sie sich wieder ins Krankenhaus begeben musste. Sobald es ihr etwas besser ging, schrieb sie dort weiter an ihren *Erinnerungen*, die sie in Fürstenfeldbruck und auf der Parkbank begonnen hatte. Zum Tagesablauf gehörten Visiten, das Ein- und Ausgehen der Schwestern und – zu bestimmten Zeiten – der Besucher. »Das alles störte Lena nicht. Sie saß halb aufrecht im Bett, von Kissen im Rücken gestützt, und schrieb in das dicke, in schwarze Wachsleinwand gebundene Heft und fertigte während der Ruhepausen die drolligsten Figuren aus Resten bunter Wollfäden, die ihr ihre Bettnachbarin, die mit einer Strickarbeit beschäftigt war, überlassen hatte.« Bei seinen Besuchen gingen sie das Geschriebene gemeinsam durch. »Meist war es nicht viel, was der Änderung bedurfte; saß doch jetzt alles, wie schon erwähnt, auf den ersten Anhieb.«

Wollpuppe, angefertigt
von Lena Christ

Es war vor allem eine Atmosphäre der Geborgenheit, die Lena
Christ brauchte, um schreiben zu können. Sie war ein Morgen-
mensch, also in der Lage, gleich nach dem Aufwachen mit der
Arbeit zu beginnen. Hinzu kamen praktische Erwägungen: Im
Winter war es schwierig, die Wohnungen zu heizen; nur im
Bett war es warm.

Ebenso sicher fühlte sie sich an ihrem exponierten Schreibort,
der Bank vor der Neuen Pinakothek. Offiziell wartete sie dort
auf Peter Jerusalem, der in der Nähe unterrichtete. Ihre eigentliche Motivation lag jedoch darin, dass sie nicht gern allein zu
Hause in Fürstenfeldbruck blieb. Dort konnte sie die Kräfte,
die sie zum Schreiben brauchte, nur selten mobilisieren. Wann
und warum sie sich bei ihr und in ihr meldeten, konnte sie sich
nicht erklären. Sie wusste nur, dass es klug war, nicht weiter
danach zu fragen, denn durch zu viel Neugier würden sie sich

vielleicht bedroht fühlen und zurückziehen. Lena Christ fragte also nicht nach dem Warum, sondern nahm die schöpferischen Kräfte gastlich in sich auf und verlieh ihnen ihre Stimme. Schon als Kind hatte sie erfahren, dass es Orte gab, an denen etwas zum Klingen gebracht wurde, von dem sie nicht geahnt hatte, dass es in ihr steckte. Sie hatte entdeckt, dass sie so gut singen konnte, dass sie andere Menschen verzauberte. Wenn die Wirtsleni ihre Verse und Gstanzln zum Besten gab, hörten alle gebannt zu.

Ein oder mehrere Gegenüber benötigte sie immer. Erst später reichten ihr die imaginierten, ganz zum Schluss weder die einen noch die anderen. Auslöser und Begleiter ihrer Fantasie waren schöne Dinge: Sie umgab sich gern mit Kostbarkeiten und Kunst. Daher war die Künikammer daheim in Glonn ein bevorzugter Ort. All die Preziosen, die dort verwahrt wurden, ließen sie davon träumen, dass es noch eine andere Welt geben musste als die alltägliche. Eine Welt, in der ihre Sehnsucht nach Glück und Schönheit als existenzielles Bedürfnis anerkannt wurde. Sie fühlte sich darin geborgen. Auch die Neue Pinakothek, in der die Kunstwerke bedeutender Maler und Bildhauer ausgestellt waren, besaß für die Schriftstellerin eine schützende Aura.

Sie musste kein Thema suchen, sie wusste, warum und was sie schreiben wollte, verspürte die innere Notwendigkeit, ihre eigene Geschichte zu erzählen. Dafür gab es mehrere Gründe, primär den der Selbstvergewisserung, wie auch bei ihrer Zeitgenossin Franziska zu Reventlow. Was sie beim Schreiben von *Ellen Olestjerne* empfand – von der Verzweiflung bis zur Zufriedenheit, ja sogar zum Glück –, hat sie in Tagebuchaufzeichnungen und Briefen notiert. Im November 1902 triumphierte sie: »Roman fertig. In einer Art glückseligem Rausch. Was für eine Unsumme von Verstimmtheit, Nervosität, Unruhe etc. sind seit dem Ende des Romans von mir weg. – Möchte den ganzen Tag singen.«

München   Neue Pinakothek

No. 26

Neue Pinakothek München, 1911

Solche Äußerungen sind von Lena Christ nicht überliefert. Wie sie zum Schreiben stand, wie sie ihre Arbeit meisterte, lässt sich nur aus den Augenzeugenberichten ihres Ehemannes und ihrer ältesten Tochter rekonstruieren. Ein wichtiges Motiv war die Rettung ihrer Lebensgeschichte vor dem Vergessen. Sie sollte festgehalten werden, nicht einfach irgendwann mit ihr verschwinden. Das Schreiben tat weh, entlastete nicht, sondern wühlte wieder auf. Da begann sie einige Dinge – Fakten und Schicksale wie das Ende ihrer ersten Ehe – für ihren Text zu verändern. Zunächst nur, um sich vom Schmerz abzulenken, dessen Wucht sie unterschätzt hatte. Doch damit veränderte sich auch ihre Rolle: Sie war nicht länger nur Teil der Geschichte, Spielfigur, Protokollantin, sondern auf einmal Schöpferin. Nur durch eine kleine Modifikation. Wie konnte es sein, dass diese ein ganzes Erdbeben auslöste? Zwangsläufig tauchte bald die Frage auf: Wenn sie durch eine winzige Abwandlung so große Macht auf ihre Geschichte ausüben konnte, war es im wirklichen Leben dann auch möglich? Oder versperrte ihr das Schicksal diese Einflussnahme, wie sie es seit frühester Kindheit gelernt hatte?

Das Schreiben hatte ihr Kraft und Mut verliehen: Sie würde die Rolle der Schöpferin in Zukunft überall spielen, wenn man sie lassen würde. Sie fühlte sich dazu bestimmt, den Kampf gegen Gleichgültigkeit und Vergessen aufzunehmen. Gleichgültigkeit fürchtete sie mehr als Gewalt. Lange hatte sie nicht gewusst, wie sie sich dagegen wehren konnte. Mit dem Schreiben hatte sie eine geeignete Waffe gefunden – aber würde diese stark genug sein und ihr einen Weg bahnen? Fragen, die sie beiseiteschob, wenn sie von ihnen bedrängt wurde. Sie wollte diese Waffe so lange benutzen, wie sie konnte. Noch war sie erst am Anfang. Jetzt galt es, den Veränderungen nachzuspüren, die sie selbst in sich durchmachte. Die wichtigste beim Schreiben der *Erinnerungen einer Überflüssigen* bestand darin, dass sie ihre Überflüssigkeit auf einmal als Chance begriff: Wer überflüssig war, für den war keine Aufgabe, keine Rolle vorgesehen – also auch kein fester Platz. Das bedeutete die Möglichkeit, selbst frei zu wählen, womit sie die Leerstelle füllte. Sie hatte sich fürs Schreiben entschieden. Eine neue Identität verlangte nach einem neuen Namen. Mit dem Erscheinen der *Erinnerungen einer Überflüssigen* nannte sich Magdalena Leix, geborene Pichler, offiziell Lena Christ – nach ihrem Vater. Sie nutzte das Schreiben als Mittel, sich neu zu erschaffen, und unterstrich diesen Schöpfungsprozess durch die Namenswahl.

Die eigenen Erfahrungen, die Lena Christ in ihre Literatur einfließen lässt, bestehen vor allem in den Beziehungen zu Vater und Mutter und in der Rolle des unehelichen Kindes. Mathias Bichler und die Rumplhanni sind uneheliche Kinder. Mathias Bichler lernt seinen Vater – einen Schausteller – nie kennen, Hanni verleugnet ihren Vater, als sie ihn zufällig auf dem Bahnhof trifft. Sie ist auf dem Weg nach München und will – besonders in diesem Augenblick des Aufbruchs – nichts von dem Pfannenflicker wissen, der nie für sie da war. Ebenso gespannt ist das Verhältnis der Protagonisten zu ihren Müttern: Die Mutter der Rumplhanni ist ein »verlotterts Weibsbild«, die Mutter Mathias Bichlers die Leiterin einer fahrenden Schauspieltruppe, die ihm Mutterliebe vorgaukelt, solange Geld von ihm zu erwarten ist. Als das nicht mehr der Fall ist, entlarvt sie sich als »keifende Alte«. Bis zum Schluss erkennt Mathias sie nicht als seine Mutter an, »die schreckliche Alte, die sich meine Mutter nannte« und »die Mutter zu nennen ich annoch heut nicht vermag«.

Die Familie als Lebensform, die den Kindern Geborgenheit gibt, sie fördert und unterstützt, kommt bei Lena Christ nicht vor. Aber es gibt andere Menschen, auf die sich die Kinder verlassen können: Mathias Bichler liebt und verehrt seine Ziehmutter, die Weidhoferin, der er als Baby von seinen Eltern vor die Tür gelegt wurde. Die Rumplhanni findet Zuwendung und Verständnis bei ihrer Großmutter, die zwar als Hexe gilt, aber gleichzeitig respektiert und gefürchtet wird. Beide – Mathias Bichler und die Rumplhanni – treffen unterwegs auf Fremde, die ihnen unerwartet helfen.

Lena Christs Figuren sind modern in ihrer Lebensführung. Sie machen sich auf den Weg, entwickeln eine Fluchtlinie, schaffen sich selbst. Sie verlassen den Ort, an dem sie aufgewachsen sind, ihre Heimat, die ihnen keine Sicherheit und Geborgenheit gab, sondern eine Fessel war. Damit kehren sie nicht nur dem geografischen Ort den Rücken, sondern vor allem der damit verbundenen Lebensweise. Die Erfindung einer neuen Identität tritt in den Vordergrund ihres Handelns, am extremsten bei Mathias Bichler, der zum Künstler wird: »Und mit einem Male trat ein Wunsch auf meine Lippen, an den ich noch nie zuvor gedacht: Ich möchte ein solcher Meister werden, wie der dieses Bildes einer gewesen.« Ihn beeindruckt die Authentizität der Kunstwerke, die er auf seiner Wanderschaft

Lena Christ, um 1911

sieht: »Die lebendige Wiedergabe des wirklichen Lebens wollte ich von ihnen lernen.« Wie seine Schöpferin sucht Mathias Bichler das Echte und Wahre. Die Kunst wird dem Herumreisenden zur Heimat – auch darin stimmt er mit Lena Christ überein, die für sich eine ganz eigene Literatur entwickelte. Einen schützenden Kokon, fernab von den bayerischen Heimatdichtern und den Literaten der Schwabinger Boheme. Sie gehörte weder zu den einen noch den anderen.

Der Roman *Mathias Bichler* entstand an dem ungewöhnlichen Schreibplatz, der sich für Lena Christ bewährt hatte. Unter dem Schlusssatz des Manuskripts findet sich die Notiz: »Den elften Februar 1914, vormittags halb zehn, beendet im Bett«. Der Augenzeuge Peter Jerusalem ergänzt: »Doch ist nicht nur der Schluss im Bett geschrieben worden, sondern, die allerers-

191

ten Seiten ausgenommen, das ganze Buch. Darum schrieb sie alles mit Bleistift, denn mit geringen Ausnahmen ist, was vom Jahre 1913 an entstand, auf besagter Liegestatt verfasst worden. Am Schreibtisch hat sie nichts geschrieben, denn erstens besaß sie damals keinen, und als sie sich später einen kaufte, stand der nur in einem Winkel unseres Wohnzimmers herum, was seine Haupttätigkeit war. Ein paar Briefe wurden darauf geschrieben, das war alles.«

Auch in der Sommerfrische schrieb Lena im Bett. Als Peter Jerusalem sie 1916 in Lindach bei Glonn besuchte, wo sie die Ferien auf dem Wimmerhof verbrachte, wurde er zu seiner Verwunderung nicht wie sonst von ihr empfangen. »Als ich vom Hausgang in die Küche trat, dort die Anwesenden begrüßte und nach meiner Frau fragte, erwiderte die Bäuerin: ›Die liegt no im Bett und schreibt. Sie is gar net aufgstanden heut, und mir haben ihr was kocht z'Mittag!‹ Als ich oben das Schlafzimmer betrat, wo die Lena noch immer im Bett lag und schrieb, und ein Wort der Begrüßung sagen wollte, legte sie den Zeigefinger auf den Mund, zum Zeichen, dass sie nicht gestört sein wollte.«
Jerusalem respektierte den Wunsch seiner Frau, stellte den Koffer ab und verließ den Raum, während sie immer weiter schrieb. Die Art und Weise, wie sie schrieb, empfand er als etwas ganz Besonderes, in das er sich nicht einmischen durfte, »wobei ihre den Bleistift führende Hand wie von einer magischen Kraft getrieben in verblüffender Eile ein Wort ans andere reihte, die linierten Zeilen dahinfahrend. Die beiden Betten und der Fußboden daneben waren von vollgeschriebenen Blättern bedeckt.« Er zählte vierzig Seiten. Wieder betont er, dass daran so gut wie gar nichts zu ändern war. Er nahm sie am nächsten Tag mit nach München, wo sie abgetippt und gleich an die Druckerei weitergeschickt wurden.
Mithilfe eines Zitats von Josef Hofmiller mystifiziert Jerusalem

die Arbeitsweise seiner Frau: »Nicht sie schreibt, es schreibt.« Er spricht sogar von einem Dämon, der sie während des Schreibprozesses beherrschte, und weist auf ihre übersinnlichen Fähigkeiten hin. So fungierte sie bei Seancen, die im kleinen Kreis stattfanden, als Medium: »Sie war also in Wahrheit ein Mittler zwischen einer sichtbaren und einer unsichtbaren Welt, ein Medium, das lateinische Wort für dasselbe.«

Für ihn war ihre Art zu arbeiten unerklärlich, doch er erlebte neben den mystischen, spirituellen auch die handfesten, handwerklichen Dimensionen, wie die Entstehungsgeschichte der *Rumplhanni* im Ersten Weltkrieg zeigt. Sie hatte mit einer Enttäuschung begonnen: Ende März 1916 überraschte Lena ihren Mann mit einer neuen literarischen Arbeit: einem ländlichen Theaterstück in drei Aufzügen mit dem Titel »Die Rumplhanni«. Sie war sehr stolz auf diese Arbeit und konnte kaum erwarten, was er dazu sagen würde. Doch er äußerte sein Missfallen drastisch: »Mist!« Natürlich war die Verfasserin gekränkt und zunächst nicht bereit, mit ihm darüber zu diskutieren. Sie verbannte ihr Werk in die Schublade und redete nicht mehr davon. Ende April besuchte sie Peter Jerusalem in Landshut, wo er beim Ersatzbataillon des zweiten bayerischen Landwehrregiments stationiert war, und präsentierte ihm die ersten Kapitel des Romans *Die Rumplhanni*. Aus der dramatischen Form war Prosa geworden. Ebenso direkt und unmissverständlich wie vier Wochen zuvor seine Ablehnung fiel nun sein Lob aus. Er war von ihrer Lesung begeistert. Lena blieb eine Woche bei ihm in der möblierten Wohnung und schrieb gleich die beiden nächsten Kapitel. Wie »immer« arbeitete sie im Bett. Jerusalem erinnert sich: »Rückten wir in der Früh aus und marschierten mit Gesang die Neustadt hinunter, an dem Haus vorbei, öffnete sich oben ein Fenster, und sie winkte mir grüßend zu, um sich dann wieder ins Bett zu legen und weiterzuschreiben.«

Zurück in München unterbrach sie ihre Arbeit und setzte sie erst im Juli fort, als sie mit ihren beiden Töchtern in die Ferien nach Lindach fuhr. Dort entstand der größte Teil der *Rumplhanni*. Die Ereignisse auf dem Wimmerhof wurden ziemlich unmittelbar in den Roman eingebaut, allen voran die Konflikte zwischen der Bäuerin und der Dienstmagd, die eins der Vorbilder für die Protagonistin war – gemischt mit der Lebensgeschichte und den Charakteigenschaften von Lenas Mutter und ihren eigenen Erlebnissen. Viele Wirtshausszenen kommen in diesem Roman vor – hier konnte sie auf ihre Erfahrungen als Wirtsleni zurückgreifen.

Wenn Jerusalem zu Besuch kam, ging er das Geschriebene mit ihr durch. Der Albert Langen Verlag hatte schon im Juli mit dem Druck begonnen. Immer wenn ein Teil fertiggestellt worden war, wurde dieser direkt in die Druckerei nach Leipzig geschickt – meistens im Abstand von vierzehn Tagen. Die Druckerei sandte dann die Druckbogen an den Verlag und an Jerusalem zum Korrekturlesen. Da die Zeit drängte, bekam der Verleger vom fünften Kapitel an den Text erst im Satz zu lesen. Diese Produktionsweise war nur deshalb möglich, weil auch bei diesem Roman fast nichts geändert werden musste. Wenn Lena Christ zu schreiben begann, beherrschte sie Wortwahl und Dramaturgie so sicher, dass nicht daran zu rütteln war.

Mehr als ein Jahrzehnt später sollte der Kritiker Josef Hofmiller feststellen: »Sie weiß alles, diese Erzählerin. Sie weiß, wie es in der Küche beim Hauserbauern zugeht und beim Martlbräu. Sie kennt die Herbergen in der Au und die Zellen in Stadelheim. Sie weiß, wie eine Wirtin mit ihrer Tochter grantelt, wie sie ein Küchenmädl einstellt, wie sie dirigiert, bis sich die Speiskarte bei der Jakobidult glatt abwickelt, und was man alles herrichtet.« Besonders rühmt er die Dialogsequenzen in ihrem Werk: »Das Gespräch, das mit dem Verlobungskuss schließt, ist kostbar. Ein urwüchsigerer, echterer Dialog ist in altbayerischer Mundart niemals geschrieben worden. Wie redet der Wirt mit den Bauern? Wie nimmt ein Bursch Abschied von seinem Mädel? Was wird unterm Essen am Bauerntisch gesprochen? Wie bringt der Bursch dem Alten die brenzliche Geschichte bei? Welche Sprüche machen die Bauern beim Politisieren? Immer neue Situationen, immer neue Dialoge, einer so echt wie der andere, keine tote Stelle, keine überspitzte Pointe. Er ist nicht erlauscht, er ist erlebt.« Doch sie wisse noch mehr, so Hofmiller, blicke ihren Gestalten so tief ins Innere, dass ihr nicht die kleinste Regung entgehe, nicht einmal ein Gedankenspiel. Die Autorin könne sich genau hineinversetzen in die Zielvorgabe ihrer Heldin: »eine Heimat, ein eigenes Sach, Haus und Hof«. Dafür ist ihr jedes Mittel und jeder Mann mit Besitz recht. Genauso schnell, wie sie sich ihm zuwendet, erfolgt die Abwendung, wenn sie spürt, dass es aussichtslos ist. »Sie hält die Männer zum Narren und ist in ihren Mitteln skrupellos.«

Mit wenigen sicheren Strichen skizziert Lena Christ die Figur einer egoistischen Frau, die nicht nur überleben will, sondern gut leben will. Hanni kann nichts dafür, dass sie in Verhältnisse hineingeboren wurde, die das nicht zulassen. Ihr Kapital sind Klugheit und Zielstrebigkeit. Lena Christ hat eine ebenso erstaunliche wie unwiderstehliche Frauenfigur geschaffen, die in ihrem rückhaltlosen Bekenntnis zum Egoismus von Lou Andreas-Salomé und in ihrem kompromisslosen Anspruch auf Glück von Franziska zu Reventlow stammen könnte. Die beiden berühmten Zeitgenossinnen sind allerdings nicht so weit gegangen wie sie: Ihre Protagonistinnen setzen sich zwar auch mit allen verfügbaren Mitteln ein, um ihre Ziele zu realisieren, doch an Skrupellosigkeit und Raffinesse ist ihnen die Christ'sche *Rumplhanni* sogar noch überlegen.

Sie habe »kürzer oder länger« die Idee, den Entwurf zu einer Arbeit mit sich herumgetragen, »und dann warf sie es hin, in einem Zug«, staunt Jerusalem. Die Geschichtensammlung *Bauern* sei ebenfalls auf solche Weise entstanden, fast alle Texte wurden ohne nachträgliche Korrektur geschrieben. Dabei hebt er besonders die Erzählung *Der Guldensack* hervor, die sie 1914 auf dem alten Kanapee in der Wohnstube des Lindacher Bauernhauses verfasst hatte – innerhalb nur einer Stunde, und wiederum ohne Korrektur oder Änderung. Allerdings habe es auch Wochen gegeben, in denen sie keine Zeile schrieb.

Im Rahmen der Publikation der *Rumplhanni* machte Lena Christ eine neue Erfahrung: Nachdem sie den Roman im Herbst 1916 zu Ende geschrieben hatte, Jerusalem zu einem Unterführerkurs nach Freising abkommandiert war und nicht auf Sonntagsurlaub zu ihr kommen konnte, schickte sie den Schluss direkt nach München zum Abtippen. Als Jerusalem den Korrekturbogen aus der Druckerei erhielt, war er nicht wie sonst zufrieden, sondern hatte einige Einwände, die er aber nicht äußern wollte. Weil sie sich immer so sicher war, habe er an eine mögliche Änderung nie gedacht. Anders der Verlagsleiter Korfiz Holm. Ihm gefiel der Schluss überhaupt nicht, er »machte den großzügigen Vorschlag, den Bogen noch einmal neu setzen zu lassen, wenn die Dichterin sich entschließen könnte, den Text und damit den Ausgang des Romans in dem von ihm gewünschten Sinne zu ändern«. Zwar nicht gerade begeistert, aber letztlich doch kooperativ stimmte Lena zu und »schrieb an einem Oktobernachmittag im Laufe von ein paar Stunden das Ende des Romans um«.
Vermutlich ließ der ursprüngliche Schluss des Romans das Schicksal der Rumplhanni in der Schwebe. Die Autorin könnte ihre Protagonistin sich selbst überlassen haben. Beweglich, erfinderisch, unkonventionell und immer für Überraschungen gut – so ist die Figur von Anfang an angelegt. Dass Hanni als Ehefrau und Wirtin dauerhaft zur Ruhe

kommt, ist schwer vorstellbar und wirkt aufgesetzt: »Und dann lässt sie sich willig von ihrem Eheherrn hineingeleitet in die Schlafkammer als seine liebe Hausfrau und Martlbräuin«, heißt es vor dem Schlussidyll, das einen schwülen Sommertag in München beschwört.

Für Lena Christ war das Schreiben eine Möglichkeit, die inneren und äußeren Reize und Bilder, die sie manchmal überfluteten, unter Kontrolle zu bekommen. Sie war hochsensibel, konnte ihre Gefühlsantennen nicht abschalten, den Aufnahmelevel nicht herabsetzen, sondern war sozusagen »immer voll auf Empfang«. Ihrer übersteigerten Sensibilität war sie weitgehend ausgeliefert. Erst indem sie sich die Eindrücke beim Schreiben zunutze machte und sie selbst gestaltete, verloren sie an destruktiver Macht. Sie waren nicht länger die bestimmenden Elemente, sondern das Material, dem die Regisseurin einen Part zuwies. Peter Jerusalem versuchte, sich in ihren Seelenzustand einzufühlen: »War sie doch beständig auf der Flucht vor sich selber oder ihren Dämonen, um das große Wort zu gebrauchen. Es geht solchen Leuten nicht anders als einem Flüchtling, der durch einen finstern Wald läuft und hinter sich die Stimmen der Verfolger hört. Er sieht sie nicht, weiß nicht, woher sie kommen, und sucht darum nach einem Ausweg aus dem Dunkel.« Das Weglaufen birgt die Gefahr des Strauchelns und Stürzens. Jerusalem war sich seiner Funktion innerhalb dieser Konstellation bewusst. Er war der Auffänger, der sie vor dem drohenden Absturz bewahrte. Er war der Wegweiser, der sie vor dem Verirren rettete. »Solange ich in der Nähe war, bestand keine Gefahr. Sie konnte bei mir Zuflucht suchen oder sich in ihre Arbeit flüchten. Da kamen die guten Dämonen über sie. Zudem war sie nicht allein, sondern ging mit dem Mathias auf die Wanderschaft.«

Doch auch ganz neue Wege schlug sie ein: Bei ihrer Erzählung *Die sprechende Uhr* handelt es sich beispielsweise um eine Satire über technische Innovationen. Sie erschien 1913 im »Sammler«, der Beilage der *München-Augsburger Abendzeitung*. Eine »alte, eingesessene Münchnerin« bekommt von ihrem Neffen eine Standuhr geschenkt, über die sie sich zunächst freut, bis sie feststellt, dass die Uhr jede halbe Stunde die Zeit auf Bayerisch ansagt: »Oans, halbe zwoa, zwoa«. Offensichtlich angeregt wurde Lena Christ dazu durch die Schilderung eines »Wunders der Technik«, das von dem Berliner Erfinder Bernhard Hiller konstruiert worden war. Darüber wurde ebenfalls im »Sammler« berichtet. Das zeigt, dass sie nicht nur spontan und intuitiv arbeitete, auf ihre starken Bilder und Formulierungen vertrauend, sondern recherchierte und exzerpierte.

Bereits bei *Mathias Bichler* hatte sie damit begonnen. Im März 1913 legte Lena ihrem Mann ein Kontobuch vor, in das sie den Anfang eines neuen Romans geschrieben hatte: »Mathias Klamm«. Schon der erste Satz begeisterte Jerusalem. Nachdem er ihr ein Lob ausgesprochen hatte, erläuterte sie ihm ihr Konzept. Ausgangspunkt waren Erlebnisse aus ihrer Kindheit. Das Motiv des Findelkindes, das als Kostkind bei Bauern aufwächst, sollte die Handlung tragen. Und es sollte gerade dieses Kind sein, das einmal zum Herrgottschnitzer wurde. Weil sie sich nicht ausschließlich auf ihre eigenen Erinnerungen verlassen wollte und darüber hinausgehend Informationen über Kulturgeschichte und Tradition benötigte, beauftragte sie ihren Mann, sie mit entsprechenden Werken aus der Staatsbibliothek zu versorgen. Im Verlauf ihres Schreibens benannte sie Mathias Klamm um in Mathias Bichler – als Hommage an ihren geliebten Großvater, dem sie so viel zu verdanken hatte.

Mathias Bichler thematisiert die Selbstschöpfung eines Künstlers – hier ist es ein bildender Künstler, doch Parallelen zu ihrer eigenen Entwicklung zur Schriftstellerin sind unübersehbar. Das

Motiv der Künikammer aus den *Erinnerungen einer Überflüssigen* taucht auch in diesem Roman wieder auf: »Am liebsten schlich ich mich in die Künigkammer, die beste Stube des Hauses, in der seit Menschengedenken aller Prunk und Glanz des Weidhofs angehäuft wurde«, lässt sie Mathias Bichler schwärmen. »Da wühlte ich in den Truhen und Schränken, behängte mich mit seidenen und blumendurchwirkten Tüchern, silbernen Ketten und schimmernden Flachszöpfen, setzte die alte, hohe Pelzhaube des seligen Weidhoferahnls auf und stellte mich so herausgeputzt vor den Spiegel des Glaskastens und betrachtete und beschaute mit viel Ergötzen meine Herrlichkeit. Sodann kletterte ich auf Tisch und Stuhl, nahm die alten, vergoldeten Heiligenbilder von den Wänden, lehnte sie der Reihe nach rings um die Ofenbank und begann, vor diesen auserlesenen Zuschauern die wunderlichsten Tänze und Sprünge auszuführen.«

Lena Christ beauftragte nicht nur Jerusalem, ihr Material aus der Bibliothek zu beschaffen, sondern recherchierte selbst professionell. Als sie 1913 mit ihren beiden Töchtern Glonn besuchte, teilte sie ihm anschließend mit, sie habe ein wichtiges Buch gekauft, das sie für ihre Arbeit verwenden wolle: eine kulturgeschichtliche Abhandlung mit dem Titel *Glonn und Umgebung, in Vergangenheit und Gegenwart, nach Quellenforschungen*, verfasst von einem Geistlichen aus Glonn. Dieser entnahm sie nicht nur Informationen über das Brauchtum, sondern auch einige besondere Hausnamen. Vor allem aber wurde sie zu einer Figur inspiriert, dem »Tiroler Katherl«. Im Buch war sie auf die Notiz gestoßen: »Am 21. April 1763 starb ›das Tiroler Katherl‹, sonst umhervagierend, zur Zeit aber im Dienst beim Riedl in Adling.« Dieser eine Satz regte die Fantasie der Schriftstellerin so stark an, dass sie eine Figur daraus bildete.
Lena Christ ging permanent mit offenen Augen und Ohren durch die Welt. Jerusalem erwähnt mehr als einmal ihr außeror-

dentlich gutes Gedächtnis, das ihr beim Schreiben zugutekam und sie ihre Eindrücke detailgetreu aufs Papier bringen ließ. Er berichtet von einem Ausflug im Mai 1913, der sie mit dem Zug nach Schliersee führte. Von dort aus wanderten sie nach Bayrischzell und entdeckten kurz vor Aurach eine »seltsame Hütte«, die wie eine Zigarrenschachtel mit einem Dach aussah: Über einer Lage Bretter und der darauffolgenden Schicht Stroh lagen Kleidungsstücke und Lumpen, die mit Steinen, den Resten eines schmiedeeisernen Gartenzauns, Töpfen und Emailschildern beschwert waren. Ein Maler stand mit Palette und Pinsel vor seiner Staffelei neben dem Haus. Mit Erstaunen stellten die beiden Besucher fest, dass er die vor ihnen liegende Wendelsteinlandschaft in düsteren Farben, umhüllt von dunklen Regenwolken malte, obwohl herrlichstes Frühlingswetter herrschte. Auf ihre Frage, antwortete er, das Bild sei eine Auftragsarbeit, die er am Vortag begonnen, aber nicht fertigbekommen hätte. Für Lena war es klar, dass diese Begebenheit Einzug in ihren Roman halten würde: Der Maler war Vorbild für den Bildlmacher Thomas Beham, eine der schönsten Figuren, die Lena Christ geschaffen hat. Er ist der Lehrer Mathias Bichlers, der den Jungen mit Inspiration und Verständnis auf seinem Weg begleitet: »Und er war ein gar fleißiger Maler; Tag für Tag ging er hinaus und stellte sich bald hierhin, bald dorthin, eifrig betrachtend, zeichnend und malend.«

Der Wallfahrtskirche von Birkenstein war Jerusalem zum ersten Mal in Lenas Manuskript begegnet. Diesen Teil hatte sie bereits geschrieben, als die beiden ihre Frühlingswanderung unternahmen. Er erkannte alles wieder, was er in Lenas Kontobuch gefunden hatte: »die schmale Holztreppe hinauf, die zu einem Wandelgange führte; der zog sich rings um das Kirchlein und war an Decke und Wänden mit Votivtafeln und Gemälden dicht behangen«. Und als sie schließlich die Kapelle betraten, war es »wahrhaft so, wie ich's gelesen hatte: die reichgeschmückte

Muttergottesstatue mit dem Kind schien in dem magisch roten Licht hoch über dem Altar zu schweben.«

Lena Christs 1914 erschienener Roman *Mathias Bichler* ist nicht nur eine Hommage an ihren Großvater Mathias Pichler. Er enthält Elemente des Abenteuerromans, des Entwicklungsromans und erzählt die Karrieregeschichte eines Künstlers. Mathias Bichler ist ein Findelkind, das bei seinen Zieheltern auf dem Land aufwächst, nach einer Wallfahrt überfallen wird, im Waldhaus von einer jungen Frau, Kathrein, gesund gepflegt wird und sich in sie verliebt. Doch bevor sie endgültig zusammenkommen, muss er seine »Lehr- und Wanderjahre« absolvieren. Er wird zum berühmten Herrgottschnitzer. »Mag sie auch als Mathias Bichler, mit dem Namen ihres Großvaters, in Mannsrock und Hosen und rund hundert Jahre früher nach München kommen oder als Bauernmagd in Gestalt der Rumplhanni zur Zeit des letzten großen Krieges zuwandern und in der Au draußen zu kleinbürgerlichem Wohlstand gelangen, immer ist es im Grunde doch sie, das mehr oder minder missachtete Landkind, das sich in der Stadt seinen Anteil am Dasein und seinen Platz an der Sonne erkämpft«, diagnostizierte Peter Jerusalem.

Nach dem Erscheinen von *Mathias Bichler* geschah Ähnliches wie bei Lena Christs Debüt. Diesmal war die Kritik noch lobender, doch die Leser zeigten kein großes Interesse. Im *Literarischen Echo* schrieb der elsässische Schriftsteller Arthur Babillotte: »Im *Mathias Bichler* haben wie endlich wieder einmal einen wundervoll lebensechten Abenteuerroman im besten Sinne.« Die Autorin lasse »Ludwig Thomas Bücher weit hinter sich«, weil man bei ihr nicht die Absicht spüre, »die bayerische Eigenart aufdringlich herauszuheben, sondern alles natürlich und selbstverständlich geschieht und ausgefochten wird«. Es sei keine Satire, sondern »einfach Leben«.

15
Überleben im Krieg

Im April 1914 zogen Lena, ihre beiden Töchter und Jerusalem
von Gern nach Nymphenburg in die Pilarstraße. Die Wohnung
in dem zweistöckigen Mietshaus war endlich groß genug, um
Besuch zu empfangen. Ludwig Thoma, der Bibliothekar Hans
Ludwig Held, Wilhelm Langewiesche, Korfiz Holm sowie wei-
tere Künstler gehörten zu den Gästen. Aus dieser Zeit stammen
einige Bücher, die Korfiz Holm Lena Christ schenkte und mit
Widmungen versah:
»Die Freundschaft dauert ewig fort
Mit Leni, wo die Büacher schnorrt!«, oder von 1917:
»Hoffentlich ist dies der Christ Leni
Net z'weni.«

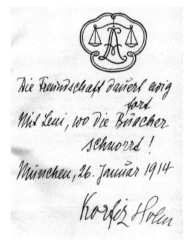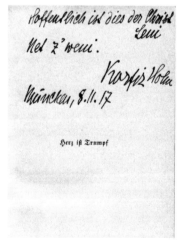

Widmungen von Korfiz Holm

Sie scheinen ein vertrautes Verhältnis zueinander gehabt zu haben, die Autorin und der Verleger. Erstaunlicherweise wird Lena Christ jedoch in seinem Buch *ich – kleingeschrieben*, in dem er die »Erlebnisse eines Verlegers« mit Künstlern und Bohemiens schildert, mit keinem Wort erwähnt.

Im selben Jahr verbrachte die Familie die Sommerferien auf dem Wimmerhof. Anfang August wurde die Mobilmachung ausgerufen, zur Begeisterung der jungen Männer, »sie juchzten und sangen unter ihren blumengeschmückten Hüten, als ginge es zum Tanz«, berichtet Jerusalem. »Das ganze Land schien wie von einem Festtaumel ergriffen« – fern lag der Gedanke, dass es ein Totentanz, eine Reise ohne Wiederkehr sein könnte, zu der die Männer aufbrachen.
Zu Beginn des Krieges beherrschten Aufmärsche, Notverordnungen und Propaganda den Münchner Alltag. Schulhäuser wurden zu Notquartieren für Soldaten umfunktioniert. Lena und Jerusalem begleiteten das Geschehen als »stumme Zuschauer«. Abwechselnd hielten sie sich in München und in Glonn auf. Die Stimmung unterschied sich kaum, sowohl auf dem Land als auch in der Stadt war die Euphorie groß: »Wir sahen die mit Tannen und Birkenreisern geschmückten und mit heiteren Inschriften bemalten Züge, aus deren Fenstern die Einberufenen jubelnd winkten und lachend grüßten, fort- oder an uns vorüberrollen, dem Ungewissen entgegen. Auch wir gingen über die Landstraßen und Gassen der Stadt, standen vor den Kasernen und auf den Bahnhöfen, sahen die Gesichter der Männer und Frauen, hörten das Juchzen und den Gesang, aber manchmal auch ein ernstes Wort«, berichtet Jerusalem.

Diese Eindrücke bildeten die Grundlage für die Texte, die Lena Christ unter dem Titel *Unsere Bayern anno 14* veröffentlichte. Jerusalem behauptet, die Idee zu einem solchen Buch sei ihm auf der Rückfahrt von Glonn nach München gekommen, und Lena sei sofort Feuer und Flamme gewesen. Der Albert Langen Verlag hatte eine Reihe mit Alltagsgeschichten aus dem Krieg bereits in Erwägung gezogen, die Lena Christs Buch nun eröffnen sollte. Das bedeutete endlich wieder Einnahmen. Die letzten Wochen und Monate hatten sie sehr sparsam leben müssen. Sie waren erfinderisch und genügsam, ernährten sich in Lindach von Waldfrüchten, Beeren, Schwammerln und bereiteten köstliche Gerichte – besonders wenn sie Steinpilze gefunden hatten. Auf dem Land gab es immer irgendetwas zu essen. Doch zurück in München war es nicht mehr so einfach zu improvisieren. Sie waren gezwungen, sich stark einzuschränken.

Kurz vor Weihnachten 1914 erschien der Band *Unsere Bayern anno 14* und entwickelte sich, im Gegensatz zu den bisherigen Büchern, zu einem großen Verkaufserfolg. Schnell gab es eine zweite und eine dritte Auflage. Doch damit nicht genug, im nächsten und übernächsten Jahr folgten Fortsetzungsbände, auf die mit allgemeinem Staunen reagiert wurde, besonders weil sie aus der Feder einer Frau stammten. »Sie könnten nicht männlicher sein, wären sie von einem Manne geschrieben«, lautete das bewundernde Fazit. Die Kritiken waren hervorragend: »Lena Christ hat fürwahr männliche Fäuste. Ihre Bayernskizzen verblüffen durch straffe Disziplin«, lobte der Rezensent des *Berliner Börsen-Couriers* am 17. Oktober 1915 und fuhr fort: »Sie schreibt in kurzen lebhaften Sätzen. Jedes Wort steht an seinem Platz. Am unmittelbarsten wirken jene Bilder, die sie selber sah. In Stadt und Land. Auf Straßen, Märkten und in Lazaretten. Man sieht den Krieg als Reflex in Spießerköpfen, Bauerngehirnen. Drei Sätze – und ein Mensch steht da. Zwanzig Zeilen – und ein Schicksal ist vollendet.«

Es war vor allem der Humor, der Leser wie Kritiker begeisterte – eine Art von Humor, die in schweren Zeiten zum Trost werden kann. »Und von diesem Humor besaß die Lena Christ so

Manuskriptseite »Unsere Bayern anno 14«

ein gut Teil, als ein echtes Kind altbayerischen Landes«, bestätigt Jerusalem. »Luft und Leben sind hier rauer und herber, und das ihre machte darin keine Ausnahme, im Gegenteil. Rauheit aber schämt sich der Träne und verwandelt den Schmerz in einen Scherz. Und so gewann auch sie aus Leid und Schwermut die männliche Kraft, unter Tränen zu lächeln.«

Auf ihren autobiografischen Roman war ein Entwicklungs-
roman gefolgt, auf die *Lausdirndlgeschichten* Kriegserzählun-
gen, ein Genre, das bis dato Männern vorbehalten gewesen war.
Gerade damit war sie besonders erfolgreich. Denn sie weitete
den Blickwinkel, verschob ihn: von der Front und den Soldaten
zu deren Heimatorten und den Menschen, die dort geblieben
waren, also zu den Frauen, Kindern und alten Leuten.
Die Literaturwissenschaftlerin Ghemela Adler lobt in ihrem
Buch *Heimatsuche und Identität. Das Werk der bairischen Schriftstellerin Lena Christ* die konkrete Darstellungsweise – im
Gegensatz zu Ludwig Thomas »Kriegspathos«. Dafür liefert sie
ein schlagendes Beispiel: »Für Thoma ist der Aufruf zur Mobilmachung ›ein Ton, als wie aus Erz gedrungen‹, Lena Christ
dagegen gibt die nüchternen Meldungen von Telegrammtafeln
und Tageszeitungen wieder.« Zur Entstehung erklärt Jerusalem:
»Die in den drei kleinen Bänden enthaltenen Schilderungen
der Frontkämpfe waren auf Erzählungen von Verwundeten aufgebaut, die wir zum Kaffee geladen hatten, wo sie dann von
ihren Erlebnissen im Felde berichteten.«
Nur wenn es um die Feinde ging, benutzte Lena Christ die
üblichen Klischees. Die bayerischen »Riesen« würden mit den
russischen »Ungeheuern« und französischen »Rammeln« schon
fertigwerden:
»Den Serben, Russen und Franzosen
verhaun mir's Sitzfleisch in der Hosen;
Bomben kriagn s' statt Leberknödl
Und als Kompott unsern Gwehrkolbn an Schädl.«

Doch Lena Christ wusste, dass der Alltag der Soldaten alles
andere als heiter war. Ihre Verbundenheit wollte sie ihnen
demonstrieren. Eine ihrer hervorstechenden Eigenschaften war
Großzügigkeit; selbst wenn sie kein Geld hatte, war sie freigie-
big. »Dem Bedürftigen hat sie nie die Tür gewiesen und gern

Pilarstraße 2,
München-Nymphen-
burg

mit andern geteilt oder sich für sie verwendet, wo es ihr möglich war«, beteuert Jerusalem und erzählt, wie im September
1914 eine Kompanie Soldaten laut singend an ihrem Haus am
Nymphenburger Kanal vorbei in Richtung freies Feld mar-
schierte. Lena wollte ihnen unbedingt eine Freude machen,
kaufte im gegenüber gelegenen Laden drei Zigarrenkisten, lief
den Soldaten nach und verteilte die Zigarren. Doch sie reichten
nicht für alle, einige gingen leer aus, was Lena nicht akzeptieren
wollte. Mittlerweile waren sie schon in Laim angelangt, wo sie
in den Zug einsteigen sollten. Lena betrat also den nächsten
Laden, in dem es Zigarren gab. Da sie weder Geld dabeihatte
noch Kredit bekam – hier war sie gänzlich unbekannt –, ließ sie
einfach ihre goldene Biedermeierbrosche als Pfand zurück. Sie
versprach, die Nadel am nächsten Tag wieder auszulösen, und
der Ladeninhaber ließ sich auf den Handel ein. Auf diese Weise
erhielten auch die Soldaten, die als letzte der Kompanie mar-

207

schierten, ihr Geschenk von Lena. Zu Hause angekommen entdeckte sie, dass kein Geld mehr da war, um die Brosche zu holen. Doch am nächsten Tag geschah ein kleines Wunder: Der Geldbriefträger überbrachte eine Postanweisung über dreihundert Mark. Vor Freude führten Lena und Jerusalem einen »Negertanz« auf. Absender war die Schillerstiftung. Jerusalem hatte beim Leiter der Münchner Zweigstelle, Dr. Erich Petzet, über die schwierige materielle Situation geklagt, in der sie sich seit Kriegsbeginn befanden. Da Petzet sowohl die *Erinnerungen einer Überflüssigen* als auch *Mathias Bichler* überaus hoch schätzte, hatte er die Stiftung in Weimar zu dieser unterstützenden Zahlung bewegen können.

Sie werde einmal so berühmt sein, dass ein König sie zu Tisch bitte, hatte die Wahrsagerin Lena Christ vorhergesagt. Das muss selbst einer Frau, die so empfänglich für Prophezeiungen war, unwahrscheinlich vorgekommen sein. Wie sollte der König auf sie aufmerksam werden?
Nun war sie durch ihr Buch *Unsere Bayern anno 14* endlich als Schriftstellerin in aller Munde – sogar über die Grenzen Bayerns hinaus –, und so erhielt der Albert Langen Verlag eines Tages einen Brief aus der Hofkanzlei mit der Einladung an die Autorin, ins Palais Wittelsbach zu kommen. Seine Majestät der König wollte sie unbedingt kennenlernen. Sie war also tatsächlich etwas Besonderes, wie sie es schon als Kind geträumt und imaginiert hatte. Die Wahrsagerin hatte recht behalten mit ihrer Prophezeiung... auch der zweite Teil hatte sich erfüllt.
Lena Christ wurde von König Ludwig III. freundlich empfangen und aufgefordert, frei und unbefangen zu reden, was sie verständlicherweise zuerst nicht tat. Doch es dauerte nicht lange, bis sie ihre Schüchternheit verlor und tatsächlich draufloserzählte – zum allergrößten Vergnügen des Königspaars, das sie zu Tisch lud, um ihren Geschichten zu lauschen. Beide hät-

ten sich sehr amüsiert, nur die Hofdame sei verlegen gewesen und mal rot, mal blass geworden. Im Januar 1916 wurde der Autorin dann »in ehrender und dankbarer Anerkennung für ihr besonderes Engagement während des Krieges« das König-Ludwig-Kreuz verliehen.

Im Juli 1915 fuhr die Familie wieder nach Lindach, um dort die Sommerferien zu verbringen. Auf dem Land gab es immer noch genug zu essen, und man konnte den Kindern ein unbeschwerteres Leben bieten als in der Stadt. Jerusalem ging gern mit den beiden Mädchen zum Schwimmen an einen Waldsee – alle genossen die entspannten Stunden. Doch mitten hinein in die friedliche Stimmung platzte ein Unglück: Während eines Sommergewitters ertönte Feueralarm. Der Blitz hatte in den Hof des Franzenbauern eingeschlagen und den Stall in Brand gesetzt. Nun drohte das Feuer auf das Wohnhaus überzugreifen. Jede hilfreiche Hand war gefragt: Das Vieh war schon ins Freie getrieben worden, die Bewohner und einige Nachbarn versuchten, das Mobiliar zu retten. Kleiderschränke, Truhen, Tische, Stühle, Wertsachen wurden aus dem Haus getragen. Der größte Teil der Leute schaute nur zu und wusste nicht, was zu tun war. Hier zeigte Lena einmal mehr ihre Handlungsfähigkeit: Zuallererst entlarvte sie einen Dieb, der den Helfer spielen und dann mit den geretteten Gegenständen verschwinden wollte. Dann begann sie, die Hilfsaktion zu leiten. Sie wies den Herumstehenden Aufgaben zu, erteilte kurze, prägnante und vernünftige Befehle, und das auf so zwingende Weise, dass ihr alle folgten. Jerusalem war fasziniert: »Vorher war alles wild durcheinandergelaufen wie eine aufgescheuchte Herde von Schafen, denen der Hirt fehlt und der Hund. Jetzt aber kam Ordnung in das Ganze, und die Kopflosigkeit wich. Sie stand da wie ein kleiner Feldherr, der seine Befehle erteilt, hier die Truppe zurücknimmt und dort an einem bedrohten Punkte einsetzt, mit einer erstaunlichen Umsicht und Ruhe, sie, die doch selber unfähig war, sich und ihr eigenes Leben zu lenken.«

Ende August 1915 erhielt Jerusalem den Gestellungsbefehl. Gleich nachdem das rosafarbene Schreiben bei ihnen eingetroffen war, versank Lena in düstere Stimmung und lief bedrückt »wie von trüben, dunklen Ahnungen erfüllt umher«. Sie sorgte sich um den geliebten Mann, sah die Sicherheit, in der sie sich dank seiner Unterstützung seit einigen Jahren befand, dahinschwinden. Vor allem fürchtete sie das Alleinsein. Sie glaubte, nicht ohne ihn leben zu können. »Die kommende Trennung warf ihre Schatten voraus, und das Gefühl der Unsicherheit, wenn sie allein und sich selbst überlassen war, bedrückte sie schon, ehe es Wirklichkeit geworden«, schreibt Jerusalem. Und was, wenn die Trennung nicht nur eine vorübergehende, sondern eine endgültige werden würde? Sie bangte um sein Leben und davor, »allen dunklen Mächten preisgegeben zu sein. Wie eine schwarze Wolke kam die Schwermut über sie.« Doch sie versuchte tapfer, ihren Zustand vor ihm und den Kindern zu verbergen, und lief hinaus ins Feld, wenn sie spürte, dass sich ihre Augen mit Tränen füllten.

Am 2. September 1915 musste Jerusalem in der Höheren Töchterschule an der Münchner Luisenstraße antreten. Das Schulgebäude war zum Rekrutendepot umfunktioniert worden. Jeden Abend, wenn die Rekruten von ihren Übungen zurückkamen, standen ihre Frauen vor dem Tor, um sie mit Lebensmitteln zu versorgen und sich zu vergewissern, dass es ihnen gut ging. Auch Lena war unter ihnen, beschränkte sich aber nicht aufs Warten, sondern lief zum Oberwiesenfeld, dem Übungsgelände der Infanterie, um sich für weitere Erzählungen inspirieren zu lassen.

Nicht nur literarisch wurde sie damals aktiv: Im November 1915 prangerte sie die Missstände in der Notkaserne Elisabethenschule beim SPD-Landtagsabgeordneten und Chefredakteur der Münchner Post, Dr. Adolf Müller, an. Ihre Vorwürfe gegen den Kompaniechef, Rittmeister Trombetta, der nur noch der »Zuchthausdirektor« genannt würde, zogen Konsequenzen nach sich, mit denen sie nicht gerechnet hatte: Gegen sie wurde ein Verfahren wegen Beleidigung angestrengt. Während sie mit ihrer Intervention die Soldaten unterstützen und darauf hinweisen wollte, unter welch unwürdigen Bedingungen sie in der Kaserne lebten, zogen sich diese nach der Anzeige ihres Vorgesetzten zurück. Sie bestritten, sich dergestalt über ihren Kompaniechef und die Wohnverhältnisse beklagt zu haben. Lena Christ stand mit ihrer mutigen Beschwerde allein da. Angesichts der Sinnlosigkeit ihrer Aktion entschloss sie sich zu einem Entschuldigungsbrief an den Rittmeister. Darin hieß es, sie hätte sich längst bei ihm gemeldet, wenn sie nicht schwer erkrankt gewesen wäre – »ich lag auf den Tod da«. Ihr Zustand und die schlimmen Nachrichten, die sie gerade erhalten hätte – ihre drei Brüder seien innerhalb von zehn Tagen gefallen –, wären der Grund dafür, dass sie sich im Ton vergriffen habe. Diese Angaben entsprachen nicht der Wahrheit. Denn zum fraglichen Zeitpunkt lebten alle drei Brüder noch: Wilhelm Isaak starb 1917, Joseph 1956 und Friedrich 1973. Es zeugt von einer merkwürdigen Chuzpe, derartige Behauptungen, die unschwer nachzuprüfen waren, aufzustellen. Doch der Brief kam ohnehin zu spät, das Verfahren gegen sie war schon eingeleitet worden und nahm seinen Lauf. Die Beschuldigten-Vernehmung vom 1. April 1916 ergänzte Lena Christ mit einem ausführlichen Brief, in dem sie auf ihre Verdienste hinwies, die an oberster Stelle gewürdigt wurden: »Ihre Majestäten, unser König und Königin, sowie seine Kgl. Hoheit Kronprinz Rupprecht gaben auch wiederholt ihrer Freude, ja sogar ihrem Dank dafür Ausdruck, dass ich es unternommen habe, unseren Bayern durch mein Werk ein Denkmal zu setzen.« Weiter schildert sie ihre genaue Recherche für ihre vom König so sehr geschätzten Bayern-Bücher: »Zu diesem Zweck musste ich alles studieren und beobachten, die Stimmung in Stadt und Land, bei Zivil und Militär. Ich musste unseren Truppen in ihre Quartiere folgen, auf die Bahnhöfe, auf die Übungsplätze; ich machte Felddienst- und Nachtübungen mit, – kurz, – ich lebte sozusagen mit den Soldaten.« Sie habe daher mitgelitten, als sie dieser eklatanten Missstände gewahr wurde, und sich verantwortlich gefühlt: »Die seinerzeitigen Verhältnisse in der Elisabethenschule erschienen mir nicht geeignet, den Leuten Liebe zum Soldatenstand einzuflößen; ja, die Stimmung war derart, dass man nicht das Beste erwarten konnte.«

Damals wurden von der Kgl. Polizeidirektion München Nachforschungen über die aufmüpfige Schriftstellerin angestellt. Ihre Einkommensverhältnisse und die ihrer Eltern wurden überprüft sowie Erkundigungen über ihren Lebenswandel eingezogen. In der Personalakte des Rittmeisters Trombetta befindet sich eine »streng vertrauliche« Mitteilung über die Vorstrafen Lena Christs: ein Monat Gefängnis wegen Kuppelei im März 1911 und ein Monat wegen Gewerbsunzucht im Juni 1911. Zwar trug das nicht gerade zu ihrer Glaubwürdigkeit bei, doch parallel dazu durchgeführte Ermittlungen ergaben, dass es nicht der Kompaniechef war, der seine Kompetenzen überschritten und die Soldaten drangsaliert hatte, sondern ein Untergebener. Das Verfahren zog sich immer mehr hin, wurde verschleppt und im November 1918 schließlich eingestellt, nachdem der Rittmeister die Klage zurückgezogen hatte.

16
Land und Stadt

Das Verhältnis Land-Stadt taucht als Grundmotiv in allen Werken Lena Christs auf. Erstaunlicherweise wird sie gemeinhin als
Landschriftstellerin angesehen, auf der Gedenktafel an ihrem
Geburtshaus sogar als »Heimatschriftstellerin« apostrophiert,
obwohl sie die meiste Zeit ihres Lebens in der Stadt verbracht
hat. Lena lebte nur bis zu ihrem siebten Lebensjahr in Glonn,
und da das ihre glücklichsten Jahre waren, zog es sie immer
wieder dorthin. Viel mehr als das Land selbst war es das Glück,
das sie bei den Großeltern erlebt hatte, nach dem sie zeitlebens
Sehnsucht verspürte. Wenn sie sich in Glonn oder Lindach auf-
hielt, war sie ihrem Lausdirndlleben sehr nah, konnte daran
anknüpfen. Sie genoss die atmosphärischen Eindrücke, die ihre
Kindheit wieder vor ihr aufscheinen ließen.
Sie selbst idealisierte das Land und seine Bewohner nicht. Das
taten die anderen, allen voran Peter Jerusalem, zum Beispiel
wenn er beklagte, »wohin wir selber geraten sind«, und ausführte: »Das Leben auf dem Asphalt unter spärlichen recht-
oder viereckigen Ausschnitten des Himmels, dessen Gestirne
Sinn und Bedeutung verloren haben als die natürlichen Herren
über Wachsein und Schlaf, verdrängt durch ein von Maschinen
künstlich erzeugtes Licht, hat uns von dem wahren Quell des
Lebens vertrieben.« Mit pathetischen Worten jammerte er über
den Verlust, den das für die Welt bedeute: Der Mensch wisse
nicht mehr, mit Geheimnissen zu leben, sondern empfinde sie
als unheimlich. Der Stille des Waldes mit seinem Vogelgezwit-
scher setzt er den Schallplattenkoffer, den er als eine der vielen

»Erfindungen des Teufels« bezeichnet, entgegen. Damit unterschied er sich stark von Lena Christ, die ein hochentwickeltes Differenzierungsvermögen besaß und der jegliche Heimattümelei fernlag. Für sie wiesen beide Lebensformen, die ländliche wie die städtische, Vorzüge und Nachteile auf. Diese spricht sie in ihren Werken an. Auf dem Land sind die Chancen für Mägde und Knechte gering, ihren Stand hinter sich zu lassen. In der Stadt gelingt der gesellschaftliche Aufstieg leichter, obwohl dort das Maß an Armut und Elend ungleich größer ist als auf dem Land.

Es gab für Lena Christ keine unüberwindbare Grenze zwischen Land und Stadt, sondern in erster Linie gegenseitige Ressentiments und Vorurteile, die aus Unkenntnis resultierten. Die mutige Rumplhanni bekommt beim Anblick der Lichter der Stadt Angst. Die Kombination Fremdheit, Weite und Helligkeit ist ihr gänzlich unbekannt. Sie assoziiert damit Kälte und Abweisung, doch Franzi Weinzierl, eine Hausiererin aus der Au, nimmt Hanni bei sich in der Herberge auf. Sie verdient den Lebensunterhalt für sich, ihren kranken Mann und ihre sechs Kinder mit dem Verkauf von Obst und Gemüse und bewegt sich auch in den Straßen, in denen Hausieren verboten ist, denn »s'Gschäft geht halt amal in dene Straßen am besten, wos Hausieren verboten is«. Die Geldstrafe, die über sie verhängt wird, büßt sie jedes Jahr im Gefängnis ab, und zwar im Winter, wenn das Geschäft ohnehin schlecht läuft. Die Wohnform der Herberge war damals typisch für die Unterschicht: Eine Herberge bestand aus einem oder mehreren Zimmern, die gekauft wurden. Im Fall von Franzi Weinzierl handelt es sich um drei Stuben im Erdgeschoss, von denen eine vermietet wird, mit einer Kochgelegenheit und einem kleinen Stall, der als Lagerraum dient. Das Haustier, die Ziege, wird in einer der Stuben gehalten.

Lena Christ verklärt das Land auch in ihrem letzten Roman *Madam Bäurin* nicht, in dem es für die Protagonistin der Sehnsuchtsort ist. Das Manuskript entstand in den letzten Kriegsjahren, das Buch erschien 1919 im Leipziger Paul List Verlag. Offensichtlich war Peter Jerusalem nicht daran beteiligt, wie seine Bemerkung beweist: »Der neue Roman, der bei meinem ersten Urlaubsbesuch noch in den Kinderschuhen steckte, war inzwischen herangewachsen und lag nun bei meiner Heimkehr fertig auf dem Schreibtisch.«

Die Fluchtlinie, die Rosalie Scheuflein, die »Madam Bäurin«, wählt, führt von der Stadt aufs Land. Sie geht also den der Rumplhanni entgegengesetzten Weg. Die Protagonistin ist ein »stämmiges Weibsbild«, das zupacken kann und gern körperlich arbeitet – keine höhere Tochter mit zwei linken Händen. Ihre Mutter versucht, sie in eine Ehe zu drängen, die ihnen allen Wohlstand garantieren soll. Rosalie widersetzt sich erfolgreich und wird dabei von ihrer Tante unterstützt. Entgegen aller Prognosen wird sie als Bäuerin glücklich.

Josef Hofmiller betont, dass das Dilemma der Rumplhanni darin besteht, dass sie auf dem Land nicht zurechtkommt, obwohl sie von dort stammt. Ganz anders in der Stadt: »Draußen bei den Bauern geriet ihr alles falsch, in der Stadt gedeiht ihr auch das Schlimme zum Guten.« Wer von der Enge des Dorfes erdrückt wird, kann von der Stadt in ihrer Unübersichtlichkeit profitieren. Die Vielfalt der Lebensformen eröffnet bisher unbekannte Chancen. Auf dem Land dagegen herrschte eine strenge Dienstbotenhierarchie. Bei den Männern nahm der Oberknecht oder Großknecht die erste Stelle ein, ihnen folgten Mitterknecht und Hüterbub. Bei den Frauen konnten nur die Köchin oder die Haushälterin in ihrem Bereich weitgehend selbstständig entscheiden und arbeiten. Unterstellt waren ihnen Oberdirn, Mitterdirn, Unterdirn und Kindsdirn. Hanni hatte während ihrer Dienstzeit den Status der Oberdirn, auf den sie stolz war, der aber wenige Entfaltungsmöglichkeiten bot. Sie hatte gelernt, den vorhandenen Spielraum so weit wie möglich auszuschöpfen, vertraute auf ihre eigene Erfahrung und konstruierte sich ihre moralischen Prinzipien daraus selbst. Diese stimmten daher nicht unbedingt mit denen der Kirche überein. Keine Skrupel hatte sie beispielsweise, eine Schwangerschaft vorzutäuschen, um Bäuerin zu werden.

Die Rumplhanni lebte in einer Welt, in der es gang und gäbe war, die Dienstboten sexuell auszubeuten. Bereits ihr Name beinhaltet im bairischen Dialekt eine vulgäre Anspielung: ›Rumpeln‹ bedeutet ›Geschlechtsverkehr haben‹. In der »Männersprache« ist davon die Rede, ›eine zu rumpeln‹ oder ›auf eine zu rumpeln‹. Über das Züchtigungsrecht verfügte der Bauer bis ins 19. Jahrhundert, eine Ohrfeige galt bis ins 20. Jahrhundert als praktikables Mittel, um den Dienstboten zurechtzuweisen. Die Ausnutzung des Abhängigkeitsverhältnisses vollzog sich in allen Bereichen. Dagegen leistete die Rumplhanni auf ihre Weise Widerstand. Sie versuchte, sowohl den Altbauern wie den Jungbauern für ihre Zwecke einzusetzen, und schreckte vor List und Lüge nicht zurück. Ihre Streitbarkeit und ihr Realitätssinn werden etwa in dem Spruch deutlich:
»Der Franzos streit't ums Elsass, – der Russ streit't ums Geld;
I streit um an Bauernhof – und pfeif auf die ganz Welt!«

Als Hanni erkennt, dass die Verführungsstrategien, die sie anwendet, um Hofeigentümerin zu werden, nicht funktionieren, entscheidet sie sich für den Umzug in die Stadt. Ihr Hauptziel ist es, sich aus ihrem Stand herauszuarbeiten; wo sie das tut, ist nicht relevant. Hier wird die Analogie zur Lebensgeschichte von Lenas Mutter deutlich.
Anhand ihrer Figuren, die der Dienstbotenschicht angehören,

stellt die Autorin soziale Unterschiede und ihre Konsequenzen immer wieder in den Mittelpunkt. Der Literaturwissenschaftler Walter Schmitz bringt es auf den Punkt: »Sie hat den kleinen Leuten eine Stimme gegeben.« Er weist ausdrücklich auf ihr Verdienst hin, diejenigen zu Wort kommen zu lassen, die man normalerweise nicht anhört: die »Dienstigen«. Sie hatten den Mund zu halten, wenn die »Herrischen« redeten. Lena Christ gehörte zeitweise selbst zu den Dienstigen. Sie hat nicht geschwiegen, sie hat geschrieben. Dabei entwickelte sie einen unvergleichlichen Stil: Dem Pathos der Bauerndichter setzte sie Ironie, Direktheit und ein wissendes Lächeln entgegen.

Mit dieser Haltung schildert sie auch die wechselseitigen Vorurteile der Stadt- und Landbewohner. In *Madam Bäurin* werden sie von Rosalies Mutter, der Rechtsrätin Scheuflein, wiedergegeben. Sie empfindet die Bauern als »Wilde« ohne Manieren, ungepflegt und grob. Als »gschertn Spitzbuam« bezeichnet der Spottvers, den die kleine Leni beim Besuch ihres Großvaters in München sang, den Bauern. Mit den Städtern verbinden die Landbewohner eine gewisse Vornehmheit, schon wegen ihrer gewählten Sprechweise, doch eigentlich verachtet man sie, weil sie »mager wie Vogelscheuchen« sind und ihre Lebensweise nicht auf Grundbesitz aufbaut. Man traut ihnen kräftemäßig nichts zu, hält sie für schwächlich. Lohnarbeit lehnt der Bauer ab, geregelte Arbeitszeit ist für ihn ein Zeichen von Faulheit. Dagegen ist der Bauer selbstständig und unabhängig. Die Stadt, in der die technischen Neuerungen entwickelt werden, die traditionelle Arbeitsweisen und Bräuche zerstören, gilt als moralisch verkommen. Jemand, der freiwillig vom Land in die Stadt geht, wird mit Misstrauen und Argwohn betrachtet. Dieser Weg wird als Flucht gewertet, die man antritt, weil man auf dem Land mit dem Gesetz oder mit der Gemeinschaft in Konflikt geraten ist. Der umgekehrte Weg, den Rosalie Scheuflein geht, ist noch ungewöhnlicher. Gemeinhin begeben sich die Städter nur als zahlende Sommerfrischler aufs Land.

Beim Schreiben stellte Lena Christ Verbindungen her, die im normalen Alltag unmöglich schienen: Sie holte das Land in die Stadt hinein. Das wollte sie auch in ihrem eigenen Leben versuchen, als sie im Oktober 1916 von Lindach nach München zurückkehrte. Sie kam nicht allein, sondern brachte ein kleines Schwein mit, das sie beim Wimmerbauern gekauft hatte. Sie wollte es mästen und später schlachten, damit die Familie genug zu essen hatte. Einmal mehr zeigte sie sich pragmatisch und handlungsfähig. Allerdings hatte sie nicht in ihre Pläne einbezogen, dass die Aufzucht eines Schweins in der Stadt bei den anderen Hausbewohnern Protest auslösen würde. Die Familie wohnte damals im zweiten Stock eines Mietshauses in der Pilarstraße. Unter dem Vorplatz vor der Haustür, der überdacht war, gab es noch einen kleinen Lichtschacht, der an den Keller angrenzte. Das sollte der Stall sein. Mit ihrer Reaktion »Dees is a schöne Sauerei mit der Sau!« sprach eine Nachbarin wohl allen Mitbewohnern aus der Seele.

Nach zwei Wochen wurde das Tier in einen Verschlag bei der nahe gelegenen Halle des Nymphenburger Turnvereins gebracht. Mit dieser Lösung war Lena nicht glücklich, es tat ihr leid, dass das Schwein dort ganz allein hauste. Sie beantragte einen Futterbezugsschein, der ihr gewährt wurde. Das ermutigte sie, weitere Schweine dazuzukaufen. Schon bei seinem nächsten Heimaturlaub präsentierte sie ihrem Mann stolz fünf junge Tiere, doch er war nicht so optimistisch, denn es gab nur wenig Platz – die Tiere sollten schließlich gemästet werden –, und der Winter stand vor der Tür. Also zog die Familie ihren Haustieren hinterher: Sie mieteten ein Landhaus mit Garten in der nahen Kuglmüllerstraße, in dem schon Räucherofen und

Lena Christ mit ihren Töchtern (hinten von links nach rechts) sowie den Leiterinnen und Zöglingen eines Kinderheims, um 1916

-kammer vorhanden waren, sodass einer erfolgreichen Vorratswirtschaft nichts mehr im Wege stand.

Nach dem Umzug erhielten die Schweine einen Stall im Keller des neuen Zuhauses. Damit war der Grundstock für den Bauernhof in der Stadt geschaffen: Hühner, Enten, Ziegen, ein Hund und eine Gans wurden gekauft und ein Gemüsegarten angelegt. Die Gans war Lenas Lieblingstier. Vielleicht hatte sie gelesen, dass diese in der griechischen Mythologie als heilig galt und ihre Schönheit bewundert wurde. Auch bei den Römern hatten Gänse einen Sonderstatus. Im Tempel der Göttin Juno auf dem Kapitol wurden Gänse gehalten. Ihr Geschrei war es, das die Römer vor den Galliern warnte. Von der »goldnen

Gans« und der »Gänsemagd« handeln Märchen der Gebrüder Grimm, »Hans im Glück« nennt eine Weile eine Gans sein eigen.

Die Gans in der Kuglmüllerstraße legte jeden Tag ein Ei, daher wurde ihr ein Orden verliehen. Lena schlang ihr ein goldenes Biedermeierarmband um den Hals und nannte das Schmuckstück »Halsbandorden«. Sie nahm die Gans morgens sogar mit ins Bett, hatte vorsorglich Zeitungen ausgelegt, was gar nicht nötig war, denn die Gans benahm sich vorbildlich – so als wüsste sie, welche Sonderrolle sie in dem eigenartigen städtischen Bauernhof spielte. Dieser bereitete naturgemäß nicht nur Freude, sondern machte viel Arbeit. Allein der Transport des Sägemehls für den Stall oder des »Sautranks«, den sie in einer Gastwirtschaft in der Schwanthalerstraße abholten, beanspruchte den Einsatz der ganzen Familie: Jerusalem zog den Handwagen oder – im Winter – Schlitten, Lena und die Kinder schoben und hielten die Ladung fest.

Einmal erlebten sie eine Überraschung, als sie nach einer dreistündigen Aktion nach Hause kamen. Die fünf Schweine hatten ihren Stall verlassen, die Küche inspiziert und Brot entdeckt, das sie genüsslich verspeisten. Doch das – gute – Leben der Schweine war schon bald vorbei. Da ihr Unterhalt aufwendig und kostspielig war, wurden sie im Sommer geschlachtet. Dazu kam der Wimmerbauer aus Lindach in die Stadt, »und die Waschküche verwandelte sich in ein Schlachthaus. Da mussten alle mit anpacken«, erinnert sich Jerusalem. »Ich half beim Schlachten und Zerlegen, das Mädchen und die ältere Tochter putzten die Därme, die jüngere rührte das Blut, und die Hausfrau bereitete das Wurstbrat. Andern Tags gab es dann Leber- und Blutwürste in Hülle und Fülle, auch einen Schweinsbraten, so dass wir, die Kinder und das Mädchen mit glänzenden Gesichtern dasaßen, bis unter die Haarwurzeln gerötet von dem ungewohnten Essen.« Was nicht gleich gegessen wurde, »kam ins Surfass und von dort in den Rauchfang« und wurde später an Freunde verteilt.

In der Rolle der Bäuerin fühlte sich Lena wohl, sie versorgte die Tiere, molk die Ziegen, gab die Hühnereier zum Sonderpreis an Bekannte ab. Natürlich kam das Schreiben in dieser Zeit zu kurz, denn die Bewirtschaftung des kleinen Hofes war arbeitsaufwendig. Sie währte allerdings nicht lange, denn die Besitzerin des Anwesens in der Kuglmüllerstraße entschloss sich, ihr Haus zu veräußern. Damit war das Ende der ländlichen Idylle besiegelt. Nun mussten noch die Hühner, Enten, Ziegen und die Gans verkauft werden. »Der Abschied von unserer Märchengans glich einer stillen Trauerfeier mit verhaltenen Tränen«, erinnert sich Jerusalem.

Lena und Jerusalem zogen im Herbst 1917 in eine möblierte Wohnung nach Landshut, wo er schon seit einiger Zeit stationiert war. In der Kleinstadt schien das Überleben zunächst viel

Gedenktafel am Haus Maximilianstraße 8 in Landshut

leichter zu sein, denn dort bestand kein Mangel an Lebensmitteln. Davon zeugten allein die Auslagen in den Schaufenstern der Läden. Die beiden behielten allerdings parallel zu den möblierten Zimmern in der Landshuter Altstadt eine kleine Wohnung in München in der Winthirstraße, in der sie die Möbel unterstellten, von denen sie sich nicht trennen wollten. Lenas Töchter kamen ins Internat: Bis Anfang 1919 blieben sie im Dominikanerinnenkloster St. Maria in Niederviehbach.

Das erste Werk, das Lena in Landshut verfasste, war ein Einakter mit dem Titel *Der goldene Strumpf.* Das Stück hatte am 15. Oktober 1917 gleichzeitig im Stadttheater Landshut und im Deutschen Theater München Premiere. Ihm folgten einige Geschichten und der Anfang eines Alt-Münchner Romans, dessen Protagonist Kaspar Glück hieß. Bereits Ende 1915 war die Rede von diesem Projekt. Am 4.12.1915 schrieb Lena Christ an den Bibliothekar Erich Petzet, sie habe eine große Bitte: »Ich bräuchte etliche Werke über München um 1830 bis 1870. Die Kaution von 20 Mk kann ich aber nur schwer aufbringen; zum Hingehen in die Bibliothek bin ich noch viel zu elend, – ich soll ja noch nicht einmal aufstehen! – Kurz – ich weiß mir keinen Rat in der Sache. Es soll nämlich ein heiterer Roman aus Alt-München entstehen, dessen Grundrisse schon in mir fest sind, und der schon von vorn herein angenommen ist von A. Langen.« Sie schlägt Petzet vor, eine Buchauswahl zu treffen und die Titel für sie bereitzulegen, »erwünscht wären halt Werke, die Kulturgeschichtliches, gesellschaftliche Sitten, Stadtbeschreibungen und dergl. enthalten, auch besonders alte Zeitungen«.

Im Winter 1917 musste Jerusalem an die Front. Während er die Trennung als vorübergehend betrachtete und relativ leicht nahm, litt Lena sehr darunter. Unterwegs erhielt er die Nachricht, dass sie schwer erkrankt war. Die harten Kriegswinter setzten ihrer Gesundheit zu; 1916 hatte sie eine doppelte Brustfellentzündung überlebt. Nun war ihr Zustand wiederum besorgniserregend. In ihren Briefen stand, ihr Leben bestehe zum großen Teil aus dem Warten auf ihn. Dieses Warten sei das »Alpha und Omega« ihres Denkens, gestand sie ihm und prophezeite, sie selbst werde ein Opfer des Krieges, wenn er noch lange dauern sollte. »Ich war nur durch Dich was und bin nix mehr, seit ich Dich nicht mehr hab. Ich bin haltlos, kraftlos und lebenslos. Mein ganzes Dasein und Tagwerk ist wie ein Traum – ein Traumzustand, in dem ich mechanisch das und jenes unternehme, Dummheiten mach, gscheite Ideen hab, Gemütsempfindungen hab –, aber mein eigentliches Leben ist wie in einem Sarg verschlossen, und nur Du kannst es wieder zum Leben bringen …« Seine Gegenwart, sein Glauben an ihre literarischen Fähigkeiten waren für sie unverzichtbar, um schreiben zu können.

Peter Jerusalem (mit Zigarette) und seine Kameraden, Landshut 1917

Der einzige Mensch, dem sie sich anvertraute, war Annette Thoma. »Mein lieber Peter ist heut an die Front gekommen. Ich bin recht traurig und ganz mit den Nerven herunter; aber grad kommt mir ihr lieber letzter Brief in die Händ und da muss ich sie herzlich grüßen«, schrieb Lena Christ an die Ehefrau des Malers Emil Thoma. Im Sommer 1917 hatten sich die beiden Frauen kennengelernt. Nach der Lektüre der *Rumplhanni* hatte sich Annette Thoma an die Autorin gewandt. So begann ihre Korrespondenz. Aus dem wenigen Erhaltenen lässt sich eine große Vertrautheit ablesen. Die Musik – vor allem der Gesang – war es, der sie zusammenschmiedete. Annette Thoma hatte Lenas außerordentliche Musikalität sofort entdeckt. Ihr eigener Einsatz galt der Bewahrung des geistlichen Volkliedes, sie war die Schöpferin der »Deutschen Bauernmesse«. »Es kommt ja nicht so sehr drauf an, was man jemandem sagt«, offenbarte sich Lena Christ, »sondern wie. Und da haben mir ihre lieben Zeilen recht wohl getan, umso mehr, als ich durchaus nicht die beneidenswerte Persönlichkeit bin, für die mich die meisten Leute halten.«

17
Der Bub

Mit ihrer letzten literarischen Arbeit wollte sich Lena Christ ins Glück hineinschreiben. Die Idee zu einem »Alt-Münchner Roman« beschäftigte sie schon seit 1915. Zweieinhalb Jahre später, am 10. Juli 1918, äußerte sich Peter Jerusalem in einem Brief an Korfiz Holm begeistert über den neuen Roman seiner Frau. Doch der Albert Langen Verlag wollte anscheinend nicht länger auf das Manuskript warten.

Ein Auszug aus dem Fragment mit dem Arbeitstitel »Kaspar Glück und seine Frauen« erschien am 20. Juni 1926, sechs Jahre nach Lena Christs Tod, in der »Einkehr«, der Unterhaltungsbeilage der *Münchner Neuesten Nachrichten* unter dem Titel »Die Geschichte vom Kaspar und der Heidel. Eine unveröffentlichte Alt-Münchner Geschichte aus dem Nachlass von Lena Christ«. Hauptpersonen des Romans sind der junge Arzt Kaspar Glück, der nach dem Tod seines Vaters mit seiner Mutter zusammenlebt. Die beiden nehmen Kaspars Cousine Adelheid, deren Eltern gestorben sind, in ihr Haus auf. Kaspar und Adelheid – Heidel – werden ein Liebespaar. In der publizierten Szene denkt die Witwe Susanne Glück wehmütig an den frühen Tod ihres Mannes, des Wundarztes Adam Glück, der so vielen Kranken geholfen hatte. »Doch weiter spannen sich beim leisen Ticken der alten Uhr jetzt die Gedanken. Von ihm, dem liebsten Eheherrn zu seinem Sohn! Zu ihrem Kind, dem Kaspar, glitten sie. Zu Kaspar Glück! Ein Lächeln machte ihre müden Züge jung, da sie ihres einzigen Sohnes gedachte. War nicht schon sein Name glückverheißend und bildete er nicht ein gutes Omen für sein ganzes Leben? War er nicht der alleinige Erbe des ganzen alten Glücks?«

Zweifellos wollte Lena Christ mit diesem Text das Glück heraufbeschwören, indem sie den vielen bösen Prophezeiungen und Flüchen, gegen die sie sich in ihrem bisherigen Leben hatte zur Wehr setzen müssen, ein gutes Omen entgegenstellte. Bisher waren all ihre Protagonisten vom Leben Benachteiligte: Heimatlose, Menschen, deren Herkunft im Dunkeln lag, Außenseiter und Überflüssige. Allen Prognosen und Widerständen zum Trotz finden sie für sich eine Fluchtlinie. Sie gelangen letztendlich dorthin, so Peter Jerusalem, »wo es dem Menschen besser geht, unter die Zahl der Begüterten, die die Achtung der Mitwelt genießen, wie die Rumplhanni, die Tochter eines verkommenen Pfannenflickers, oder Ruhm und Ehre, wie der Mathias Bichler, der namenlose Findling, der in Lumpen gewickelt auf einer fremden Türschwelle lag.« Ihre Protagonisten brachte Lena Christ in Sicherheit – anders als sich selbst. Im Gegensatz zu den von ihr geschaffenen Figuren, die zwar zeitweise gefährliche Wege gehen, aber dennoch wohlbehalten an ihr Ziel gelangen, ist sie bis zum Schluss auf der Suche geblieben.

Für Jerusalem war es zwangsläufig, dass sie tragisch enden musste, nachdem sie ihn verlassen und sich einem jungen Sänger zugewandt hatte. Der Rivale habe sie mit »trügerischem Schein« geblendet und verführt, ihre eigene »verhängnisvolle Natur« habe sie in die Irre geleitet. Weder habe der Sänger ihre Kunst würdigen noch die damit verbundene Gefährdung erkennen können. Er habe sie lediglich als eine von vielen angesehen, der er auf seinem Weg begegnete und die er mitnahm »zur Kurzweil in müßigen Stunden, wie es dem leichten Sinn dieses fahrenden Sängers entsprach«. Selbstmitleid schwingt mit, wenn er dem Rivalen Ignoranz vorwirft: »Hatte sie doch,

Lena Christ,
um 1911

oben angelangt, die sichernde und führende Hand losgelassen
und sich einem andern in die Arme geworfen, der von dem
Besten in ihr nichts wusste, noch von den dunklen Mächten,
die sie bedrohten.«
Dabei war es Jerusalem selbst gewesen, der Lena mit dem Sänger zusammenbrachte. An einem Vortragsabend für Verwun-
dete des Landshuter Lazaretts hatten sie Lodovico Fabbri
kennengelernt. Er war Kriegsinvalide und arbeitete im Gefan-
genenlager als Dolmetscher, denn er sprach perfekt Italienisch,
Französisch und Deutsch. Laut Jerusalem war er als Kind deutscher Eltern in Italien geboren und liebte es besonders, die Lie-
der seiner Heimat zu singen und sich dabei auf der Laute zu
begleiten. Damit und mit seiner Heiterkeit, seinem mitreißen-

den Temperament, seiner Schlagfertigkeit und seinem Witz gewann er die Herzen seiner Zuhörer. Solcher Zauberkünste sei er eben nicht mächtig gewesen, vermerkt Jerusalem im Nachhinein nicht ohne Bitterkeit. Damals forderte er Fabbri jedoch auf, sich in seiner Abwesenheit um seine Frau zu kümmern, weil er gemerkt hatte, dass ihr das Zusammensein mit dem lebensfrohen, humorvollen jungen Mann guttat. Fabbri eröffnete ihr eine neue fremde und verlockende Welt und lenkte sie von ihren trüben Gedanken ab.

Wie aus dem Nichts scheint Lodovico Fabbri in Lena Christs Leben aufgetaucht und nach einer Weile ebenso plötzlich und spurlos wieder verschwunden zu sein. Und so gut wie nichts ist von ihm überliefert: kein Bild, keine Daten, nur ein Plakat mit seinem Namen:

Heiterer bunter Abend
Am Pfingst-Montag, den 9. Juni 1919, abends 8 Uhr veranstalten im Hotel Post in Partenkirchen
Lena Christ,
bayerische Schriftstellerin
und
Lodovico Fabbri,
internationaler Sänger zur Laute
einen
heiteren bunten Abend.
Eintrittskarte Mk 3,-

Lena Christ nannte Lodovico Fabbri ihren »Bub«. Durch seine Jugend verkörperte er für sie wohl auch den Sohn, den sie verlassen und verloren hatte. Doch vor allem war er einer wie sie – einer, der sich selbst erfunden hatte: Aus Ludwig Schmidt hatte er Lodovico Fabbri werden lassen. Er glich ihren Romanfiguren, die ihr Leben nach ihren eigenen Vorstellungen gestal-

Kofferaufkleber

ten und auf ihr Glück nicht verzichten wollen, allen voran
Mathias Bichler, zeitweise Mitglied einer Schauspieltruppe, der
auch Lodovico hätte angehören können. Wie Mathias Bichler
nach seinem Sturz im Gebirge brauchte er Hilfe, denn er hatte
sich eine schwere Handverletzung zugezogen, die ihm das Lau-
tespielen unmöglich machte. Dieses Handicap lässt Jerusalem
außen vor, wie Günter Goepfert betont; es hätte wohl das Bild
des Gigolos, das er zeichnet, zerstört. Über Lena Christs letzte
Lebensphase erfuhr ihr Biograf durch die Erzählungen der
ältesten Tochter. Fabbri befürchtete sogar, überhaupt nicht
mehr spielen zu können, als er der Schriftstellerin begegnete.
Sie war es, die ihm Hoffnung und Kraft gab, als er mutlos war
und zu resignieren drohte. Sie wusste, dass er nur durch Fleiß
und Willenskraft weiterkommen würde. Jeden Tag machte er
unter ihrer Anleitung seine Übungen. Wenn er aufgeben wollte,
sprach sie ihm gut zu. Als ebenso geduldige wie strenge Thera-
peutin zeigte sie großes Engagement und hatte damit Erfolg.
Bald war er wieder so weit, dass er sich auf der Laute begleiten
konnte. Nun sangen sie gemeinsam. Lena hatte endlich einen
Mann gefunden, der ihre Liebe zur Musik teilte – wie damals

der junge Geistliche, ihre erste Liebe, der sie seinen Singvogel nannte. »Wann i dich nur bloß ein einzigs Mal so viel lieb haben dürft!«, hatte sie sich damals gewünscht. »Aber ich hab' ihn ja so lieb ghabt«, gestand sie Peter Jerusalem, nachdem Lodovico sie verlassen hatte.

Lodovico war nicht als Romanheld, sondern als lebendiger Mensch – als Mann – in ihr Leben getreten: jung, liebevoll, zärtlich, leidenschaftlich, aber nicht besitzergreifend. So hatte sie sich die Liebe immer gewünscht. Die schönste Liebesszene, die Lena Christ schrieb, beginnt mit einem Gewitter. Das Waldhaus liegt in tiefer Dunkelheit, Kathrein hat Angst und schlüpft zu Mathias ins Bett. Sie ist eine junge Frau, er beinahe noch ein Kind. Was dann geschieht, schildert die Autorin als Traumsequenz, in die sich die Realität hineindrängt. Sie lässt Mathias berichten: »Ich bettete sie aufs Kissen, schob meinen Arm unter dasselbe und legte mich ganz nahe neben sie. Da schlang sie ihre Hände um meinen Hals, und wir hielten uns ganz still.« Das Gewitter entfernte sich, Ruhe kehrte ein. »Das Kathreinl war an meinem Hals eingeschlafen und ihre Hände lösten sich langsam und fielen herab. Ich zog leise meinen Arm unter ihrem Haupt weg, nahm ihre Hände in die meinen und schlief am End gleichfalls ein. Brummend schlug die Uhr eben vier, als ich erwachte und mich einen Augenblick besinnen musste, ehe ich Traum und Wirklichkeit voneinander scheiden konnte; denn ich hatte im Schlaf das Kathreinl weit fortgeführt in ein hohes Haus und hatte dort Hochzeit gemacht mit ihr.« Das Zusammenstürzen des Hauses hatte ihn aus seinem Traum erwachen lassen. »Nun sah ich das Mädchen schlafend neben mir, und ich besann mich auf den Abend und die Nacht. Ein ruhiges Glücksempfinden überkam mich, und ich betrachtete mit großer Lust das feine Gesicht, die halboffenen Lippen und die langsam auf- und niedergehende Brust.«

Im Januar 1919 verließ Lena Christ ihren Mann und ging mit den beiden Töchtern zurück nach München. Lodovico war ihr schon vorausgezogen. Sie lebten eine Weile zusammen in der kleinen und mit den abgestellten Möbeln überfüllten Wohnung in der Winthirstraße 41. In dieser Zeit ahnte sie, dass ihr Glück mit dem jungen Mann nicht von Dauer sein würde. Sie schrieb Peter Jerusalem einen Brief nach Landshut, den er in seinem Buch wiedergibt: »Nach einer durchweinten Nacht bin ich soweit gefasst, dass ich Dir wenigstens schreiben kann«, beginnt sie, entschuldigt sich dann für ihre Nervosität und erklärt: »Ich bin so elend beisammen, so zermürbt, dass ich halt nicht mehr kann. Denn dass Ihr mir bald beide verloren seid, Du und der Bub, dass auch das Glück sich allmählich von mir wenden wird, das weiß ich bestimmt. Ich falle eben doch dem Schicksal anheim, welches mir meine Mutter gewünscht hat. Ganz bestimmt. Ich will heute zum Arzt gehen. Und darnach vielleicht zu einem Psychiater, damit ich weiß, was mit mir los ist, und wie man mir helfen kann. Denn so darfs nicht weitergehn. Im Kino fing ich an zu heulen, wollte zu Dir und verdarb natürlich den andern den Abend. Und wenn ich bei Dir bin, verderb ich Dir die Tage. Und mir hab ich das Leben verdorben. Es wird wohl Schicksal sein.«

Obwohl er verletzt war, fühlte sich Jerusalem weiterhin für sie und ihr Schicksal – als Schriftstellerin und als Mensch – verantwortlich. Unter seinen erklärenden Sätzen sind solche wie: »Es stand ja nicht nur eine Frau, nein auch eine große Dichterin auf dem Spiel. Alles, was ich einmal behutsam und mit viel Geduld aufgebaut hatte, drohte zusammenzubrechen, wenn ich ihm die haltenden und sicheren Stützen entzog.« Was war es, was aus ihm sprach: Verantwortungsgefühl und Großmut oder Egoismus und Selbstüberschätzung?

Ein anderer war im Begriff, ihm den Besitz zu nehmen, in den er viel investiert hatte. Jerusalem übte sich anfangs in Geduld, wollte die Tür nicht hinter ihr zuschlagen, sondern sie, solange es ihm emotional möglich war, offen halten – für den Fall, dass sie zurückkommen würde. Natürlich hätte es andere Möglichkeiten gegeben. »Doch ich hatte nichts von einem Othello in mir. Weder Strick noch Dolch waren die Waffen, nach denen ich in solch einem Augenblicke griff, um das Eigentum, das mir ein anderer zu entreißen drohte, zu vernichten.« Das rührte vor allem daher, dass er einen Menschen nicht als Besitz betrachten wollte. »Liebe ist ein Geschenk, und der Geber kann es jederzeit zurücknehmen in seiner leiblichen Gestalt, in der er es dem andern hingibt.« Er entwarf eine Utopie von Liebe, der man sich jeden Tag würdig erweisen müsse und in der die Eifersucht keinen Platz habe. Doch er war weitaus possessiver, als er zugab, litt unter der Situation und war dennoch bestrebt, »ein drohendes Unheil zu verhüten«. Wenn er auch die Ehefrau und Geliebte verlieren würde, könnte er vielleicht die Dichterin weiterhin unterstützen und stärken.

Kurz bevor er zum Kriegsdienst eingezogen wurde, hatte ihm Lena gestanden, sie habe all ihre Bücher eigentlich nur für ihn geschrieben, was er damals als »echt frauliches Geständnis« wertete. Nachdem sie ihn verlassen hatte, fragte er sich, ob sie nun für den anderen schreiben würde. Würde sie so verfahren, wie es männliche Künstler mit ihren Musen taten? Er fürchtete, ausgetauscht zu werden, glaubte allerdings zu wissen, dass »der Bub« wenig Verständnis für ihre Literatur hatte. Fabbri war ein Performer, der Texte nach ihrer Bühnentauglichkeit auswählte. Mit dieser Einschätzung lag Jerusalem wohl richtig. Doch weil für ihn kein Platz mehr war, wandte er sich mehr und mehr von seiner Frau ab.

Die endgültige Trennung erfolgte im Herbst 1919, Peter Jerusalem zog nach Schwabing in die Hohenzollernstraße, Lena Christ in die Tizianstraße. Sie wollte Lodovico nahe sein, der in der Nymphenburger Malsenstraße wohnte. Schon Anfang 1920 wechselte Lena Christ ein weiteres Mal die Wohnung, weil in der Tizianstraße Umbauten durchgeführt wurden, von denen sie sich stark gestört fühlte. Ihr letztes Domizil war die Schwabinger Bauerstraße 40. Lodovico soll nur ein einziges Mal dort gewesen sein. Der Sänger machte sich auf den Weg nach Frankreich, wo er ein Engagement bekommen hatte. Damit verschwand er aus ihrem Leben – wie einst ihr Vater Karl Christ entschwunden war.

18
Der letzte Akt der Selbstinszenierung

Nachdem sie von ihrem Geliebten verlassen worden war, befand
sich Lena Christ in einer finanziellen Zwangslage – aber nicht,
weil sie versucht hatte, ihren Liebhaber mit »güldenen Banden
an sich zu fesseln« und ihm »mit vollen Händen« alles nachge-
worfen hatte. Diese Behauptung von Peter Jerusalem entbehrt
jeder Grundlage. Lena verdiente nicht so viel Geld, dass sie es
mit vollen Händen ausgeben konnte. Der Vorschuss, den ihr
der Paul List Verlag für *Madam Bäurin* zahlte, war bald aufge-
braucht. In den Nachkriegsjahren war die wirtschaftliche Lage
angespannt. Es gab viele Arbeitslose, die Kosten für Lebensmit-
tel stiegen.

An einen neuen Vertrag war nicht zu denken. Der Albert Langen Verlag hatte das Interesse an dem von der Autorin seit Jahren angekündigten Kaspar-Glück-Roman verloren. In dieser
aussichtslosen Situation entschloss sich Lena Christ, Künstler-
kollegen um Hilfe zu bitten. Sie schickte ihre Tochter Magdalena zu den Münchner Malergrößen Franz von Stuck und Franz
von Defregger, mit der Bitte, ihr Skizzen oder kleine Bilder zu
überlassen, die sie verkaufen könnte, um damit den Lebensunterhalt für sich und ihre beiden Töchter zu sichern.

In Franz von Defreggers Nachlass befindet sich ein Exemplar
der Erstausgabe von *Madam Bäurin* mit der Widmung:
Herrn Professor Franz v. Defregger
dem hochverehrten Meister zu seinem 85. Geburtstag mit den
ergebensten Wünschen!

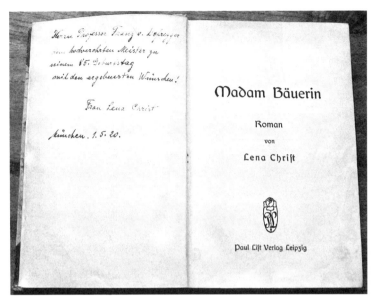

Erstausgabe mit Lena Christs Widmung für Franz von Defregger

Frau Lena Christ
München, 1.5.20.

Vermutlich hatte sie seinen Geburtstag zum Anlass genommen, ihre Tochter zu ihm zu schicken. Doch Magdalena kam mit leeren Händen zurück.

Es ist sehr wahrscheinlich, dass diese Zurückweisung die Initialzündung für die nun folgenden Kurzschlusshandlungen Lena Christs war. Wenn man ihr nicht helfen wollte, musste sie selbst zur Tat schreiten. So hatte sie es immer gemacht. Sie wusste, dass Bilder renommierter Künstler eine solide Geldanlage darstellten, die besonders in Krisenzeiten bei wohlhabenden Leuten populär war. Es war der Name, der zählte. Also versah sie in knapp zwei Wochen eine unbekannte Zahl von Gemälden mit den Signaturen arrivierter Maler und verkaufte sie zu deren

Marktwert. Ein Teil der Bilder stammte aus ihrem Privatbesitz, weitere muss sie auf dem Trödelmarkt erworben haben. Dubiose »Kunsthändler« gab es in der Zeit der Inflation genug. Mitte Mai 1920 wurde der Betrug entdeckt. Der Hamburger Parfumfabrikant Dralle hatte 25 000 Mark für ein Bild gezahlt, das mit Defregger signiert war.

Lena Christ verteidigte sich mit einer abstrusen Lügengeschichte. Dazu wandte sie sich an den Apotheker und Publizisten Richard Scheid, der damals der Münchner Stadtratsfraktion der USP angehörte, die sich aus der Sozialistischen Arbeitsgemeinschaft, einer Oppositionsbewegung innerhalb der SPD, gebildet hatte. In ihrem Brief vom 26.5.1920 spricht sie von »unserem Parteivorstand« und äußert sich so, als sei sie selbst Mitglied der Partei. Sie informierte Scheid über einen Streit mit dem Maler Prof. Josef Futterer, dessen Signatur sie ebenfalls gefälscht hatte, beschuldigte jedoch einen anderen. Von dem eigentlichen Tatbestand lenkte sie ab, indem sie auf Futterers Gegnerschaft zur USP hinwies: »Futterer ist erstens ein ausgesprochen rabiater Gegner unserer Partei.« Sie folgerte daraus, dass er Bilder vernichten wollte, weil sie Rotgardisten zeigten. Schließlich drehte sie die Fakten einfach um, bezeichnete sich als Betrogene und Beschützerin der armen Menschen, die in ihrer Not Bilder fälschten. »Ich kann arme Leute, die nur aus Not gehandelt haben und sonst so gute, ja gebildete Leute sind, nicht ins Elend bringen.«

Am 17. Juni 1920 berichteten die *Münchner Neuesten Nachrichten* in ihrer Morgenausgabe, die Kriminalpolizei habe umfangreiche Bilderfälschungen festgestellt, die eine »im Norden der Stadt wohnende Schriftstellerin mit bekanntem Namen« begangen habe. Um den Verdacht von sich abzulenken, habe sie nicht davor zurückgeschreckt, einen Toten zu beschuldigen. Sie versuchte »einer Witwe, deren gemütleidender Mann vor einem Monat freiwillig aus dem Leben geschieden ist, mehrere tausend Mark zu entlocken mit der Angabe, dass der Mann ihr die gefälschten Bilder verkauft habe«. Diese Verdächtigung entbehre jeder Grundlage, und die beschuldigte Schriftstellerin habe bei der polizeilichen Vernehmung zugegeben, etwa 60 000 Mark mit ihren Fälschungen eingenommen zu haben. Peter Jerusalem erfuhr von den Geschehnissen aus den Zeitungen, die auch an den kommenden Tagen immer wieder darüber informierten.

Was nun geschah, beschreibt Jerusalem äußerst detailliert in seinem Buch: Ende Juni 1920 fand er zu Hause einen Brief von Lenas älterer Tochter Magdalena vor. Sie hatte ihn in großer Aufregung geschrieben, während sie vergeblich auf ihn wartete. Darin sprach sie von den Selbstmordplänen ihrer Mutter, ausgelöst durch die Berichterstattung über die Bildfälschungen. Eindringlich bat sie ihn, zu ihnen zu kommen. Ihre Mutter hätte gern noch einmal mit ihm geredet. Nach kurzem Zögern machte er sich auf den Weg – es war bereits Mitternacht. Lena Christ war noch wach, öffnete ihm und dankte ihm für sein Kommen. Weil sie sichtlich geschwächt war, legte sie sich ins Bett und erzählte ihm, was geschehen war. Dass es für sie keinen anderen Weg als den Selbstmord gab, stand für sie fest. Sie nannte ihm die verschiedenen Möglichkeiten, die sie in Erwägung gezogen hatte: sich von der Großhesseloher Brücke zu stürzen oder sich im Würmsee zu ertränken, denn sie habe keine Schusswaffe und kein Gift zur Verfügung. Am Schluss ihrer Ausführungen fragte sie: »Was meinst du nun dazu? Glaubst du nicht auch, dass es das beste ist, wenn ich geh'?« Jerusalem berichtet, er habe nur stumm genickt, weil er es ebenfalls als einzige Möglichkeit sah. Sie sei dann erleichtert eingeschlafen, und er habe auf dem Sofa im Wohnzimmer übernachtet.
Am nächsten Morgen, als die ersten Sonnenstrahlen ins Wohn-

zimmer fielen, habe sie all die schönen Dinge – Gläser, Wachsstöcke, Schmuck, Tücher – in ihrem Glasschrank, ihrer »Künikammer«, lange betrachtet und gesagt:»Am Morgen ist es doch viel schwerer, von allem fortzugehen. Ich glaube, dass man am Abend leichter stirbt.« Jerusalem wusste nichts dazu zu sagen; als sein Blick auf ihren Bücherschrank fiel, bat er sie um ein Buch. Er besaß kein einziges von ihr und suchte sich *Mathias Bichler* aus. Als Widmung schrieb sie hinein:»Entstanden in den friedlichsten und schönsten Tagen meines Lebens, soll er Dir erzählen von der, die so unglückselig ist. 26.6.1920«.

Drei Tage später rief sie wieder nach ihm. Sie fürchtete, verhaftet zu werden, und bat ihn dringend um Hilfe. Mit den Worten »Du willst doch wohl nicht, dass ich gezwungen bin, mir aus den Fetzen meines Gewands einen Strick zu drehen, um mich in der Zelle aufzuhängen«, habe sie ihn bestürmt, ihr Gift zu besorgen – über diese Möglichkeit hatten sie bei ihrem letzten Zusammensein gesprochen. Sie hatte sich den kommenden Tag als Todestag ausgewählt und Vorkehrungen getroffen, zehn Abschiedsbriefe und ein Testament verfasst. Auch ihre Kinder hatte sie vorbereitet. Als sie der Älteren auftrug, zwei weiße Kleider schwarz zu färben, habe diese leise gesagt:»Ja, Mama, ich weiß schon.«
Auf dem Küchenbalkon aßen sie zusammen zu Abend, Lena schien in gelöster, heiterer Stimmung. Nichts deutete auf ihr Vorhaben hin. Sie machten noch einen Abendspaziergang, auf dem sie von ihrem unvollendeten Kaspar-Glück-Roman sprach. Dann brachte sie ihre Kinder zu Bett und schrieb zwei Briefe, einen für Peter Jerusalem, in dem sie ihre Tat ankündigte, einen für die Polizei, den sie in ihre Handtasche steckte.

Schwer auszuhalten ist seine Beschreibung der gemeinsamen Nacht vor dem Selbstmord. Wie ein Kind habe Lena mit dem

238

Lena Christ,
um 1912

Kopf auf seiner Brust geschlafen. Er selbst habe wach gelegen,
die gemeinsame Zeit Revue passieren lassen und gleichzeitig
ihre Ruhe bewundert. Am nächsten Morgen machte er sich auf
den Weg zu dem Mann, von dem er das Gift besorgen wollte,
vielleicht ein befreundeter Apotheker. Währenddessen hatte
sich Lena von ihren Töchtern verabschiedet, war mit der Tram
zur Haltestelle Harras gefahren und von dort aus zu Fuß zum
Waldfriedhof gegangen. An der verabredeten Stelle übergab ihr
Jerusalem ein Fläschchen mit Zyankali. Dann trennten sie sich,
und Lena versprach, ihm später ein Zeichen »aus der andern
Welt« zu geben. Sie ging zielstrebig zu dem Platz, den sie sich
für ihre Tat ausgewählt hatte: die Grabstätte in der Sektion 45,
in der Lodovico Fabbris Vater lag. Nachdem Jerusalem sie noch

eine Weile beobachtet hatte, ohne von ihr bemerkt zu werden, machte er sich auf den Weg zur Friedhofskanzlei. Es war vereinbart, dass er dort den Brief abgeben sollte, in dem sie ihren Tod ankündigte und den Wunsch äußerte, auf dem Waldfriedhof begraben zu werden. Als er dort ankam, war sie schon von einer Friedhofsarbeiterin gefunden worden. »Mein Gott, so schön und noch so jung«, seien die Worte der älteren Frau gewesen.

Im Selbstmordverzeichnis von 1920, das im Münchner Staatsarchiv aufbewahrt wird, sind neben den Angaben zur Person vermerkt:

Sittlicher und religiöser Charakter: gut
Körperlicher Zustand: günstig
Erwerbs- und Vermögensverhältnisse: ungünstig
Art, Ort und Zeit der Selbstentleibung: 30.6.20, Waldfriedhof, vergiftet
Nächste Veranlassung: Furcht vor Strafe

Am 13. Juli 1920 äußerte sich Peter Jerusalem ausführlich auf der Titelseite der *Münchner Neuesten Nachrichten* zum Tod seiner Frau. Es handelte sich dabei allerdings nicht um eine »Würdigung«, wie die Überschrift verspricht, sondern um eine Abrechnung. Die Schriftstellerin Lena Christ rückte in den Hintergrund neben der Ehefrau, die er als Psychopathin, ja als Besessene diffamierte. Ihre Lebensfreude nannte er Haltlosigkeit und ihr künstlerisches Schaffen »seltsam«.

Ist es Zufall, dass er unter dem neuen Namen Peter Benedix das Buch *Der Weg der Lena Christ* zwanzig Jahre nach dem Selbstmord seiner Frau veröffentlichte – also zu dem Zeitpunkt, als er sicher sein konnte, dass Beihilfe zum Selbstmord als Straftat verjährt war? Das Buch erschien 1940 im Wiener Adolf Luser Verlag in einer Auflage von 5000 Exemplaren und zehn Jahre

Sterbeurkunde

(Standesamt München *III* _____ Nr. *1 887–1920*)

_____ Magdalena *Jerusalem* _____

geborene *Pichler,* _____,

wohnhaft in *München, Bauerstraße 40.,* _____,

ist am *30. Juni 1920* _____ um *10* Uhr *–* Minuten

in München, *Waldfriedhof, Sektion 45, im Alter von 38 Jahren als* ~~verstorben.~~
Leiche aufgefunden worden. _____

Die Verstorbene war geboren ~~am~~ *zu Glonn, Bezirksamt Ebersberg.* _____

Die Verstorbene war — ~~nicht~~ verheiratet *mit dem Schriftsteller Peter*
Jerusalem, wohnhaft in *München.* _____

München, den *18. August* 19 *39*
15, Ruppertstraße 1o
Standesamt III der Hauptstadt der Bewegung.

H
Nachn.

Der Standesbeamte
~~In Vertretung~~

Abschrift der Sterbeurkunde

241

später als Neuauflage, die nur geringfügige Veränderungen aufwies, im Münchner Ludwig Baur Verlag. Sie betrug ebenfalls 5000 Exemplare.

Hulda Hofmiller, die Witwe des Literaturkritikers Josef Hofmiller, schrieb anlässlich der Publikation im Januar 1941 an Justizrat Windisch: »Man braucht doch kein Christ sein, man braucht nur human zu denken, um das Handeln dieses Mannes grauenhaft zu finden! Ich schäme mich der Tat dieses Mitschuldigen (und viel schwerer Schuldigen) für das ganze Deutschland, und der ungenierten, ja sogar günstig besprochenen – Veröffentlichung und eingehenden Darstellung dieses verbrecherischen Handelns für die ganze deutsche Literatur.« Sie fragt, ob es keine Möglichkeit gäbe, dieses Machwerk zu verbieten – das würde sie gern tun. Sie wisse, dass das ebenso im Sinne ihres verstorbenen Mannes sei.

Auch andere Leser verurteilten die mit großer Selbstverständlichkeit geschilderte Beihilfe zum Selbstmord, sodass Peter Jerusalem sich genötigt sah, in den *Sudetendeutschen Monatsheften* eine Richtigstellung zu verlangen. Am 22. April 1941 schrieb er an den Schriftleiter dieses Magazins einen Brief, in dem er den Vorwurf, mit der Publikation genau so lange gewartet zu haben, bis seine Straftat verjährt war, aufs Schärfste zurückwies. Er bestand darauf, dass er die Gründe, bei dem Selbstmord zu helfen, in seinem Buch ausführlich dargelegt habe, und spricht von einem »letzten Liebesdienst« an einer »Frau, die verloren war«. In der von ihm verfassten »Berichtigung« zur Besprechung seines Buches in der Januarnummer 1941 der *Sudetendeutschen Monatshefte* heißt es: »Wenn der Verfasser der Lena Christ das Gift verschafft hat, mit dem sie sich getötet hat, so hat er damit nach deutschem Recht keine strafbare Handlung begangen, da es eine Beihilfe nur bei strafbarer Haupttat gibt, der Selbstmord aber keine Straftat ist.«

242

Daher sei die Unterstellung sinnlos, er habe mit der Veröffentlichung bis zur Verjährung gewartet. Damals sei er zwar offiziell noch mit ihr verheiratet gewesen, habe aber bereits die Scheidung eingereicht und sich nicht mehr mit ihr verbunden gefühlt, »so dass ihre Verirrungen und deren Folgen ihn weder rechtlich noch moralisch berührten. Das Gift hatte er ihr allein aus reiner Menschlichkeit verschafft, weil es nach der begründeten Anschauung beider keinen andern Ausweg mehr für sie gab, und weil sie ohne ihn, den sie in letzter Stunde wieder zu sich rief, eine grausamere Form des Selbstmordes, Absturz von der Großhesseloher Brücke im Isartal, gewählt hätte.« Unterstützt wurde er in seiner Begründung von Lena Christs Tochter Magdalena, die in späteren Interviews den fortgeschrittenen Krankheitszustand und die unaufhaltsame Entschlossenheit ihrer Mutter erwähnte. Die damals Sechzehnjährige hatte sie zunächst retten wollen, war nach Verkündigung der Anklage zur Kriminalpolizei gegangen und hatte ein Geständnis abgelegt, in dem sie sich selbst als Fälscherin der Unterschriften beschuldigte. Natürlich glaubte ihr niemand. Schließlich akzeptierte sie den Willen ihrer Mutter.

In krassem Gegensatz dazu steht die Auffassung ihrer eigenen Tochter. Erika Schneider vertrat viele Jahre später die Meinung, Jerusalem hätte ihrer Großmutter helfen können und unbedingt helfen müssen. Sein Buch gehörte für sie zu den verabscheuungswürdigen Büchern, die man eigentlich nicht bei sich haben, sondern an einen abgelegenen Platz verbannen sollte. In Evita Bauers Film erklärt sie, so schlimm sei das Vergehen Lena Christs nicht gewesen, dass sie dafür hätte sterben müssen. Sie hatte kein Verständnis dafür, dass es niemanden gab, der ihr Alternativen zeigte und ihr beistand.

Wenige Wochen nach Lenas Tod besuchte Jerusalem Annette Thoma und erzählte ihr, was geschehen war. Die engste Freundin der Verstorbenen war damals schon von der »makabren Objektivität« seines Berichts erschüttert und brach den Kontakt mit ihm ab. Die Lektüre seines Buches zwanzig Jahre später bestätigte ihr die Richtigkeit dieser Entscheidung.

Asta Scheib stellt die materiellen Vorteile in den Vordergrund, in deren Genuss Peter Jerusalem nach Lena Christs Tod gelangte. Sie hat die Korrespondenz ausgewertet, die er mit Verlagen, Sendern, Buchhändlern und Privatpersonen geführt hat. Bis zu seinem Tod im Jahr 1954 wurde er nicht müde, immer wieder seinen Anteil am literarischen Werk seiner Frau herauszustellen. »Gebetsmühlenhaft«, so Asta Scheib, habe er vierunddreißig Jahre lang betont, dass es ohne ihn die Dichterin Lena Christ nie gegeben hätte. Den beiden Töchtern gegenüber gerierte er sich als »alleiniger Bevollmächtigter« ihrer Mutter und fällte alle Entscheidungen allein, die ihr Werk betrafen. Zehn Jahre nach Lena Christs Tod beantragte ihre jüngere Tochter Alixl beim Amtsgericht eine Abschrift des Testaments mit der Begründung: »Auseinandersetzung mit dem zweiten Ehegatten der Verstorbenen«.

Jerusalem teilte die Honorare sehr willkürlich, wie aus einem Brief vom 4. November 1948 an die ältere Tochter Magdalena hervorgeht. Darin erklärt er, dass er ihr den Betrag, der ihr zustehe, in drei Raten schicken werde, da es ihm aufgrund seiner eigenen finanziellen Misere anders nicht möglich sei. »Schließlich musst Du Dir ja sagen, dass es ohne mich nie eine Lena Christ gegeben hätte, sondern Deine Mutter rund zehn Jahre vor ihrem Tode schon ein ähnliches Schicksal erlitten hätte wie das, was sie ihr Leben beenden ließ«, gibt er ihr zu bedenken. Diese Infamie wurde noch übertroffen durch die Behauptung, als Frau Leix hätte sie sicher nur Schulden hinterlassen, sowie durch das kalkulierte Vorenthalten von Wissen, mit dem er manipulieren und drohen konnte: »Du würdest das umso mehr einsehen, wenn Du alles wüsstest.« Auch Bekannten und Freunden gegenüber erging er sich in Andeutungen über Verfehlungen Lena Christs, die weit schlimmer gewesen seien als die Fälschungen und die er großmütig gedeckt habe. Er spricht in einem Brief an Hans Ludwig Held von »ausgesprochen Kriminellem bezüglich der vor meiner Begegnung liegenden Lebensführung der Lena Christ« und rühmt sich, es gewagt zu haben, »mit einer in jeder Beziehung so schwer belasteten Persönlichkeit eine nähere Verbindung einzugehen«. Der Grund dafür sei allein die Faszination gewesen, die ihre Erzählkunst bei ihm ausgelöst habe.

Was seine Handlungs- und Darstellungsweise unerträglich macht, sind nicht nur die Fakten, sondern seine Haltung. Im Zuge ihres Zusammenlebens ist aus dem verantwortungsbewussten Beobachter, dessen Verdienst es war, Lena Christs Begabung entdeckt und gefördert zu haben, ein Voyeur geworden, dessen Kälte und Beziehungsunfähigkeit abstoßen. Die treffendste Charakteristik seines Verhaltens liefert er selbst: »So kann also ein Mensch zu Zeiten über sich hinauswachsen, aus Liebe, dachte ich, und tief unter sich hinuntersinken aus Hass. Viel tiefer als je ein Tier geraten kann. Seltsam sind wir und rätselhaft, denn solche Liebe und solcher Hass haben oft in einer Brust nebeneinander Platz. Gott und Teufel wohnen so nah beieinander.« Diesen von ihm allerdings auf Lena Christ bezogenen Worten ist nichts hinzuzufügen. Die Tragik – vor allem für ihn selbst – bestand darin, dass sein Hass schließlich größer war als seine Liebe, sodass er keinen Versuch unternahm, Lena Christ von ihrem Weg in den Tod abzubringen. Aber vielleicht kann man einen Menschen ja nur einmal retten …

Vier Jahre nach Lena Christs Tod heiratete Peter Jerusalem die

Musiklehrerin Sascha Kraus. Sie lebten in Irschenhausen bei München, wo er am 6. März 1954 starb. Seine Witwe beging ein halbes Jahr später Suizid. Nach *Der Weg der Lena Christ* hatte er in den 1940er-Jahren unter dem Namen Peter Benedix noch zwei Romane publiziert: *Auf der Landstraße. Aus dem Leben eines Fahrenden* und *Der neugierige Engel.*

Lena Christ hat sich selbst erfunden und wieder ausgelöscht, ihr Ende inszeniert als Freitod einer großen Tragödin auf dem Münchner Waldfriedhof.

Die Menschen, die sie sich als Begleiter gewählt hatte, akzeptierten die Rolle, die ihnen die Regisseurin und Protagonistin zugewiesen hatte. Sie halfen ihr, den letzten Akt der Selbstinszenierung – die Selbstvernichtung – zu realisieren.

Jedes Detail – vom Ort des Todes über die Trauerkleider ihrer Töchter bis hin zum genauen zeitlichen Ablauf – hatte sie vorher geplant. So erfüllte sich auch die dritte Prophezeiung der Wahrsagerin.

In ihrem Testament gibt Lena Christ genaue Anweisungen, wie mit ihrem schriftstellerischen Nachlass zu verfahren sei. »Ich habe mich entschlossen, den Makel, welchen ich auf meinen guten Künstlernamen gebracht, und das Unglück, welches ich dadurch meiner Familie zugefügt habe, mit dem Opfer meines Lebens freiwillig zu tilgen und gutzumachen.« Die verlorene Ehre, die sie durch ihre Tat zurückgewinnen will, taucht als Hauptmotiv in allen schriftlichen Äußerungen am letzten Tag ihres Lebens auf. »Ich glaube, dass ich durch Hingabe meines Lebens meinen Kindern und meinem Mann ihren guten Namen wiedergegeben habe«, heißt es in ihrem Testament, das sie mit drei verschiedenen Namen unterzeichnet hat: Magdalena Jerusalem, Lena Christ und L. Kristoff. Ghemela Adler vermutet in Letzterem eine Reminiszenz an die Russische Revolution und weist auf Lena Christs Sympathie für die Räterepublik hin, die in ihrem Brief an Ernst Toller vom 10.4.1919 – drei Tage nach Ausrufung der Räterepublik – deutlich wird.

An Ludwig Thoma schrieb sie am Tag vor ihrem Selbstmord: »Ich habe meinen Fehltritt freiwillig mit dem Opfer meines Lebens gesühnt, damit die Ehre meiner Kinder bewahrt bleibt.« In ihrem Brief an Erich Petzet kündigt sie an, sie wolle »die befleckte Ehre« mit ihrem Leben »abwaschen« und bittet ihn, ihren unglücklichen Mann zu unterstützen. An einen nicht namentlich genannten Professor richtet sie die Bitte, sich ihrer jüngsten Tochter anzunehmen, »damit sie es leicht hat mit ihrem Leiden und ihrer etwas morschen Seele. Sie kann nichts für ihr Wesen. Sie stammt ja von gleichem Blut und Fleisch wie ich unglückseliges Menschenkind«. Nach dem Tod ihrer Mutter kam die dreizehnjährige Alixl ins Waisenhaus. Sie absolvierte eine Tanz- und Gesangsausbildung, heiratete Anton Schlageter und führte mit ihm eine glückliche Ehe. Als er starb, nahm sie sich am 17. Februar 1933 das Leben. Sie war erst sechsundzwanzig Jahre alt und wurde im Grab ihrer Mutter beigesetzt.

Den berührendsten Brief schrieb Lena Christ an Heinrich Dietz, den Verlobten ihrer älteren Tochter – die Sechzehnjährige war damals schon mit ihrem späteren Mann zusammen: »Mein geliebter Sohn, ich muss gehen. Man hetzt mich zu Tod. Mach mir das Kind glücklich und gedenke der Worte, die ich Dir sagte. Hab Dank für all Deine Liebe, Dein Verstehen, Deinen Takt. Leb wohl und nimm meinen innigsten Segenswunsch zusammen mit meinem liebsten Kind. Deine Mutter Lena Christ.« Offensichtlich hat er ihren Wunsch beherzigt. Magdalena und Heinrich Dietz führten eine glückliche Ehe. Magdalena starb am 4. April 1998 im Alter von vierundneunzig Jahren.

Mein geliebter Sohn

ich muss gehen. Man hetzt mich zu Tod. Mach mir das Kind glücklich und gedenke der Worte, die ich Dir sagte. Hab Dank für all Deine Liebe, Dein Verstehen, Deinen Takt. Leb wohl und nimm meinen innigsten Segenswunsch zusammen mit meinem liebsten Kind.

Deine Mutter
Lena Christ.

Brief an Heinrich Dietz, den Verlobten ihrer Tochter Magdalena, 29. Juni 1920

Getrieben und gehetzt fühlt sich auch die Protagonistin in Lena Christs kurzem Text *Ich spiele Maria Stuart*, der den Untertitel »Ein Traum« trägt. Er wurde am 7. Juli 1949, beinahe dreißig Jahre nach ihrem Tod, in der *Süddeutschen Zeitung* aus ihrem Nachlass veröffentlicht. Die Ich-Erzählerin findet sich plötzlich auf einer Bühne wieder. »Ich sollte die Maria Stuart spielen, hatte aber nicht die geringste Ahnung von dem Stück und meiner Rolle und sagte mir immer wieder: um Gottes willen, wie wird das enden?« Während es für alle anderen selbstverständlich ist, dass sie die Darstellerin der Maria Stuart ist, weiß sie selbst nichts davon, fühlt sich überrumpelt, mehr noch – blamiert.

248

Sie ist kaum bekleidet und weiß nicht, was sie tun soll. Die Zuschauer starren sie an. Bevor es zur Katastrophe kommt, erwacht sie zum Glück und fühlt sich gerettet. Anders der Reisende in Dantes *Göttlicher Komödie*, der in der Mitte seines Lebens »abgeirrt« war »vom rechten Wege«. Der dunkle Wald voller Grauen löst sogar in der Erinnerung noch Angst aus, »so schwer, dass Tod zu leiden wenig schlimmer«.

Zeittafel

1881–1888

Lena Christ wird am 30. Oktober 1881 in oberbayerischen Glonn als uneheliches Kind der Köchin Magdalena Pichler geboren. Als Vater nennt sie den aus Mönchsroth bei Dinkelsbühl stammenden Bediensteten Karl Christ. Der Großvater mütterlicherseits, Mathias Pichler, wird als Vormund eingesetzt. Bei ihm und seiner Frau Magdalena im Glonner Hansschusterhaus wächst Lena Christ auf.

1888–1891

Lena Christs Mutter heiratet den Metzgergesellen Josef Isaak, eröffnet mit ihm eine Gastwirtschaft und holt ihre Tochter zu sich nach München. Nach der Geburt ihres ersten Halbbruders, Josef (1891), beginnt für Lena Christ ein häusliches Martyrium, in den folgenden Jahren werden noch zwei weitere Brüder geboren.

1892–1893

Nach schweren mütterlichen Misshandlungen kommt Lena Christ im Sommer 1892 zu ihren Großeltern, wo sie ein Jahr bleibt. Im Sommer 1893 wird aus dem Glonner »Lausdirndl« wieder die Münchner »Wirtsleni«.

1894–1897

Der Großvater stirbt im Dezember 1894, die verzweifelte Lena Christ will sich aus dem Fenster stürzen. Ein junger Geistlicher entdeckt ihre schöne Stimme und macht sie in seiner Pfarrei zur ersten Sopranistin und Solosängerin.

1898–1900

Lena Christ tritt im Dezember 1898 als Novizin und Musikkandidatin ins Kloster Ursberg ein. Sie wählt diese Fluchtlinie, um der häuslichen

Gewalt zu entgehen. Im Februar 1900 kehrt sie zurück nach München. Nach einem heftigen Streit mit der Mutter unternimmt sie einen Selbstmordversuch.

1901–1908

Lena Christ heiratet am 12. November 1901 den Buchhalter Anton Leix, zieht mit ihm in das Haus ihrer Schwiegereltern in der Sandstraße und bringt in den folgenden Jahren drei Kinder zur Welt: Anton (1902), Magdalena (1903), Alexandra (1906). Doch auch die Fluchtlinie Ehe erweist sich als Sackgasse.

1909–1910

Lena Christ trennt sich von Anton Leix, bezieht mit ihren beiden Töchtern eine Wohnung in Haidhausen, die sie »trockenwohnen«. Ihr Sohn wächst bei den Schwiegereltern auf, sie wird ihn nicht wiedersehen. Lena Christ versucht, sich mit Schreibarbeiten und Gelegenheitsprostitution über Wasser zu halten. Nachdem sie mit einer schweren Lungenerkrankung ins Schwabinger Krankenhaus eingewiesen wird, kommen die beiden Töchter in ein katholisches Kinderheim.

1911

Lena Christ wird Diktatschreiberin bei Peter Jerusalem (Benedix); er ermutigt sie zur Niederschrift ihrer Lebensgeschichte. Die *Erinnerungen einer Überflüssigen* entstehen größtenteils auf einer Parkbank vor der Neuen Pinakothek.

1912

Die Fluchtlinie Schreiben erweist sich als erfolgreich: Die *Erinnerungen einer Überflüssigen* erscheinen im Albert Langen Verlag, München. Am 28. August heiraten Lena Christ und Peter Jerusalem (Benedix) und holen die Töchter zu sich.

1913–1916

Die *Lausdirndlgeschichten* erscheinen 1913 im Martin Mörikes Verlag, München, der Roman *Mathias Bichler* kommt 1914 im Albert Langen Verlag heraus. Der Erste Weltkrieg inspiriert Lena Christ zu den Lesebü-

251

chern *Unsere Bayern anno 14*, durch die sie berühmt wird; zwei Fortsetzungsbände folgen. König Ludwig III. von Bayern bittet sie im Frühjahr 1915 zur Audienz und zeichnet sie 1916 für vaterländische Verdienste mit dem Ludwigskreuz aus. Im Herbst 1916 erscheint der Roman *Die Rumplhanni* im Albert Langen Verlag.

1917

Lena Christ folgt Peter Jerusalem (Benedix) nach Landshut, seine Kompanie ist dort stationiert. Als er an die Front muss, bleibt sie allein zurück. Der Erzählband *Bauern* erscheint im Paul List Verlag, Leipzig.

1918–1919

Lena Christ verliebt sich in den Sänger Lodovico Fabbri (eigentlich Ludwig Schmidt), trennt sich von Peter Jerusalem (Benedix) und geht mit Fabbri nach München. Der Roman *Madam Bäurin* erscheint im Paul List Verlag. Das Romanprojekt »Kaspar Glück und seine Frauen« bleibt unvollendet.

1920

Lodovico Fabbri verlässt Lena Christ. Sie gerät in finanzielle Not und fälscht Künstlersignaturen auf Gemälden. Vor Prozessbeginn beschließt sie, ihrem Leben ein Ende zu setzen. Am 30. Juni begeht sie auf dem Münchner Waldfriedhof Suizid mit Zyankali, das ihr Peter Jerusalem (Benedix) besorgt hat.

Literatur und Quellen

Adler, Ghemela: Heimatsuche und Identität. Das Werk der bairischen Schriftstellerin Lena Christ. Peter Lang Verlag, Frankfurt a. Main 1991

Bauer, Evita (Buch und Regie): Lena Christ – Heimat und Sehnsucht. Bayerisches Fernsehen 2004

Benedix, Peter: Der Weg der Lena Christ. Ludwig Baur Verlag, München 1950 (Erstausgabe Adolf Luser Verlag, Wien 1940)

Bernhard, Thomas: Ein Kind. Residenz Verlag, Salzburg/Wien 1982

Christ, Lena: Werke. Süddeutscher Verlag, München 1970, darin: Erinnerungen einer Überflüssigen (Erstausgabe Albert Langen Verlag, München 1912), Mathias Bichler (Albert Langen, München 1914), Die Rumplhanni (Albert Langen, München 1916), Madam Bäurin (Paul List Verlag, Leipzig 1919), Bauern (Paul List, Leipzig 1919)

Christ, Lena: Lausdirndlgeschichten. Franz Ehrenwirth Verlag, München 1981 (Erstausgabe Martin Mörikes Verlag, München 1913)

Christ, Lena: Unsere Bayern anno 14. Albert Langen, München 1923 (Erstausgabe Albert Langen, München 1914)

Goepfert, Günter: Das Schicksal der Lena Christ. Rosenheimer Verlagshaus, Rosenheim 2004 (Erstausgabe Franz Ehrenwirth Verlag, München 1981)

Hennings, Emmy: Gefängnis. Erich Reiss Verlag, Berlin 1919

Kristof, Agota: Das große Heft. Rotbuch Verlag, Berlin 1987

Obermair, Hans: Lena Christ und Glonn. Glonn und Lena Christ. Herkunft und Wurzeln. Eine Betrachtung zum 125. Geburtstag der Dichterin. Kulturverein Markt Glonn eV, Glonn 2006

Panzer, Marita A.: Lena Christ. Keine Überflüssige. Verlag Friedrich Pustet, Regensburg 2011

Reventlow, Franziska zu: Ellen Olestjerne. Julian Marchlewski Verlag, München 1903

Scheib, Asta: In den Gärten des Herzens. Die Leidenschaft der Lena Christ. dtv, München 2006

Scheib, Asta: Nur der Not keinen Schwung lassen. Annäherung an Lena Christ, in: Der Traum vom Schreiben. Schriftstellerinnen in München 1860 bis 1960 (Hg.: Edda Ziegler). A1 Verlag, München 2000

Schmitz, Walter (Hg.): Die Münchner Moderne. Die literarische Szene in der »Kunststadt« um die Jahrhundertwende. Philipp Reclam Verlag, Stuttgart 1990

Wendt, Gunna: Franziska zu Reventlow. Die anmutige Rebellin. Aufbau Verlag, Berlin 2008

Wendt, Gunna: Fluchtlinien einer Performance. Die Identitäten der Emmy Hennings, in: Der Traum vom Schreiben. Schriftstellerinnen in München 1860 bis 1960 (Hg.: Edda Ziegler). A1 Verlag, München 2000

Zehetner, Ludwig: Bairisches Deutsch. Lexikon der deutschen Sprache in Altbayern. Heinrich Hugendubel Verlag, München 1998

Der Nachlass von Lena Christ befindet sich in der Monacensia. Literaturarchiv und Bibliothek München.

Bildnachweis

Angelika Irgens-Defregger: S. 235

Monacensia. Literaturarchiv und Bibliothek München: S. 15, 25, 28, 81, 105, 137, 145, 148, 149, 155, 157, 169, 173, 179, 180, 183, 191, 202, 205, 207, 219, 221, 223, 227, 239, 241, 248

Rüdiger Rohrbach: S. 9, 47, 186

Privatarchiv Gunna Wendt: S. 27, 31, 44, 108, 166, 188, 229

Dank

Zuerst möchte ich mich ganz herzlich bei Christine Gerstacker bedanken, die das Entstehen des Buches – die Glückssuche – mit Engagement und Empathie begleitet hat. Dr. Elisabeth Tworek danke ich für die Anregung zu diesem Buch und inspirierende Gespräche über die Schriftstellerinnen des Fin de Siècle – seit wir 2000 den »Traum vom Schreiben« in der Monacensia realisiert haben.

Darüber hinaus haben mich Sigrid Bubolz-Friesenhahn, Dr. Gisela Corleis, Manfred Forster, Angelika Irgens-Defregger, Dr. Franz Klug, Dr. Thomas Kraft, Katharina Kuhlmann, Darko Mirkovic, Hans Obermair, Rüdiger Rohrbach, Frank Schmitter, Sylvia Schütz und Daniela Weiland sowie die Mitarbeiterinnen und Mitarbeiter der Monacensia bei Vorbereitungen und Recherchen unterstützt, wofür ich mich herzlich bedanke.

Drei starke Frauen: Elisabeth Furtwängler,
Kathrin Ackermann, Maria Furtwängler

Großmutter, Mutter und Tochter: Elisabeth, die
Witwe des Dirigenten Wilhelm Furtwängler, und
die beiden Schauspielerinnen Kathrin Ackermann und Maria Furtwängler. Die drei erfolgreichen, engagierten und selbstbewussten Frauen
folgen jede auf ihre Weise ihren Idealen und sind
ein eingeschworenes Team.

Gunna Wendt verwebt die Lebensgeschichten der
drei Furtwängler-Frauen zu einem fundiert re-
cherchierten, subtilen und unterhaltsamen Por-
trät einer Künstlerdynastie. Zahlreiche Exklusiv-
Interviews der Autorin bilden die Grundlage für
diese faszinierende Familienbiografie.

Gunna Wendt
Die Furtwänglers

256 S. mit 50 Fotos und Abb., ISBN 978-3-7844-3239-7

Langen*Müller*   www.langen-mueller-verlag.de

11|24

1,00